马克思的反贫困思想
及其当代中国实践

欧阳夏菲　著

上海人民出版社

序　言

　　贫困问题是自人类社会诞生以来就与历史相伴，并深刻影响社会历史发展的根本挑战之一。资本主义时代，随着生产力和科学技术的进步，人类进入了一个物质财富空前繁荣的时代，马克思所想象的只有在共产主义社会才能达到的物质财富极大丰富的场景，在现代社会其实已然不是问题。但是，资本主义却是生产资料归私人占有，在追求剩余价值的推动下，资本家雇佣工人进行生产的社会制度。资本家作为资本的人格化，受资本增殖原则支配，为增殖苦恼，雇佣劳动者作为劳动力商品，依附于整个资本家阶级，靠出售自己的劳动力为生，为生存苦恼。资本与雇佣劳动的社会关系决定了整个资本主义生产方式的基本性质。这决定了资本主义制度并不是一个使人普遍幸福的制度。正如马克思所说，这个时代是死的物对活的人的统治的时代，是人处于全面异化的制度。贫困问题是资本主义时代的必然产物，不仅体现为因物质财富的分配不公导致的严重的贫富分化，还体现为人的精神世界的贫困，人的精神世界萎缩为对商品、货币、资本的崇拜，导致物质主义、享乐主义、虚无主义等思潮的盛行。当今世界，尽管科学技术的日新月异、经济全球化持续推进，但并没有从根本上消灭贫困问题，它反而在全球范围内以不同的形式存在，严重阻碍了人类社会的全面健康发展。显然，如何消除贫困，实现物质生活和精神生活的共同富裕，依然是当今各国政府和社会研究的核心议题之一。

在这一背景下，重新回溯马克思的反贫困思想，并深刻剖析其理论内涵与实践价值，无疑具有重要的理论意义和实践价值。马克思学说致力于实现人的根本解放，从政治、经济、意识形态等各层面对资本主义社会制度及其运行机制和后果展开了深入批判，创立了历史唯物主义和剩余价值学说这两大代表性的理论成果，并使社会主义由空想变成了科学。尽管反贫困可能不是马克思思想的核心问题意识，消除人的全面异化、社会不公，变革人剥削人的社会制度和实现人的全面自由发展，或许才是支配马克思一切工作的重要指向，但反对资本主义的贫富分化、实现人的精神世界的富足、解决资本主义生产方式对人的自由全面的发展的限制，无疑隐含着马克思丰富的反贫困思想。马克思深刻揭示了资本主义制度下贫困的根源，主张通过无产阶级的阶级斗争、社会制度的彻底变革和生产关系的根本调整，消除由于资本主义制度的缺陷带来的贫困问题，实现全人类的共同富裕和全面自由发展。这一思想无疑为当今世界审视贫困问题的根源，彻底解决贫困问题的困扰，以及对世界各国反贫困实践提供了方向和智慧。

本书以马克思反贫困思想为核心，从其形成的时代背景、理论资源、发展历程、主要内容及其与当代中国反贫困的具体实践的关联等多个层面展开研究。在我看来，本书在如下方面值得肯定：第一，由于马克思并未把贫困问题作为核心论题，其思想是渗透在各文本和时期当中，这就要求作者深入文本，对马克思的相关思想进行仔细的梳理和提炼，本书体现了作者在这方面的艰苦努力。第二，本书较为全面地阐述了马克思反贫困思想的各个方面，除了对时代背景、理论资源、发展历程、时代意义等内容的必要讨论外，还有作者自己对马克思反贫困思想的理解和思考，这尤其体现在第四章的部分，且其中闪现着不少有价值的思想火花。第三，本书以较为严谨的方式展开讨论，具有较为明确的问题意识，视野开阔，强调理论与实践的结合，且注重问题、学理、逻辑的统一，这种努力在一个学术功利的时代特别是值得肯定的。

　　总体而言，书中对马克思反贫困思想的梳理，对马克思关于反贫困路径的系统思考，无论是对于深化理解马克思思想本身，还是对于当今时代的反贫困实践，都具有积极价值。众所周知，我们国家经过几代共产党人的艰苦努力和脱贫攻坚战的持续展开，已基本解决物质生活上的普遍贫困问题，但还在努力实现全体中国人民的物质生活和精神生活共同富裕的征程当中。身处资本主义全球化时代，各种变数难以预料，贫困问题及反贫困问题依然是需要我们时刻关注和严肃对待的问题。相信本书的出版能够帮助我们领会马克思思想穿越时空的力量，认识贫困问题的社会根源和在反贫困政策设计上提供有益启示；也望本书的出版，能为研究马克思主义理论和扩大反贫困视野贡献一份力量。

　　作为欧阳夏菲同学的博士生导师，我见证了其在学术研究和道路上的艰难成长，也为其在学业上取得的进步和博士论文的正式出版感到高兴。博士论文的出版只是学术研究的起步，其中必然存在着一些不足，比方说，本书在框架结构设计上，还有模式化的痕迹；在理论和问题本身的分析讨论上，还不够深入和细致；在学术对话和对既有研究成果的消化吸收方面也有不足等问题。这些问题的存在表明，该论题的研究依然有较为广阔的研究和提升空间。希望欧阳夏菲同学以博士论文的出版为契机，在后续的研究工作中，再接再厉，取得更大的成绩。

是为序。

黄学胜（中山大学教授、博士生导师）

2025 年 1 月 22 日

目　录

导　论

一、选题缘由和意义

　　"问题是时代的格言，是表现时代自己内心状态的最实际的呼声。"[①] 作为人类千百年来的梦想，摆脱贫困既是人们追求美好生活的基本权利，更是世界各国致力于克服的长久难题。对于中国而言，消除贫困是时代赋予中国共产党的重要任务和历史使命，体现了社会主义的本质要求。中国能够取得反贫困伟大胜利的其中一个重要原因在于，始终坚持以中国化时代化的马克思反贫困思想为根本指引，由此证明了其作为我国反贫实践方法论的科学性。

　　从国际角度而言，研究反贫困议题具有重要的世界意义。首先，贫困是引发地区冲突和恐怖主义的主要诱因。《世界发展报告》指出，贫困是引发危机和激化矛盾的重要原因，例如，无法回避的城市贫民窟、涌入欧洲的大量难民、贫穷非洲大陆的饥荒

[①]　马克思、恩格斯：《马克思恩格斯全集》第 1 卷，人民出版社 1995 年版，第 203 页。

与战乱频发等一系列因素，在引发种族冲突、恐怖主义、政治危机的同时，又反过来加剧贫困问题本身，成为恶性循环。贫困还会导致某些国家民粹主义的抬头和觉醒，如茶党运动和"占领华尔街"运动等当代美国的民粹主义运动，在2008年经济危机后兴起。[①] 可见，贫困治理是一个世界性问题，任何国家都无法独善其身。其次，全球性的贫富分化、分配不均和机会待遇不公等问题依然严峻。经济全球化是资本主义在世界范围内统治的扩张，其实质是资本主义国家主导下的全球资源配置，亚非拉等欠发达地区势必沦为其博弈的牺牲品。例如，新自由主义下的里根经济政策，通过降税、放松管制和改变货币规则等方式，在加速经济金融化的同时也加剧了阶级收入的不平等。[②] 发达资本主义国家不断占用和压缩欠发达国家的空间和场所，将后者变为自身扩张和增殖的工具，强化自身的霸权地位，造成更为严重的贫富差距。对此皮凯蒂预测："到21世纪末，全球财富中的大部分将集中在超级富豪手中。"[③] 最后，消灭贫困也是全人类追求的共同理想。贫困问题并未随资本主义文明创造巨大的财富而解决，反而在资本主义生产带给人们无限欲望后被赋予新的解读，这也意味着在当代的世界历史发展阶段，人们主要反对的是现代性进程中的悖论性贫困。自西方近代以来，空想社会主义、理性主义和自由主义等都强调人的主体地位、自由发展和创造能力，然而，贫困不仅成为个人追求幸福生活的主要障碍，还限制了个人自我价值的充分

---

① 参见朱明玉：《美国的贫困问题：成因、政策与影响》，载《领导科学论坛》2020年第7期，第46页。

② 周兵：《新自由主义批判文选》，红旗出版社2019年版，第469页。

③ 托马斯·皮凯蒂：《21世纪资本论》，巴曙松等译，中信出版社2014年版，第449页。

实现。世界银行 2018 年贫困报告 [①] 就指出，在过去 25 年中，全球减贫成效虽显著，但最贫困的 40% 人口却呈现收入停滞和倒退等现象。可见，贫困仍如"悬顶之剑"般威胁着现代人的生活。

就国内发展来看，贫困问题的解决与否直接关乎我国社会能否长治久安。一方面，贫困问题是一个经济与政治相融合的综合性问题。从远古时期劳动工具粗陋、生产水平低下的贫困，到今天所指的脱贫攻坚、全面小康等含义，贫困范畴经过数千年的演变、已发生巨大变化。然而，无论是从中国历代王朝更替下底层贫苦大众推翻统治土权的反贫革命本质来看，还是从近代以来中国人民推翻帝国主义、官僚主义和封建主义三座大山的反贫斗争而言，历史的事实都足以说明，贫困解决的成效直接影响社会的繁荣稳定和国家的长治久安。另一方面，我们所说的一般意义上的当代贫困问题，是在近代中国被动融入世界发展轨道，并于追求民族独立和自由解放的革命建设过程中提出来的，这其中蕴含着人民对当家作主、共同富裕和自由发展的渴望。作为替最广大人民谋福利的中国共产党，带领人民"脱贫致富"既是不变的初心，也是肩负的使命。邓小平指出："贫穷不是社会主义。我们坚持社会主义，要建设对资本主义具有优越性的社会主义，首先必须摆脱贫穷。" [②] 从新民主主义革命时期的民族独立解放到社会主义建设时期的人民当家做主，从改革开放的规模性扶贫开发到新时代的精准扶贫，党带领各族人民走出一条具有中国特色的扶贫道路，充分彰显了社会主义制度的优越性。

此外，贫困问题的解决还事关我国第二个百年奋斗目标的实现。我国虽然已经全面建成了小康社会，但无论是全体人民共同

---

① 参见世界银行：《世界银行 2018 年度报告》，世行出版局 2018 年版，第 22—23 页。
② 邓小平：《邓小平文选》第 3 卷，人民出版社 1993 年版，第 225 页。

富裕的现代化强国还是促使人类解放的共产主义都均未实现，加
之社会发展是动态变化的，任何诸如大范围的天灾、疫情或政策
失误等因素都有可能使脱贫人口返贫或长期陷于相对贫困的泥淖
中，所以，研究马克思反贫困思想及其在当代中国的实践不但没
有过时，反而极具深刻的现实意义。当前及未来的重点任务俨然
变成了巩固脱贫攻坚成果与相对贫困治理协同推进，因此如何防
止返贫现象大面积出现和解决相对贫困，更好地满足人民对美好
生活的向往，就成了我国贫困治理新阶段的主要任务。面对更高
的治理要求和更复杂多变的相对贫困状态，旧的理论显然不适应
新的阶段，这就意味着马克思反贫困思想亟须继承、预测、创新
与延伸，从而推动理论在新实践阶段的丰富和发展。虽然理论的
形成相较于实践总是具有滞后性，但这恰恰就是理论工作者的职
责所在，在实践中准确预判，在对过去经验的总结中思考当下的
具体做法，使理论在新阶段的实践中具有普适性和指导性，是每
一名理论研究者义不容辞的责任。

　　总体而言，贫困的解决不仅关乎一个国家的长治久安与繁荣
富强，还事关世界局势的和谐有序与稳定发展，更与人的自由全
面发展息息相关。中国已经取得了脱贫攻坚的巨大胜利，如何在
未来更好地开展贫困治理工作，从而进一步为世界反贫困事业作
出更大贡献，就是本书的题中之义。

二、有关贫困的概念界定

　　针对反贫困思想的研究，首先要给"贫困""反贫困""反贫困
思想"和"马克思的反贫困思想"一个较为清晰的概念界定，层

层递进，以方便讨论的逐步展开。

　　贫困既是社会历史发展的产物，也是随时代发展而动态变化的现象。贫困最初仅表现为"收入少"，但随着时代的发展，贫困的外延也在不断扩大，其真正成为一个重要社会问题其实是在资本主义的工业化进程开启之后。毋庸置疑，如今的"贫困"早已超出生活资料匮乏、收入水平低下等事关温饱满足的经济范畴，往物质基础之上的精神和权利等方面多层次扩展。国内外学者对贫困定义和指代范围的探讨，客观上丰富了贫困的内涵，如阿玛蒂亚·森的"权利缺失型贫困"、卡尔·冈纳·缪尔达尔的"循环积累因果型贫困"、弗里德里希·威廉·舒尔茨的"能力低下型贫困"、阿比吉特·班纳吉的"文化型贫困"，等等。[①] 可见，贫困是一个层次多元、内涵丰富的问题，既关乎人在衣食住行用等物质上的基本需要，还包括社会政治权利及个人价值实现的高层次需要，逐渐成为世界各国共同关注的议题。例如，在联合国的千年发展目标中八大任务的第一项就是要消灭极端贫穷和饥饿；世界银行《1990年世界发展报告》将贫困界定为"一种缺少达到最低生活水准的能力"，并将收入在平均收入1/3及以下的群体纳入相对贫困的范围；[②]1996年联合国计划开发署提出，贫困不仅是收入缺少，更是指基本生存与发展能力的匮乏；"中国城镇居民贫困研究"课题组认为，陷于绝对贫困的人们无法通过劳动换取维持再生产自身的物质生活资料，既指完全丧失劳动能力、无人赡养的

---

① 孙咏梅、秦蒙：《反贫困的"中国奇迹"与"中国智慧"》，中国人民大学出版社2020年版，第36页。

② 世界银行：《1990年世界发展报告·贫困》，中国财政经济出版社1990年版，第45页。

群体，也指劳动能力达不到维持生存的人员。① 总体而言，国内外对于贫困的界定并非非此即彼的对立关系，而是互为补充的，若非要给贫困下一个符合国情定义，可以结合"贫"与"困"的汉语解释，从中国传统文化视角加以界定："贫"意为缺乏和缺少、"困"则指困境和困住，综合起来表示一种人的匮缺状态及此状态所衍生的能力缺失和权利匮乏等问题。

"反贫困"一词有许多不同的具体表述，如"贫困治理""扶贫""消除贫困""脱贫"和"减贫"等，这些用语在实际生活中虽常被混用，但只要细致研究就能发现它们的概念在侧重点上有很大的差别。"减贫"（Poverty reduction）侧重降低贫困发生率、人数和致贫因素；"脱贫"和"扶贫"（Support poverty）的基本含义十分相近，指政府或民间开展的帮扶贫困人口的工作及扶贫项目；"贫困治理"（Poverty alleviation）更多的是指从政府层面来指导和推进反贫困实践，侧重反贫困过程及其具体措施；"消除贫困"（Poverty eradication/elimination）则是强调反贫困的程度和目的，意在彻底根除贫困，综合上述解释，本书采用"Anti-poverty thought"来指代反贫困思想，突出该思想属于理论范畴并具备探讨性，包括对这个思想的定义、发展历程、内容架构和现实意义等方面的概述。"贫困思想"作为总称，是一个多层次的理论体系，包括以贫困为研究对象的思想的哲学基础、发展过程、具体内容、主要特征、思想定位等，也包括涉及贫困问题但却从属于其他理论的某个思想分域。尤其要指出的是，贫困思想与反贫困思想其实是截然不同的，"贫困思想"是一种泛称，在结构上由贫困的中

---

① 参见向德平、黄承伟：《中国反贫困发展报告（2015）——市场主体参与扶贫专题》，华中科技大学出版社 2015 年版，第 66 页。

立性描述、反贫困思想和支持贫困的思想构成。中立性的贫困思想并不侧重于贫困的治理，它只是将贫困抽象出来，视为特定的社会经济现象，研究的基本内容是如何准确界定、规范、描述和测量贫困，是一种偏向技术性的工作。[①] 支持贫困的思想则认为贫困的存在具有合理性，是维持社会运转必不可少的存在，因而为贫困的客观性进行辩护。与此相对，只有反贫困思想才是以缓解和消除贫困为研究的目的。

要界定"马克思的反贫困思想"首先要厘清马克思视阈中的贫困到底是什么。底层人民的贫困生活和悲惨现状是马克思批判现实世界的直接切入口，在马克思的视阈内，贫困具有如下四个显著特征：第一是历史性，贫困同它所处的社会阶段一样是随着人类社会发展而产生的，悖论性贫困更是资本主义时代的产物，这是用历史唯物主义分析问题的动态性和辩证性体现。第二是阶级性，马克思始终站在无产阶级立场，关切资本主义时代"现实的人"的生活状态，为最广大劳动人民谋利益。第三是革命性，反贫困不是束之高阁的书斋哲学，也不是改良调和的折中主义，而是暴力推翻资本主义的革命斗争，唯有"武器的批判"才是消灭贫困的现实之路。第四是阶段性，从唯物史观的立场来看，原始社会主要由于劳动工具简陋、生产效率极低而体现为生存性的物质贫困。奴隶社会与封建社会虽仍以物质贫困为主，但私有制的进一步发展还产生了权利贫困等问题。到了资本主义时代，在科技创新和工业生产的普及下，物质贫困本应在社会范围内相对弱化，但由于资本主义私有制的统治，恰恰导致最严重的贫富分

---

① 田雅娟：《中国反贫困实践的效果测度与评估》，中国社会科学出版社 2020 年版，第 27 页。

化与大范围的权利贫困，因此，资本主义的贫困是制度造成的，也是具有悖论性的。而社会主义则是破解悖论性制度贫困的基本逻辑，但社会主义初级阶段的生产力不够发达、制度建设不够完善，因发展不充分不平衡而导致的贫困问题依然存在于发展中国家。可见，贫困作为一种动态变化的历史现象，是必然性和阶段性的统一。在经典理论与具体现实的结合下，整体而言，马克思反贫困思想是马克思在致力于为工人阶级消除贫困理想的驱动下，通过研究资本主义制度的运行机制，寻找实现人的自由全面发展的共产主义道路的理论学说，包括他对贫困致因、贫困类型与表现、反贫路径和反贫目标等相关问题的分析。

具体而言，马克思的反贫困思想至少清晰阐释了三层内涵：第一，正确认识贫困是其思想的基本立足点。马克思是在科学的劳动价值论和唯物史观的哲学基础上剖析贫困问题的，在他看来，阶级矛盾激化的直接现实原因就是贫困问题，具体表现为工人剩余价值被无限剥削、生存难以为继、社会权利地位丧失、贫富分化加剧等问题，以资源分配严重不均为核心的贫困问题成了推动人类社会向前的内在矛盾。第二，科学揭示贫困产生和固化的机制是其思想的建构方式。通过全面批判资本主义生产方式，工人劳而不富的贫困根源得以揭示，要彻底摆脱贫困，只有通过无产阶级联合发动的制度革命才能实现。第三，共产主义是其反贫的最终价值旨趣。在马克思看来，贫困的消灭必须基于一定的物质与历史条件，因此根本上要解放与发展生产力，在资本主义制度自我扬弃的客观规律上坚持无产阶级专政，并过渡到社会主义。而只有在自觉分工取代自发分工、物质极大丰富、人与社会关系和谐统一的公有制基础上，才能完全实现物质精神共同富裕和全

面自由发展的共产主义。总之，马克思的反贫困思想是对贫困产
生的本质及现象、贫困解决路径及方法、贫困消除的最终目标等
方面作出理论阐释的科学学说。

三、国内外研究现状

贫困不是一时一域的现象，而是长期存在的全球性问题，研
究贫困问题是国内外学界持续关注的热点，这股热潮不仅源于理
论界的良知责任，同时也是对新形势下贫困问题的反思。在解决
贫困的实践进程中，国内外学者也在不断深化和丰富对贫困的
认知。

（一）国外研究

国外学者对贫困成因、贫困类型和反贫对策的研究成果丰硕，
形成了许多具有世界影响力和流派代表性的贫困及反贫思想。对
马克思反贫困思想则具有不同的态度，大体分为坚决否定、完全
赞许，以及在部分肯定的基础上进行修正三个层面。

1. 对贫困定义及界定范围的研究

早在古希腊就已出现财富与贫困对峙的萌芽。对于当时雅典
社会的贫富分化，柏拉图抨击"这样的城邦必然是两个而不是一
个，一个是富人的国家，一个是穷人的国家"①，并提出通过立法
消除城邦两极分化的设想。贫困与经济息息相关，苏格拉底的
弟子色诺芬是世界上提出"经济"一词的先驱，该词主要指家庭

---

① 柏拉图：《理想国》，郭斌和、张竹明译，商务印书馆 1986 年版，第 21 页。

财富管理学，并基于当时奴隶制下的自然经济提出了关于城邦财富、使用价值和劳动分工等方面的经济术语，为后人对贫困的研究奠定了基础。后来，亚里士多德将"经济"转化为谋生术，主张穷人对富人的依赖是十分合理的事情。古希腊注重政治管理与城邦生活的高度统一，认为社会与家庭贫困是由于财富管理出现了问题，并尝试以管理技术来解决贫困。而开始对贫困问题进行深入研究的是欧洲早期空想社会主义者尤其是托马斯·莫尔，其代表作《乌托邦》中就提到：私有制使人类肩负着贫困灾难的担子，只有消灭财产私有制，建立公有制社会，才能解决贫困。①

到了近代，哲学家们对贫困问题的讨论逐渐增多。卢梭继承了霍布斯、洛克等人的观点，在《论人类不平等的起源和基础》中首次提出"贫困"概念，意指贫富不均等的社会现象，提出了贫困的根源在于私有制，提出"保障私有制和不平等的法律永远固定了下来，这种法律将富人的巧取豪夺变成一种不可变更的特权②"的观点，因此，在卢梭那里，贫困可视为从财富分不配均等的视角观察而来。亚当·斯密则将贫困定义为"缺少那些必需品"而呈现出的"不体面"的状态。③此外，蒲鲁东也认为是所有权导致财富分化和贫困加剧，主张"所有权就是盗窃"④的观点。然而，他们关于反贫困的思想都是从抽象层面出发，未触碰贫困的世俗起源，也未进行以资本主义为核心的经济关系批判，因而呈现出

① 参见托马斯·莫尔：《乌托邦》，戴镏龄译，商务印书馆 1982 年版。
② 卢梭：《论人类不平等的起源》，高修娟译，上海三联书店 2009 年版，第 62 页。
③ 亚当·斯密：《国富论》，谢宗林、李华夏译，中央编译出版社 2011 年版，第 111 页。
④ 蒲鲁东：《什么是所有权：或对权利和政治的原理的研究》，孙署冰译，商务印书馆 2007 年版，第 38 页。

了局限性。重商主义学者将货币的使用与贫困成因相关联，以实体化货币的储备衡量财富多寡；重农主义则认为农产品的多寡以及土地生产物的占有量是衡量财富的尺度，两种学派开启了"经济贫困"的研究视角，但他们几乎只着眼于财富的积累、热衷于为资本统治世界寻找理论支撑，并不关注贫困，甚至忽视无产阶级贫困化的现实，究其根源，是因为经济学家的资产阶级立场所限。尽管对贫困的讨论从未间断，但总体而言近代以来的西方学者都只在贫困的表象层面进行剖析，提出了如社会分工、天赋差异、财富占有等理念，并未揭示贫困的本质，甚至还有将贫困边缘化、隐蔽化的嫌疑。

　　对贫困的界定和测量也是定义贫困范畴的重要因素。随着经济的不断发展，以收入认定贫困的方式由于最直观，因此也得到了许多经济学家长期的重视和认同，英国贫困研究专家本杰明·西伯里·朗特里就通过对伦敦和约克郡工人家庭的大型家计调查，构建了基于经验性数据的贫困测量方法，并提出一个家庭的贫困是由于总收入无法维持该家庭人口最低生活必需品开销的观点。在其 1901 年出版的著作《贫困：城市生活研究》[①] 中，朗特里明确提出"绝对贫困"和"贫困线"的概念，在他看来，按照 19 世纪末 20 世纪初的英国经济水平，26 先令 / 周就是一个六口之家的贫困线，通过贫困线可以估算贫困群体的比例，他的贡献就在于开创性地提出绝对贫困概念并将其量化，为贫困计量研究打下基础。后来，美国经济学家威廉·阿瑟·刘易斯继续深化发展了贫困的界定线，以人均年收入低于 2000 美元（1980 年）为贫困

---

① 　Benjamin Seebohm Rowntree, *Poverty: A Study of Town Life*, London: Macmillan, 1901.

范围的量化标准。[①] 进入 20 世纪，西方学界对贫困的研究视角更
为多元化。较为典型的是阿玛蒂亚·森用以评价个人福利多寡的
"能力分析路径"，他认为除了收入低下，贫困还体现在基本能力
被剥夺这一方面，这是对当时主流的传统收入贫困理论体系的颠
覆。此外，奥本海默的《贫困真相》也对贫困作了定义，总体而
言是指物质上生存资料的匮乏，以及情感与各方面社会福利保障
的缺失或低于平均水平。[②] 与此同时，动态贫困理论认为，贫困个
体在不同的时期或状态下所呈现的贫困程度是动态的。可以看出，
西方对贫困的研究涉及经济学、人类学、社会学和文化学等多个
学科领域。

2. 关于贫困成因及治理的研究

有关贫困成因与治理的研究往往是紧密结合、不可分割的，
此类研究也十分丰富。18 世纪末，马尔萨斯从人口学的视角阐明
贫困的生成机制以及贫困持续的原因，认为贫穷是人口过剩的必
然性产物，提出"人口遏制论"的治理方式。然而，考茨基在其
著作《人口增殖对社会进步的影响》中公开反对马尔萨斯的"人
口论"，随着他对马克思主义研究和信仰的逐渐加深，便非常赞
同马克思关于无产阶级贫困化的论述。后来当伯恩施坦全面否定
马克思的贫困化理论时，考茨基仍坚决捍卫无产阶级贫困化理论
的观点，这在他《唯物主义历史观》和《社会革命》里都有提
及。尽管考茨基的中派主义观点被以列宁为代表的马克思主义者
诟病，但其对贫困化理论的通俗阐述作为他的最大贡献，也得到

---

① William Arthur Lewis, "The State of Development Theory", in *American Economic Review*, 1984, 74（1）, 1—10.

② Oppenheim Carey, *Poverty: The Facts*, London: Child Poverty Action Group, 1993, 37.

了充分肯定。^①马尔库塞则认为随着贫富差别的扩大,工人虽然物质上不再绝对匮乏,但受到更全面操控,精神上的痛苦会不断加深。

到了 20 世纪中后期,关于第二次世界大战后发展中国家产生贫困的机理与怎样减缓贫困的议题,发展经济学层面的先导们建构了著名的模型与理论,其中较具典型性的有:拉格纳·纳克斯的"贫困恶性循环理论"、刘易斯的"二元经济结构理论"、舒尔茨的"人力资本理论"等^②。尽管这些政策主张和理论模型都存在不足之处,但在当时的历史背景下,对推进经济增长、资本形成、工业化以及消除国家或地区贫困做出了重要的贡献。当代法国学者托马斯·皮凯蒂在其著作《21 世纪资本论》中,从收入分配不公的角度分析 21 世纪资本主义社会的贫富差距日益拉大问题,但其资产阶级立场的局限性也十分明显。世界银行于 2000 年提出"益贫式增长"的减贫理念,认为减少贫困不仅要实现高速的经济增长,还需要公平的收入分配制度;2007 年亚洲开发银行首次提出以"机会均等"与"公平共享"为核心的包容性增长减贫理念,即共享型增长减贫理念;伊恩·斯库恩斯提出可持续生计思想,包括既要提高贫困人口收入,又要注重他们是否具备可持续的维持生计的能力,这在一定程度上可视为对联合国计划开发署贫困界定的延续;海曼·罗德曼和戴维森的"贫困处境"理论将贫困主要归为环境的产物;玛莎·芬曼的"脆弱性理论"认为,贫困人口之所以脆弱是因为他们自身或家庭抵御风险的能力极低并有

① 卡尔·考茨基:《考茨基文选》,人民出版社 2008 年版。
② 陈端计:《构建社会主义和谐社会中的中国剩存贫困问题研究》,人民出版社 2006 年版。

随时陷入贫困状态的极高风险。赫伯特·甘斯的"功能贫困"理论主张贫困的存在有利于社会的运转和效率的保持，并将贫穷归结为天赋不足或不愿付出教育及培训的代价。K.约瑟夫的"剥夺循环论"认为，在国家完善的福利制度和大量的救济资金帮扶下，贫困仍然存在，原因是被剥夺状态循环往复，即由于底层贫民中的受剥夺因素被持续不断地再生产出来，催生了贫困的代际传递。美国人类学家奥斯卡·刘易斯首次提出"文化贫困"的概念并认为穷人已形成贫困文化，通过社区与贫困家庭的实证调研指出，贫困的代际传递是穷人孩子从自己父母那里学到了贫困发生的价值观和态度，他的片面归因明显忽视了贫困发生的社会和制度因素。诸如此类贫困成因及治理方式的研究，为丰富反贫困思想史提供了素材。

3. 对马克思反贫困思想的研究

进入 20 世纪七八十年代后，国外理论界开始探索经济增长模式与贫困、失业、不平等之间的关系。国外学者对马克思反贫困思想的研究虽然不多，但也有一些讨论。

例如，日本当代马克思主义经济学者奥山忠信在其所著的《贫困与收入差距——皮凯蒂与马克思的对话》中，重点依据马克思的经济学理论，借助于皮凯蒂对现代资本主义社会经济现象的解读，通过研究日本的贫困及其经济持续低迷的现象，指出尽管日本已经解决世界银行定义下的绝对贫困，但相对贫困却越来越严重的问题。① 林克莱特·A. 通过马克思主义视角探讨了近代国

---

① 参见奥山忠信：《贫困与收入差距——皮凯帝与马克思的对话》，李菁译，经济科学出版社 2020 年版。

际不平等现象的加剧程度。[1] 乔杜里和侯赛因论证了孟加拉国的贫困与经济增长的关系，从而验证了马克思反贫困思想的实践效力。[2] 加尔各答大学教授安贾·查克拉瓦蒂以马克思反贫困思想为视角，根据自己国家的情况作了相关研究，指出阶级斗争在反贫困实践中的不可或缺性，具体原因有三个方面：第一，通过溯源财产和权力上的差异，指出以阶级为基础的剥削和压迫存在的合理性；第二，贫困与资本主义的商业周期有关，其特点是繁荣和萧条并存；第三是原始积累，这也是马克思所指出的最重要原因之一，特别是对于印度等转型经济体而言，原始积累也是资本主义统治的根基。一些学者则认为马克思的反贫困思想具有科学性和指导性，如亚尔佐马尼安和斯特恩伯特认为由于工人的实际工资始终低于劳动力价值，因此他们的贫困化只会随着资本积累的发展而加剧。戴维·迈克尔以马克思思想和依附理论为指导，分析第三世界贫困和收入不均的社会现状，回应马克思所揭示的资本主义经济规律的正确性，并提出只有马克思的批判理论才能拯救第三世界国家的现实问题。[3] 德国学者库钦斯基在从劳动力商品的价格与价值的不匹配的关系中，通过大量数据分析了工人阶级的贫困化程度，他还指出，单以二者关系来分析绝对贫困化是片面的，应该按照马克思所说的全方位贫困化概念来理解，整体而言贫困是资本主义社会固有的特征。这些学者的共性是都基本认

① Linklater A., "Marxist and Neo-Marxist Theories of Inequality and Development", *in Beyond Realism and Marxism*, 1990, 97—118.

② Chowdhury NM, Hossain MM, "Poverty, Income Inequality and Growth in Bangladesh: Revisited Karl-Marx", in *arXiv: General Economics*, 2018.

③ David Michael M., San Juan, "Why Marx Was Right: Third World Edition", in *Journal of Developing Societies*, 2017, 33（1）, 1—26.

可贫困与马克思所提到的制度根源密切相关，尤其是发展中国家的学者表现出了对马克思基本立场及其批判理路的完全赞同。

除此之外，还有一些学者研究马克思反贫困思想指导下的中国反贫实践成效。美国全球发展问题专家杰弗里·萨克斯赞赏中国的反贫困成果，通过溯源中国从古代到近代的兴衰沉浮来描绘中国如何通过改革使自身从贫穷走向富裕的过程。① 然而他对我国反贫困评价也有片面性，如将我们改革过程视为激进的，并等同于美国的"休克疗法"。2015 年的经济学诺奖得主安格斯·迪顿称赞："中国与印度是在获得相对较少外界援助的情况下使数亿人摆脱贫困的成功案例，这一点以中国尤为突出。"②

（二）国内研究

我国主要从 20 世纪 70 年代中后期对贫困问题开展理论研究，根据中国期刊全文数据库的资料显示，2000—2023 年间标题中同时含有"马克思"和"贫困"等相关字样的论文近十年来呈现逐渐上升的趋势，尤其是在脱贫攻坚决胜期的前后几年里，研究成果十分丰硕。

1. 关于贫困的研究

近年来，国内从马克思的视角对贫困进行的研究颇为丰富，主要集中在对贫困定义的厘清、无产阶级贫困的原因、贫困的类型及其消灭贫困的策略等方面。有的学者从无产阶级贫困的原因

---

① 杰弗里·萨克斯：《贫穷的终结：我们时代的经济可能》，邹光译，上海人民出版社 2010 年版，第 117 页。
② 安格斯·迪顿：《逃离不平等：健康、财富及不平等的起源》，崔传刚译，中信出版社 2014 年版，第 8 页。

切入，王峰明 ① 提出悖论性贫困产生于雇佣劳动制，可以说是资本
主义特有的"制度性"贫困。《"哲学的贫困"与"贫困的现实"：
马克思对贫困问题的双重批判》② 一文认为，马克思对贫困问题的
批判具有双重性质，其不仅是对资本主义社会中现实贫困的分析，
而且也是对资产阶级贫困的理论、观念、哲学的批判。有的学者
致力于厘清贫困相关的定义，胡莹 ③ 通过对马克思"绝对贫困"和
"相对贫困"内涵的分析，澄清以往学术界在此问题的认识误区。
马克思所讲的绝对贫困是指劳动者与财富的分离，相对贫困是指
资本家无偿占有工人创造的剩余价值。有的学者从贫困的类型来
研究，孙炳炎 ④ 认为马克思不仅仅从物质生活维度揭示无产阶级所
直接遭遇的物质生活和生产资料的贫困，更是从劳动机会、教育
机会维度揭示无产阶级所遭遇的更深层次、更为全面的贫困。刘
建华 ⑤ 则用一定的篇幅分析了空想社会主义与马克思对贫困问题的
不同看法，梳理空想社会主义贫困观的同时彰显了马克思反贫困
思想的科学性和超越性。

2. 关于马克思反贫困思想研究

学界对马克思反贫困思想的研究开始较早。《世界经济》杂志

① 王峰明：《悖论性贫困：无产阶级贫困的实质与根源》，载《马克思主义研究》2016 年
第 6 期，第 71—79 页。
② 张当：《"哲学的贫困"与"贫困的现实"：马克思对贫困问题的双重批判》，载《学术
论坛》2020 年第 5 期，第 107—112 页。
③ 胡莹：《当代资本主义社会还存在"绝对贫困"吗？》，载《马克思主义研究》2011 年
第 6 期，第 76—82 页。
④ 孙炳炎：《马克思对无产阶级贫困的三重揭示及其当代意义》，载《思想理论教育导刊》
2021 年第 4 期，第 26—31 页。
⑤ 刘建华：《贫困问题的社会制度分析》，载《当代经济研究》2005 年第 10 期，第 16—
19 页。

编辑部于 1981 年出版了《无产阶级贫困化理论研究》一书，此书以马克思维护无产阶级和批判资本主义为立场，深入探讨了私有制下无产阶级的贫困化问题。在这之后，马克思反贫困思想的相关研究逐渐增多且路径各不相同，该书梳理了学界现有的相关专著，具有一定影响因子的核刊文章、博士论文等文献资料，总结出如下两种研究路径：

第一是从经典著作出发，探讨文本中的反贫困思想。张文喜[①]指出马克思认为贫困是社会问题，资本主义的"慈善"并不是善行，没有触碰私有财产制度本身，唯有共产主义才是消灭贫困的基本逻辑。沈尤佳[②]研究马克思是如何剖析国民经济学的理论局限，基于"现实的个人活动"揭示贫困问题的根源并提出解决路径的。张当[③]探讨了马克思如何在《1844 年经济学哲学手稿》中运用"异化劳动"理论对贫困问题展开深入探讨，揭示了国民经济学"反对穷人"的实质。马克思从主体出发，认识到遮蔽贫困的私有制问题，通过改造空想社会主义阐发了共产主义的基本理论与初衷。周露平[④]提出彻底解决贫困问题必须回到《资本论》，因为它是在超越资本的原则高度上消灭贫困，实现人类解放的。张凯[⑤]通过对《资本论》反贫困思想的理论逻辑、实践逻辑、价值

① 张文喜：《〈1844 年经济学哲学手稿〉中的贫困问题探讨》，载《学习与探索》2016 年第 12 期，第 22—27 页。
② 沈尤佳：《〈1844 年经济学哲学手稿〉对国民经济学贫困思想的批判》，载《中国高校社会科学》2022 年第 1 期，第 38—45 页。
③ 张当：《论"异化劳动"理论视域中的贫困问题》，载《学术研究》2019 年第 9 期，第 13—20 页。
④ 周露平：《〈资本论〉的反贫困哲学及其新时代价值》，载《马克思主义研究》2019 年第 12 期，第 83—91 页。
⑤ 张凯：《〈资本论〉反贫困思想的三维审视》，载《河南大学学报（社会科学版）》2020 年第 2 期，第 28—37 页。

意蕴进行三维审视，解析了《资本论》反贫困思想发展的内在理路、发展脉络和价值向度。高海波 ① 认为，资本主义国家采取的时间修复、空间修复和福利制度修复等策略都不能从根本上消除悖论性贫困，只有马克思在《资本论》中提出的未来社会科学构思及解决方案是彻底可行的。王大超 ② 认为马克思从制度角度分析贫困问题，包括剖析贫困根源、无产阶级改变命运的途径和未来社会的构想。孙芳 ③ 认为马克思从生产力和生产关系的角度探讨贫困根源，为其新视界观的诞生起到奠基作用。李海星 ④ 梳理从《贫困的哲学》到《哲学的贫困》再到习近平《摆脱贫困》中的马克思反贫困理论发展线索。

第二是从不同角度切入马克思反贫困思想研究。关于马克思的反贫困思想研究成果颇丰，既有理论发展的阶段性探讨也有整体性研究，切入点和角度也各不相同。有的学者是从哲学、逻辑、架构、内涵等角度对该理论进行整体分析。朱圆 ⑤ 提出马克思主义反贫困理论的哲学基础、逻辑核心、价值尺度三大维度，认为马克思基于此而建构起科学的反贫困理论，实现了人类历史上反贫困理论的革命性变革。张爽和邵晓光 ⑥ 单独梳理马克思反贫困思想

① 高海波：《消除贫困和促进共同富裕的中国智慧——基于〈资本论〉反贫困理论的经济哲学解读》，载《大连理工大学学报（社会科学版）》2022 年第 1 期，第 1—8 页。
② 王大超：《〈资本论〉关于贫困问题的制度分析及对我国反贫困实践的启示》，载《当代经济研究》2002 年第 5 期，第 3—7 页。
③ 孙芳：《〈哲学的贫困〉中的贫困观及其当代意义》，载《理论月刊》2012 年第 7 期，第 41—44 页。
④ 李海星：《从〈贫困的哲学〉到〈哲学的贫困〉再到〈摆脱贫困〉——马克思主义反贫困理论的探索与实践》，载《马克思主义与现实》2018 年第 2 期，第 27—33 页。
⑤ 朱圆：《马克思反贫困理论的逻辑建构》，载《云南社会科学》2022 年第 2 期，第 34—40 页。
⑥ 张爽、邵晓光：《马克思反贫困理论探析》，载《河北大学学报（哲学社会科学版）》2020 年第 2 期，第 65—74 页。

的产生发展、内涵和对中国当下的启示。邵发军和蒋松伟[①]认为，对贫困问题的分析使马克思逐渐剥离黑格尔"虚幻"的国家外衣，而"物质利益"问题的思考则使他拨开理性主义国家的思辨迷雾，逐渐转向唯物主义和共产主义的道路。周可[②]厘清了古典政治经济学的贫困观和青年马克思贫困理论的萌芽及其二者之间的原则性区别，阐明马克思扬弃与批判资本的路径。燕连福和林中伟[③]总结马克思对资本主义贫困问题二重性批判，包括对贫困原因的分析和消除贫困的思考。韩谦和魏则胜[④]指出马克思主义反贫困理论从劳资关系、剩余价值等方面入手，揭示了无产阶级贫困的形成根源、破解途径和目标指向。姜英华[⑤]与王朝明[⑥]分别论述马克思看待贫困问题与其理论的创新点。还有的学者通过比对马克思与前人对贫困的不同看法，突出马克思反贫困思想的科学性与彻底性。周露平[⑦]是该研究领域当前较为活跃的学者，剖析了马克思对蒲鲁东、黑格尔贫困理论的超越之处。田鹏颖和周赫群[⑧]论述了马克

① 邵发军、蒋松伟：《马克思早期反贫困思想演进中的世界观转向》，载《江苏大学学报（社会科学版）》2022年第1期，第53—65页。

② 周可：《青年马克思论贫困——兼评古典政治经济学的贫困观》，载《黑龙江社会科学》2015年第5期，第12—18页。

③ 燕连福、林中伟：《马克思反贫困思想探析》，载《中国社会科学院研究生院学报》2021年第4期，第26—35页。

④ 韩谦、魏则胜：《论马克思主义反贫困理论与相对贫困治理》，载《北京社会科学》2021年第8期，第12—19页。

⑤ 姜英华：《贫困、贫困积累与贫困克服——马克思政治经济学批判的一条隐性线索》，载《社会主义研究》2019年第2期，第16—24页。

⑥ 王朝明：《马克思主义贫困理论的创新与发展》，载《当代经济研究》2008年第2期，第1—7页。

⑦ 周露平：《马克思对黑格尔贫困理论的批判性超越》，载《中国地质大学学报（社会科学版）》2020年第4期，第1—11页。

⑧ 田鹏颖、周赫群：《论马克思对黑格尔精神贫困思想的超越》，载《宁夏社会科学》2022年第6期，第53—59页。

思对黑格尔精神贫困思想的超越。冯霞和谭苋^①则分析了马克思对"治理的贫困"的批判与超越。

3. 关于马克思反贫困思想与中国反贫困实践相结合的研究

第一种路径侧重"理论指导实践",是关于马克思反贫思想如何指导中国反贫困实践的研究。进入 21 世纪后,尤其是最近七年,这一研究路径较为普遍,也涌现出较多与这两者结合相关的成果。一方面是设立许多与此相关的社科基金项目。如国家社会科学基金项目"新中国成立以来中国共产党反贫困实践研究"和"我国农民工贫困识别及精准扶贫策略",国家社会科学基金后期资助项目"马克思反贫困思想与实践论域",教育部哲学社会科学研究重大课题攻关项目"习近平总书记关于扶贫的重要论述研究",教育部人文社会科学研究一般项目"中国共产党反贫困民生实践之研究",福建省社会科学规划项目"习近平总书记摆脱贫困思想的理论创新研究"等。另一方面是学界针对这个主题发表了大量论文。首先是通过梳理马克思主义贫困理论的逻辑脉络,论述其是如何指导中国反贫实践的,研究者代表有唐正东^②、仇荀^③、张赛玉^④等。孙咏梅^⑤主要研究和阐释马克思主义理论怎样指导中国摆脱绝对贫困,同时分析中国在化解相对贫困方面的历史任务,

① 冯霞、谭苋:《论马克思对"治理的贫困"的批判与超越》,载《厦门大学学报(哲学社会科学版)》2022年第5期,第1—8页。
② 唐正东:《唯物史观视域中的反贫困思想与中国的脱贫攻坚实践》,载《哲学研究》2021年第7期,第59—67页。
③ 仇荀:《马克思主义贫困理论及当代中国贫困治理实践研究》(吉林大学博士论文,2016年)。
④ 张赛玉:《马克思主义反贫困理论视阈下的农村老年贫困精准治理研究》(福建师范大学博士论文,2017年)。
⑤ 孙咏梅:《马克思反贫困思想及其对中国减贫脱贫的启示》,载《马克思主义研究》2020年第7期,第87—95页。

以及中国反贫困实践对西方扶贫观的超越。其次是系统梳理中国特色社会主义反贫困的实践历程及其反贫理论的形成发展，该类研究旨在将马恩列等经典作家的思想渊源贯穿其中，探究中国反贫困实践及理论体现出的马义反贫理论的原则及自身的创新点，如欧阳德君①就研究了该论题的内涵、框架、特征、经验和意义等。此外，阿班·毛力提汗②阐述从毛泽东开始的我国四位领导人的反贫困理论与实践。田超伟③在分析了马克思理论四个方面主要内容的基础之上，提出马克思贫困理论思想指导下我国的反贫路径及对当代的适用性。霍军亮和刘琪④专门研究了中国特色反贫困理论及其世界意义，并阐明新发展阶段的贫困治理需要遵循的要求。吴晓蓉和吴霓⑤研究教育反贫困，这与马恩提倡的精神富裕的观点相契合。

　　第二种路径侧重于"实践发展理论"，是关于马克思反贫困思想在中国的丰富和发展研究。要研究马克思的反贫困思想在中国的丰富和发展，其实离不开对马恩反贫困思想的梳理，乍一看这与前一种研究路径有重合之处。然而，在这部分研究路径中，笔者对文章的筛选是侧重在"论述对思想的丰富和发展"而不是在"梳理思想本身"，与前一种研究路径里侧重的"马克思反贫困思

① 欧阳德君：《中国特色社会主义反贫困理论研究》（贵州师范大学博士论文，2019 年）。
② 阿班·毛力提汗：《中国共产党反贫困理论与实践》，载《毛泽东邓小平理论研究》2006 年第 11 期，第 19—24 页。
③ 田超伟：《马克思贫困理论及对新时代我国反贫困事业的实践价值》，载《东南学术》2018 年第 3 期，第 84—91 页。
④ 霍军亮、刘琪：《中国特色反贫困理论的内在本质、实践样态与世界意义》，载《学习与实践》2022 年第 4 期，第 14—23 页。
⑤ 吴晓蓉、吴霓：《中国共产党百年教育反贫困的体系与历史经验》，载《西北师大学报（社会科学版）》2022 年第 3 期，第 50—60 页。

想指导中国实践"实则并不相同，其特点是在总结中国反贫历程及成就的基础上，分析这些实践是如何丰富和发展马克思反贫困思想的，并在此基础上提出针对中国反贫实践的可能性对策。这一研究路径也较为广泛，既有对中国共产党百年来的反贫困实践历程梳理的研究，也有仅仅聚焦某个时期如土地革命时期、新中国成立后到改革开放时期以及进入新时代后的研究，等等。如秦晓茹[①]通过总结建党以来不同时期的人民反贫困斗争及其特征，论述马克思主义反贫困理论的主要内容、重要特征和启示。张远新[②]梳理中国几代领导人对马克思主义反贫困理论的丰富和发展。王晓光和方凤玲[③]认为习近平总书记将马克思主义反贫困理论与中国的反贫困具体实践相结合，并提升到社会主义本质高度，提出了切合中国实际的精准扶贫、精准脱贫战略，开辟了具有中国特色的扶贫道路。李猛[④]通过在中国反贫困指导思想和实践方案上的总结得出"梳理马克思主义反贫困理论的中国化历程，可以厘清其中的传承与创新"结论，全面建成小康社会，不是中国反贫困事业的终点，而是新的起点，未来要在巩固成果、防止返贫的同时解决相对贫困。

（三）总体评述

国内外对贫困的讨论丰富，研究的视角也呈现多元化和跨学

① 秦晓茹：《马克思主义反贫困理论中国化研究》（内蒙古大学博士论文，2021 年）。
② 张远新：《当代中国共产党人对马克思恩格斯贫困治理理论的创造性发展》，载《上海交通大学学报（哲学社会科学版）》2021 年第 5 期，第 102—111 页。
③ 王晓光、方凤玲：《马克思主义反贫困理论中国化的新境界》，载《西北大学学报（哲学社会科学版）》2021 年第 5 期，第 27—35 页。
④ 李猛：《马克思主义反贫困理论在中国的传承与创新》，载《中共中央党校（国家行政学院）学报》2020 年第 4 期，第 22—28 页。

科的趋势，可见贫困这一关系民生福祉的重大议题越来越受到世界各国的广泛关注，这些都为马克思反贫困思想及其实践的丰富提供了宝贵的资源。

就国内学者对马克思反贫困思想的研究来看，主要集中于以下几个大方向：一是在经典文本中梳理马克思反贫困思想的发展脉络；二是探析马克思对其他思想家反贫困观的扬弃与超越之处；三是关于马克思反贫困思想与中国反贫困实践相结合的研究。总体而言，这些成果既有关于资本主义生产方式批判的政治经济学宏观研究，也有关于某个观点的形成和运用的微观释义，内容丰富、视角多元，并呈现出跨学科的研究范式。此外，为了避免过分强调马克思反贫困思想的意识形态性，国内学者纷纷从结构主义、社会文化、人的发展甚至生态地理等视角剖析马克思反贫困思想，力图从多角度挖掘马克思反贫困思想的独特内涵和现实意义。但总体而言，由于马克思的反贫困思想是马克思主义理论的重要组成部分，微观式的研究在细化马克思反贫困思想和赋予新解读的同时，也割裂了马克思主义理论的整体性，造成过分强调反贫困思想的重要性而忽视其与马克思其他理论之间的逻辑延承关系的结果，将会在一定程度上导致马克思主义片面化。此外，尽管这些研究十分丰富，却少有能够系统梳理和提炼马克思反贫困思想独创性贡献的研究，以及总结该思想与非马克思主义反贫困思想区别开来的独特模式。这方面的研究是必不可少的，因为读者不仅可以通过这些特征来理解马克思反贫困思想的精髓本质，还能明辨一个政策是否属于马克思主义立场。这正是笔者致力于研究的方向，也期待能够为填补这方面的空白而抛砖引玉。

就国外学者对马克思的反贫困思想的研究而言，马克思的反贫困思想与西方学者的对话越来越多，涵盖三种不同的进路：部分学者完全赞许马克思的反贫困思想，并在马克思主义基本立场上提出了一些新的反贫困路径和措施，但也属于马克思反贫困思想内容的具体化；而另一些国外学者坚决反对马克思的反贫困思想，认为马克思的反贫困思想已过时。这些反对马克思反贫困思想的学者是站在现代资本主义的立场，为了维护资本主义的当代统治。还有一些学者认为马克思的反贫困思想具有一定的当代价值，但在马克思的反贫困思想基础上进行了某种修正，本质也是反对马克思的反贫困思想。在这三种立场中，赞同和支持马克思反贫困思想的研究者大多来自发展中国家，如南亚和东南亚等地区国家，他们基本上都认为资本主义制度及其运作模式是贫困产生的原因，解决贫困的方式也大体遵循马克思主义的基本立场。此外，马克思的贫困思想与西方主流的贫困理论的对话逐渐增多，而在具体反贫困实践中的运用则较少，究其根源，还是受意识形态影响的缘故。但国外学者对中国反贫困实践的研究则在近八年中相对增多，虽然他们的研究和评述或多或少带有片面性，但也一定程度上展现了中国反贫困成效的世界影响力。

四、研究思路和展望

本书致力于研究马克思反贫困思想及其当代中国实践，厘清马克思反贫困思想的理论基础、发展脉络、主要内容和逻辑架构，尤其注重讨论马克思到底在什么方面与何种程度上超越了前人的反贫困思想。同时，探讨马克思反贫困思想在中国的本土化运用以及中国的反贫困实践如何丰富和发展了该思想。根据以上总体思路，本书行文架构如下：

开篇首先介绍研究背景与意义、贫困相关核心概念的梳理、国内外研究现状、研究思路与框架、创新之处与不足等方面。

第一章主要探讨马克思反贫困思想诞生的时代背景与理论资源。马克思所处的时代正值工业革命后的资本主义上升与繁荣时期，随着大工业生产和资本的日益集中，资本主义社会的弊端也逐渐暴露，资本家无限度的剥削压榨和周期性爆发的经济危机扩大了绝大部分人的贫困积累，日趋尖锐的劳资矛盾加速了阶级对立，工人反抗运动此起彼伏。正是目睹这样一个民不聊生、贫富分化日益严重的资本主义社会现状，马克思开启了为贫苦工人阶级消灭贫困和实现解放的毕生探索。马克思通过研究、批判和扬弃古典政治经济学、黑格尔哲学以及空想社会主义这三大理论资源，形成了科学的劳动价值论和历史唯物主义新世界观，发现了生产与固化工人贫困的资本主义私有制根源，构建了彻底的反贫困学说，为无产阶级指明了终结贫困的共产主义美好愿景。

第二章和第三章共同梳理马克思反贫困思想的发展脉络、重大成果和具体运思。之所以用两个章节梳理，是力求更完整全面和更准确细致地呈现马克思在反贫困斗争中的思想发展历程。第二章主要是探索马克思全面进入政治经济学批判研究前的具体运思。从青年时期树立为人类谋幸福的崇高理想开始，心怀天下的马克思主动选择替最广大的劳动者发声，以遭遇"物质利益难题"为起点，到批判黑格尔理性国家和法完成哲学信仰转变，再到初涉政治经济学和阐发"异化劳动致贫"学说，马克思实现了新世界观的变革，从此唯物史观就成为无产阶级反贫困实践的哲学立场。在这个划时代的伟大发现下，马克思驳斥了蒲鲁东的反贫困观，论证了自发分工带来的雇佣劳动如何与资本相辅相成，沦为无产阶级相对贫困的幕后推手，并为无产阶级创立了反贫困的科学纲领——《共产党宣言》。至此构成了马克思建构反贫困思想的前期探索。

第三章主要是马克思对反贫困思想建构的后期思考。由于贫困的根源不可能存在于思辨的逻辑体系中，只有现实的经济制度才是贫困生成的场域，马克思因此全面深入政治经济学批判，发现了生产与固化工人贫困的真正原因。在科学的劳动价值论、唯物史观和唯物辩证法指导下，他指出了悖论性贫困的四个最重要原因：资本主义私有制导致劳资分离、劳动力成为商品、生产资料占有者无偿剥削工人剩余价值和工资的合法掩盖。与此同时，晚年时期的马克思对超越资本逻辑的共产主义进行了捍卫与完善，并提出了后发国家抓住机遇直接进入社会主义、免受制度剥削的"跨越卡夫丁峡谷"学说，为反贫困的实现路径提供了又一原则遵循。

第四章则通过对马克思反贫困思想的全景审视，凝练马克思反贫困思想的独特贡献，与其超越和突破前人反贫困方案的科学之处。首先，马克思看待贫困的视角是直指制度根基的，并从制度根源区分绝对贫困和相对贫困，从人的需求分析贫困表现，以及从唯物史观预测人的解放。其次，马克思完全否定了维护资本、改良调和、贬低贱民、实现经济解放等反贫困方案，在批判中建构出了全新的无产阶级反贫困思想。在他看来，任何不触动私有制的反贫路径都是不彻底的，必须依靠联合起来的无产阶级通过制度革命来消灭资本，从而真正摆脱人的身心异化、实现对物的占有和主体性的复归。再者，基于人类历史发展规律所指向的共产主义，马克思致力于在现实中寻找通往理想的切实路径：即解放和发展生产力、私有制的自我扬弃与无产阶级专政。最后，我们要在马克思的整体理论中把握其反贫困思想，厘清该思想在马克思主义理论体系中的地位和与马克思别的思想之间的张力。

第五章重在梳理当代中国的反贫困实践发展历程及成就，并探讨了该实践在何种程度与哪些方面深化发展了马克思反贫困思想。两百多年前的理论之所以能够给制度和时代背景完全不一样的当代中国以借鉴和启发，就在于中国共产党对理论进行了高瞻远瞩地本土化运用，将马克思反贫思想中的基本立场和一般方法原则提炼并转化到我国当代语境当中，这既彰显了思想本身的科学性，又体现了党和人民的智慧。中国共产党根据不同阶段的具体国情采取了不同的反贫方略，并在2020年底实现了脱贫攻坚的伟大胜利，令世界瞩目。在未来，我国还面临更加复杂艰巨的相对贫困治理和巩固脱贫成果的任务，反贫斗争并未结束。鉴于此，我们需要对马克思反贫困思想进行继承、预测、创新与延伸，从而践行理论对新实践的新启发。在总结过去和预判未来的基础上，本书梳理了当代中国反贫实践在六个方面和不同程度丰富发展马克思反贫困思想的要点。

就研究方法而言，唯物辩证法和历史唯物主义是贯穿本研究的基本方法论。除此之外，还综合运用逻辑与历史相结合的方法、文献分析法和系统分析法。一方面，任何思想都诞生于特定的时代需求与物质基础，因此在对马克思反贫困思想诞生的时代背景和思想动机的整理分析中，就要运用逻辑与历史相结合的方法。另一方面，在对马克思主义经典、与马克思反贫困思想相关的主要思想家著作、我国历代领导人反贫困重要论述的梳理中，主要运用文献分析和系统分析相结合的方法，做到全面而准确地解读经典著作，力求实现观点的创新。上述这五种方法在整个研究中是相互交织、综合运用的。

总体而言，本书着重研究马克思反贫困思想的历史脉络、重大发现和基本内涵，以及当代中国的反贫困实践在哪些方面丰富深化了马克思反贫困思想。但仍需要说明的是，在博大精深、兼容并蓄的马克思主义理论和复杂多变、任务艰巨的中国反贫困实践面前，本书的研究只是马克思反贫困思想及其当代中国实践的初步涉猎，还有许多不足。未来在该领域的深耕仍任重道远，需持之以恒。

首先，在马克思和恩格斯等经典作家原著的解读和领悟上不够深入、欠缺火候，还需更刻苦地钻研经典，常读常新。其次，在马克思反贫困思想形成和发展过程中有诸多同时代理论家和历史事件与之相关，在这之中的思想交锋和阶级斗争或多或少都影响了马克思对贫困问题的思考，但囿于研究的深度和广度不足，本书无法完全找到并系统分析这些要点，导致马克思反贫困思想的完整性和独创性有所残缺。再者，面对中国未来反贫困实践的重大任务和第二个百年奋斗目标的更高标准，亟须马克思反贫困思想在新阶段脱贫成果巩固和相对贫困治理中的创新和发展，诸如共同富裕的具体实现、乡村振兴和脱贫攻坚成果协同推进等问题，由于本书对中国未来反贫困实践相应对策的研究不足、思考也不够充分，还未很好地总结出行之有效的建议性举措。再者，在反贫困实践尚处于动态发展的过程中，许多经验与成功举措都还未升华为一般性原则和方法论，有待笔者日后对实践成果的进一步挖掘和梳理，争取在实践对理论的丰富与发展层面做些绵薄的创新与突破。最后，由于篇幅的局限，对于当代资本主义面临的贫困问题，以及这些贫困问题呈现出的与马克思那个时代不同的历史特点，本书并未展开详细比对与讨论，这也成为今后有待研究的方向之一。

第一章　马克思反贫困思想形成的时代背景与理论资源

所有的哲学思想都是时代的凝练和精华，对此恩格斯曾说过："每一个时代的理论思维，包括我们这个时代的理论思维，都是一种历史的产物。"[①] 任何理论学说都离不开一定的时代背景和社会环境的塑造，因受当下生产力的客观发展水平、主要矛盾、意识形态等的影响，其理论内容也必然反映出一定的现实需要和社会状况。马克思反贫困思想正是在工业革命带来的资本主义巨大变化和物质财富急剧增长的背景下，在对每况愈下的工人生活和日趋尖锐的阶级矛盾等问题中不断地加以理性探索而产生与发展的，浸透着他浓厚的人文主义关怀和坚定的无产阶级立场。

第一节　马克思反贫困思想形成的时代境况

从 18 世纪 60 年代到 19 世纪中叶，工业革命在世界各国如火

---

① 马克思、恩格斯：《马克思恩格斯文集》第 9 卷，人民出版社 2009 年版，第 436 页。

如荼,一系列史无前例的技术革命宣告了蒸汽时代来临,动力机器生产几乎彻底代替了手工劳动。在大机器工业的日益普及下,新的科技革命不断兴起,新技术的推广运动促使生产力实现跨越式发展,因而造就了资本主义物质世界的极大繁荣。然而,繁华的外表下却暗含着日趋严重的贫富分化和不可避免的经济危机。阶级矛盾随着社会经济的发展不断激化;在严峻的生存状态下,各地无产阶级纷纷联合共同反抗资产阶级的剥削和压迫,如欧洲相继爆发三大工人起义。工人运动和各国工人的联合对科学的无产阶级行动纲领和革命理论的制定提出了较高要求。马克思正是基于这样的资本主义社会现状,产生了对贫苦大众悲惨境遇的深刻同情,并为其脱离贫困和实现解放进行了毕生的理论探索和革命斗争,从而形成了科学而丰富的马克思反贫困思想。

一、资本主义发展导致悖论性贫困和经济危机

资本主义 19 世纪上半叶,始于英格兰的第一次工业革命席卷全球,人类社会正经历着翻天覆地的巨大变化,蒸汽的广泛运用促使生产方式从传统手工业向机械制造业转变,大大提高了整个资本主义世界的生产效率和生产力。

首先,工业革命造就了资本主义经济腾飞和工业现代化。轮船、火车等交通工具开始出现,资产阶级凭借坚船利炮扩张海外殖民,抢夺原料并销售商品。采矿、冶金和纺织工业的快速发展形成了以工业城市为主体的经济体制,自然和人力资源的有效利用也加速了城市化的进程与财富的增长。近代工业城市逐渐兴起和城乡之间交通运输网的快速建设使得大量劳动力人口从农村涌

入城市，大大改变了城市的人口布局。资本主义通过工业革命获得了强大的经济实力，频繁开展跨国贸易，在全球范围内获取产品原料，设置生产线和销售基地，直接促进了国家间的经贸往来和资本主义世界体系的初步形成。工厂中机器的轰鸣声打破了往日手工劳动的宁静，传统手工业者被迫成为机械化流水线上的工人，过去的小作坊变成了大工厂，掌握了生产资料的商人成了资本家，而工人就沦为只能出卖劳动力而生的无产者。在生产方式变革的同时，社会关系也在发生根本转变，由此逐渐分化成两大对立的阶级——工业资产阶级和无产阶级。

其次，由于生产资料的私人占有，产生了日益扩大的贫富分化。一方面，私有制催生垄断，加速资本家之间的贫富分化。大的资本家通过竞争不断吞并中小企业，致使中间阶层消亡、贫富分化加剧，"直到世界分裂为百万富翁和穷光蛋、大土地占有者和贫穷的短工为止"。[①] 在以金钱为导向的社会，人过着完全异化的生活，"卷入竞争斗争的人，如果不全力以赴，不放弃一切真正人的目的，就经不住这种斗争"。[②] 生产不再是以满足人们生活需要为目的，而是追求不断的巨额财富和无尽的商业利润。在此前提下，资本家还掺次造假，只是为了降低成本、谋取更大的利润，这在同行的竞争中并不少见。另一方面，财富快速地向资本家手中集中，资本家因此拥有了支配工人劳动成果的权利，他们无偿占有工人生产出来的产品，且仅支付工人低廉的工资，工人只能靠着极低的工资维持生存，常常陷入贫困的边缘。然而，这种贫困不是一开始就存在的，而是资本主义时代特有的社会制度造成

① 马克思、恩格斯：《马克思恩格斯选集》第1卷，人民出版社2012年版，第45页。
② 马克思、恩格斯：《马克思恩格斯选集》第1卷，人民出版社2012年版，第38页。

的，悖论性贫困因此就成了马克思强烈批判的社会现象。在工业革命之前的传统农业社会中，自然经济占主导地位，贫困虽也存在，但主要是自然条件限制或生产力不发达导致的，在那时"小农多半也贫困，也常受物质匮乏之苦，但是他们受偶然事件支配的程度比较小，他们至少还有些固定的东西。而无产者除了自己的两只手什么也没有"。[1] 当这种悖论性贫困随着机器大生产的推广而蔓延到整个社会，就成为一种无法摆脱的社会性问题，它的根源在于劳动与劳动产品所有权的分离，而资本的原始积累过程则得益于这种分离。正是因为"工人劳动的创造力作为资本的力量，作为他人的权力而同他相对立"[2]，劳动才从致富的源泉变成了致贫的原因。在资本主义社会中，生产力越是发展，工人越发努力劳动，他就越贫困，这种悖论性贫困逐渐成了资本主义的制度性特征，即社会的总财富越来越集中于不劳动的资产阶级手中，而财富的生产者却处于普遍的贫困当中。占有生产资料的工业资本家通过对绝对剩余价值和相对剩余价值的无偿占有，使雇佣工人处于绝对从属的依附地位，形成了两大阶级对立的悖论性贫困。资本主义特有的贫困就像一个毒瘤，深藏在其躯体中无法根治，时刻对自身的存续构成威胁，并加剧了经济危机，从而引发社会动荡、激化阶级矛盾。

再者，由于生产社会化和生产资料私人占有之间的矛盾不断加剧，经济危机时有出现，对社会稳定和经济繁荣造成严重的破坏。财富日渐集中在资产阶级手中，在利益的驱动下，资本家无视社会实际需求而盲目扩大生产，广大生产者的消费能力却相对

---

[1] 马克思、恩格斯：《马克思恩格斯文集》第 1 卷，人民出版社 2009 年版，第 429 页。
[2] 马克思、恩格斯：《马克思恩格斯全集》第 30 卷，人民出版社 1995 年版，第 266 页。

有限，通常仅限于生活必需品的消费范围，如此一来就会导致生产相对过剩与供求失衡，经济危机是资本主义生产的必然结果。自 1825 年英国爆发的第一次经济危机以来，全球范围内便不间断地出现或大或小的经济危机，最著名的是 1930 年前后的美国经济大萧条，资本家宁可将卖不出去的奶类和肉类倒进密西西比河，也不愿施舍穷人。经济危机致使工厂不得不停产甚至倒闭，破产资本家不堪忍受债务和失意而自杀，由于市场竞争败下阵来的大量手工业者、小资产者加入工人阶级队伍，形成大量的相对过剩人口，流浪汉和乞丐比比皆是，无产者的生活每况愈下，无法维持基本生活甚至饿死。工人家庭的后代也是悲哀的，这些孩子往往夭折。淹死、摔死、烧死、被马和车碾死等骇人听闻的事件在城市工人的孩子身上频频发生。面对资本主义与生俱来的弊病，马克思也用讽刺的口吻揭露道："这个曾经仿佛用法术创造了如此庞大的生产资料和交换手段的现代资产阶级社会，现在像一个魔法师一样不能再支配自己用法术呼唤出来的魔鬼了。"[1] 资本主义经济无法克服经济危机的周期性爆发，因而只能不断调整生产关系，企图来降低社会经济遭严重破坏的危害、缓和尖锐的阶级矛盾，但这终究不能改变生产力无法适应生产关系的事实。

　　总之，在生产力提高和阶级分化加剧的同时，贫困问题也变得愈发普遍和严重，大批农民、手工业者和城市工人阶级沦为了食不果腹、露宿街头、病困交加的流民，过着悲惨的生活。正是在这样贫富分化的大背景下，作为重要的社会问题，当时不同的行业乃至阶层都关注到了贫困并提出了自己的看法。在马克思的

---

① 马克思、恩格斯：《马克思恩格斯选集》第 1 卷，人民出版社 2012 年版，第 406 页。

祖国德意志，普遍严峻的赤贫问题在 19 世纪 30 年代成为热门话题，在 40 年代时因经济萧条的催化而变得分外棘手，因此，当时的"社会观察家、新闻记者、官僚和知识分子越来越认识到德意志底层民众那令人悲悯的困境"。① 马克思发现，原来只是封建等级制度下少数穷人生活的艰辛已演变为数百万人口正史无前例地遭受穷困潦倒和无家可归的威胁。底层人民的悲惨生活状况和一系列社会问题是马克思反贫困思想诞生的现实基础。

二、沉重的剥削使无产阶级奋起反抗

随着工业革命的持续，现代工厂制度的确立巩固了资本家的统治和剥削，进一步加剧了工人的极端贫困和贫富的严重分化，并直接激化了阶级矛盾。由于自动化大机器简化了生产流程，工人的技能变得单一，被迫沦为生产流水线上的一颗螺丝钉，日复一日做着单调而乏味的重复性动作，劳动已不能按照自己的意愿创造所需的物品，而是变成了为生存而被迫进行的机械协作，只求换取到满足基本生存需要的住所、水和食物。工人由此变成了机器的附属部件，思想麻木，能动性和创造力逐渐弱化；而机器被赋予了群众性劳动、自然与科学的力量之后，摇身一变成了凌驾于人之上并统治人的主体，在这样的前提下，工人成了会呼吸的机器"零部件"，资本主义工业体系全面开启了人的异化时代。此外，工人的工作和居住环境十分恶劣，马克思在《资本论》中曾用大量笔墨斥责和揭露这样的"人间地狱"：难耐的高温、密不

---

① 转引自沃伦·布莱克曼：《爱德华·甘斯与黑格尔主义的危机》，姚远译，载《民间法》2015 年第 2 期，第 386—387 页。

透风却又粉尘遍布的车间、昼夜不停的噪声，每时每刻都在"损害人的一切感官，更不用说在密集的机器中间所冒的生命危险了"。①恩格斯的《英国工人阶级状况》同样以触目惊心的事实揭露了工人的惨状："由于工房和卧室里的空气郁闷，经常保持弯腰曲背的姿势，吃恶劣的难消化的食物，但主要是由于劳动时间太长和缺乏新鲜空气，结果女孩子们的健康受到致命的摧残。她们很快就感到疲倦、困顿、衰弱、食欲不振、肩痛、背痛、腰酸……肺结核便会结束这些女时装工的短促而悲惨的一生。"②工人哪怕是忍受了这样高强度的工作压力，付出了几乎所有的时间和精力，也没有使自己的生活有所改善，反而越发活成了受人驱使的牲畜一般，失去了作为人的尊严。他们只有工作，没有空余时间，天寒没有暖衣、病重无处治疗，只能被困在乌烟瘴气的牢笼工厂里和肮脏污浊、潮湿狭小的贫民窟里直到死去，如牲口一般地受蹂躏和摧残，但资产阶级却视而不见。③为了攫取高额的利润，资本家想方设法节省人力成本，除了以低廉的价格雇佣女工之外，甚至还惨无人道地雇佣并虐待童工，甚至连六岁的孩子都成了剥削的牺牲品。乌烟瘴气的工厂和超负荷的工作强度让还在生长发育期的未成年人身心受到极大损伤，许多都早早地患上顽疾而死去；工人的妻儿都被无情地抛到资本的"札格纳特车轮"下。在工作时长方面，资本家尽可能地延长工人的工作时间，以便榨取更多的剩余价值。恩格斯通过早年与工人同吃同住近两年的经历，

① 马克思、恩格斯:《马克思恩格斯文集》第5卷，人民出版社2009年版，第490页。
② 马克思、恩格斯:《马克思恩格斯全集》第2卷，人民出版社1995年版，第496页。
③ 参见马克思、恩格斯:《马克思恩格斯文集》第1卷，人民出版社2009年版，第408—435页。

切身体悟到他们工作艰辛、生活贫苦的命运：那些十四岁到十八岁的柔弱女孩，"一昼夜也得工作十九小时到二十二小时"！① 她们无止境的工作只有当累得连针都拿不住时才有可能停止。资本主义就是这样依靠牺牲大部分人的利益甚至生命来满足小部分利益集团的野心和欲望的，它从头到脚都淌着人血和肮脏的东西，在资本的生产过程即它的增殖过程中，利己性和排他性总是相辅相成、相伴而生。工业化的到来和生产效率的提高并没有给绝大部分人带来实质性的收益和财富。由于不占有生产资料，劳动者的命运就交给了毫无人性的生产资料占有者手中。这些资本占有者不断制定严苛的工作纪律、安排超长的工作时间、提供恶劣的工作环境、支付微薄的工作薪水，以违背人性和不可理喻的方式借助资本的力量主导着工人。付出辛勤劳动的工人们丝毫没有享受到时代的红利，反而成了这繁荣社会的直接牺牲品，这种极端不平等的现象是资本主义制度下特有的，也是暂时的。作为剥削阶级的有产者和被剥削阶级的无产者之间的斗争从资本主义制度诞生的那一天起，并在整个工场手工业时期一直延续，两个阶级之间的较量伴随着资本主义发展过程的始终，与资本主义生产关系具有内在的关联。

正是由于工人付出了大量劳动却得不到应有的收获，反而过着非人般悲惨的生活，他们对机器和工厂主的仇恨与敌视便在资本主义财富积累的过程中不断结成，对抗和斗争在积压中时有发生。随着工业化进程的加速，资本家通过积累财富进一步巩固了自身的统治地位；与此相应，工人队伍也逐渐发展壮大，他们为

---

① 马克思、恩格斯：《马克思恩格斯文集》第 1 卷，人民出版社 2009 年版，第 496 页。

自身的生存、工资、劳动条件和工作环境等权益而斗争，并从零散的个别对抗发展成集体的罢工运动。在工业革命早期，工人的斗争仅限于个别和分散的地方，这主要是因为当时生产方式不发达、不具备高度集中的生产条件。此外，早期资产阶级作为历史进步的代表，在与封建势力的斗争中吸收了无产阶级作为同盟军，他们之间共同的利益使得阶级矛盾还未充分显现。随着资本主义进一步发展，资产阶级开始无限度地压榨和剥削工人，使得工人因无法忍受痛苦和摧残而自发地摧毁机器、烧捣工厂，由于彼时缺乏对资本主义制度本质的认知，他们只能感性地认为是机器的使用才导致自身的贫困和失业。随着经济危机不间断地爆发，工人阶级的斗争从自发变为自觉，开始在各地区甚至全国范围内联合起来，共同反抗资产阶级的剥削和压迫。于是，著名的法国里昂工人起义、英国宪章运动以及德国西里西亚工人起义相继爆发，工人运动空前高涨。这个时期的斗争有了质的飞跃，呈现出了新特点：一方面，法国工人联合发动第一次武装政治革命，表明他们已然认识到领导政权的重要性，实现了从感性的"机器致贫"到理性的"制度致贫"的转变；另一方面，宪章运动的三次起义涉及人数之多，充分证明了工人群体的广泛性和组织性，还成立了政党性质的工人协会。这些工人运动留下的影响，如革命口号与迫使资产阶级政府进行政策调整等等，都为以后的法国工人六月起义和巴黎公社的成立奠定了基础。同时也产生了一些教训：其一，代表最广大工人阶级利益的先进的领导核心不可或缺；其二，革命需要有严密的组织与统一的行动纲领，并以强制措施坚决贯彻执行；其三，正确的无产阶级革命理论才能引导起义逐步走向成功；其四，任何局部调整的和平方式都无法改变被统治阶级的生存状况，唯有彻底的革命才能根除阶级对立。虽然欧洲三大工人运动都以失败告终，但已充分体现无产阶级的觉醒意识以及作为独立政治力量的彻底革命性，也因此被马克思视为历史的创造者和社会制度变革的主体。这段时期也爆发了许多次大大小小的革命起义，尤其是1839年巴黎起义失败后，以正义者同盟为代表的各国工人阶级已经逐渐认识到依靠宗派的、密谋的活动方式根本无法取得革命的胜利，任何带有改良和妥协立场的学说都不能化解尖锐的阶级矛盾，共产主义不是抽象空想的平均主义理论，而是阶级斗争的具体目的。革命实践的教训和各国先进工人不断提高的政治觉悟推动了马克思制定全面的无产阶级行动纲领和科学理论。临近19世纪中叶时，精密的分工使得队伍中的熟练工人和专业技师逐渐增多，他们善于组织和联合，成立自己的工会，通过集体谈判和有计划的罢工等手段争取利益，工人运动进入了新阶段。他们不但能够意识到自己的权利和力量，还对创立科学的革命理论有着迫切要求，于是，马克思的反贫困思想就在这一现实需要中应运而生，并在后期各种思潮出现时及时"拨乱反正"，指引工人向着摆脱贫困、实现解放的目标前进。

第二节　马克思反贫困思想形成的理论资源

在古代，贫困的发生主要是受自然条件和生产力不发达等客观因素限制，虽然也存在着物质贫乏现象，但与资本主义时代来临后的大规模结构性、悖论性贫困有着本质的差别。古希腊时期，贫困问题隐晦且边缘，由于固定等级的存在导致财富分配不平衡，思想家们将这种贫富分化归咎于财富管理出现了问题，希望通过改善管理技术来解决贫困。中世纪之后，贫困问题逐渐凸显，并贯穿着整个资本主义社会孕育、形成和发展的近现代学术史，在以英国圈地运动为代表的资本原始积累达到高潮时，财富、权力、商品和政治等议题长时间占据显赫地位。18 世纪，随着欧洲各国启蒙运动的不断推进和展开，现代世界来临，分配公平、权利平等和社会正义等更具人文关怀的议题逐渐在思想史上占据一席之地，这意味着启蒙时代使人们从上帝的统治力量中解放出来，脱离蒙昧，呼吁对人主体性地位的重视和以科学为奠基的理性形而上学变革。

　　在马克思之前，许多思想家都对日益严峻的贫困问题有过不同程度的探讨，这也意味着人的生存和发展状况越来越受到普遍关注，由于哲学基础和阶级立场等的限制，他们所提出的解决路径几乎都陷入空论。例如，马基雅维利从政治理论视角出发，认为只要通过合理化的国家管理和社会调节就能防止贫困的扩大。霍布斯将贫困视为人性本恶的结果，提出通过社会契约以发挥国家职能的方式来缓解贫困。浪漫主义认为通过自然原则可以解决贫困，代表人物是卢梭。有的派别站在维护资产阶级统治的立场，认为贫困是人口规模过大而导致的，马尔萨斯就是这类观点的推崇者。斯密和李嘉图等持"国富民裕"的观点，将重心更多地放在增加社会财富之上，期望从国家层面减轻贫困，且因阶级立场的原因还伪善地淡化贫困生成的事实。而空想社会主义者虽坚决反对资本主义制度，但他们所采取的措施基本都是在不撼动资产阶级统治地位的基础上对现有社会制度作调和修补，以期和平过渡到共产主义社会。激进主义的代表蒲鲁东则认为解决贫困问题需要实现所有权的普遍化。此外，作为当时德国古典哲学的最高峰，黑格尔将贫困深入市民社会的批判已将当时有关贫困思想拔至无人企及的高度。他利用理性逻辑的推演来消灭古典政治经济学家想要解决但无能为力的贫困现象，然而，即使他的思辨哲学再完美也不过是流于外在的自我演绎，最终仍无法解决贫困问题。

一、古典政治经济学的反贫困思考

17—19 世纪的古典政治经济学是随着资本主义私有制经济出现并蓬勃发展应运而生的，从本质上来说，它是代表资产阶级立场和利益的经济学表达。古典政治经济学家们借助包括统计归纳、价值分析、数理运算等"纯"经济事实和数量关系的实证方法，为反对和推翻封建经济关系、保障大工业生产和海外贸易等资本主义生产方式构筑庞大的科学理论体系。这种"资产阶级体系的生理学"[①]从具体的经济现象和关系出发，论证贫困是自由经济发展中市场调节和劳动差异的必然结果，是社会进步无法避免的"分娩阵痛"。很显然，贫困的发生机制和内在根源被弱化了。在缺乏辩证法的合理分析下，严峻的贫困问题被边缘化为合理的社会现象。因此，马克思认为，这些思想家，无论是从英国的"威廉·配第开始，到李嘉图结束"，还是"在法国从布阿吉尔贝尔开始，到西斯蒙第结束"，总体上都是力推资本主义经济规律，维护资产阶级统治地位的。[②]

---

① 马克思：《剩余价值学说史》第 2 卷，郭大力译，上海三联书店 2009 年版，第 6 页。
② 马克思、恩格斯：《马克思恩格斯文集》第 9 卷，人民出版社 2009 年版，第 239 页。

（一）亚当·斯密的自由主义

作为国民经济学之父，亚当·斯密进步性地发现劳动是社会财富的源泉，他力求实现国家财富和国民工资增长的最大化，将"国富民裕"视为自由主义经济的发展目标，因此也是古典自由主义的奠基人。在他之后，现代经济学家们大多都主张这样的思想：资本家的经济活动是受到保护的，政府应该并且只能成为自由市场的辅助角色，不可对市场进行外在干预，因为不当的国家干预会使公正自由的经济秩序遭受破坏。在斯密看来，从微观的个人自利性原则到宏观的世界经济秩序都应该统一于一种公平自由的竞争状态，这既符合人的趋利性动因，又是经济和谐发展的正道，同时提出自由应该遵循的限度和原则：既不能伤害他人利益，也不能滥用权力，还要充分尊重市场公平。

虽然斯密并不致力于研究贫困，但有关贫困的论述散见于他的著作中。在贫困的发生机制上，斯密将其与经济发展紧密相连，认为只有在自由经济不受干预、国民财富迅速增长的进步状态下，劳动者的工资收入才会丰厚，个人和国家的贫困也才能得到缓和与解决。[①]北美地区国家就是典型的例子，财富增速快、经济繁荣，因而劳动报酬优厚、国民富足。与之相反，如果一个社会处于停滞不前甚至倒退的状态，比如曾经国富兵强如今却民生凋敝的中国和正处于殖民地中心的非洲落后国家，财富持续收缩萎靡，工资水平极其低下，那么整个社会便陷入生活资料供给不足、劳动群体普遍饥饿的悲惨境地。斯密认为："不同国家劳动真

---

① 参见陈可：《亚当·斯密眼中的贫困》，载《云南社会科学》2011年第1期，第56—58页。

实报酬的比例……是由它们的进步、停滞或衰落的状况来自然调节的。"① 报酬的高低直接影响贫困的轻重,因此贫困产生的根源在于自由经济发展得不充分、社会总财富处于停滞或倒退状态。在斯密看来,经济体系中的财富是根据土地、资本和劳动三要素分配的,而贫困也只是发生在靠工资为生的劳动阶层,那些资本家和地主因获得利息和地租不会陷入贫困。除此之外,斯密也会关注贫困导致的影响。一方面,"贫困虽不能阻止生育,但极不利于子女的抚养"。② 大多数底层人民会比上流阶层生育更多的孩子,但能活到成年的孩子很少,普遍是在十岁以内便夭折了。他们没有丰厚的报酬换取足够的生活资料,因而在抚养孩子这件事情上力不从心。另一方面,贫困是不善的,会使下层阶级的生活状况恶化,整个社会无法平等地感受幸福,甚至引发社会动荡。斯密指出:"有大部分成员陷于贫困悲惨的社会,决不能说是繁荣幸福的社会。"③ 这也体现出了斯密的功利主义思想,即重视个人和社会的幸福愿望。整个社会包括底层人民的幸福感达到最大值的条件是"当社会处在进步状态并日益富裕的时候"。④ 为了消除贫困对个人和社会带来的消极影响,斯密首先提倡通过节俭消费等开源节流的直接手段,以及增加报酬的道德主义方式来促进财富增长,消除贫困。其次,他还提到了人性的利他原则对贫困的缓解作用。教育熏陶和宗教感化都能使富人拥有怜悯和救济穷人的情怀,他

① 亚当·斯密:《国富论》上册,杨敬年译,陕西人民出版社 2001 年版,第 190 页。
② 亚当·斯密:《国民财富的性质和原因的研究》上册,郭大力、王亚南译,商务印书馆 1972 年版,第 72 页。
③ 亚当·斯密:《国民财富的性质和原因的研究》上册,郭大力、王亚南译,商务印书馆 1972 年版,第 72 页。
④ 亚当·斯密:《国民财富的性质和原因的研究》上册,郭大力、王亚南译,商务印书馆 1972 年版,第 74 页。

们会通过捐赠和分享接济贫困者，虽然这也是出于对自己私利的长久考量，但在实施过程中一定程度上也缓解了贫困。最后，斯密期望通过发展贸易、取消户籍和学徒制、细化劳动分工等措施，让劳动者在市场获得合理的配置，并使行业产量提升，形成"普及最下层人民的那种普遍富裕情况"。① 总而言之，斯密认为，只有在市场经济充分参与自由竞争的有序前提下，社会才能持续向前发展，劳动和资本也因此得到释放而充分流动，贫困问题也才能在社会总财富实现合理有效的分配过程中得以解决。

然而，自由主义经济固有的弊端就在于：过于强调市场的作用，忽略了资本主义制度内在的不平等根源。斯密整体上还是寄希望于制度调整、社会改良等办法，跳不出阶级立场的局限，因此无法从根源上全面脱贫。

（二）大卫·李嘉图基于劳动价值论的分配理论

将自由主义奉为圭臬的另一位古典政治经济学集大成者是大卫·李嘉图，他继往开来，将古典政治经济学推到了巅峰。在他所有的学说中，劳动价值论又是根基和出发点。他在斯密的基础上进一步发展和完善了劳动价值论，并以劳动价值论的体系和所根植的资产阶级立场来探讨劳动和工资的关系问题，虽然他也没有详细论述工人的贫困问题，但我们不难从他的经济思想中得知其对贫困问题解决的局限和无力。

首先，李嘉图的劳动价值论是有缺陷的，他无法发现剩余价值的根源。虽然他承认商品的价值是由社会必要劳动时间（或是

---

① 亚当·斯密：《国民财富的性质和原因的研究》上册，郭大力、王亚南译，商务印书馆1972年版，第11页。

"直接劳动与间接劳动") 决定的, 但他并未对价值的质进行研究, 而只对价值的量进行阐释, 因此他就不能理解产品在变成商品时, 劳动和商品所具有的二重属性, 同时也无法看到私人劳动和社会劳动之间的转化、交换价值与使用价值之间的内在矛盾。正是这种带有局限性的思考, 才会导致他无法认识经济危机的根源是由商品内在矛盾决定的, 也就不能将价值与交换价值、劳动力的价值和劳动的价值这两对经济范畴区分开来。也就是说, 他认为, 按照商品的价值来支付工人的报酬是合理的。其实不然, 工人既然已经变成了作为剩余价值源泉的雇佣劳动力, 这种充当他人商品的劳动力是由他赖以生存的生活资料价值决定的, 而不是由他生产的商品的价值决定的。很显然, 李嘉图把不隶属于他人的独立劳动和雇佣劳动混淆了, 同样也就把价值和交换价值混淆了。导致这些认识错误的根源, 是李嘉图劳动价值论的非历史性和非批判性。在他看来, 资本主义生产方式具有永恒不变的正义性, 他能用经济学公式和理论解释一切生产关系, 但也仅仅是完美的概念解释, 而从不去追问这种关系背后的根源与合理性。这种将资本主义社会抽象化的经济学必然导致其 "从来没有考虑到剩余价值的起源"。[①] 其次, 李嘉图的劳动价值论和工资法则之间是相互矛盾的。[②] 一方面, 他赞扬劳动对财富的创造作用。另一方面, 他却又主张限制劳动者的工资水平, 以控制人口的方式缓解贫困压力。李嘉图认为: "凡是劳动工资提高的东西都会降低资本

① 马克思、恩格斯:《马克思恩格斯文集》第 5 卷, 人民出版社 2009 年版, 第 590 页。
② 参见吴大娟、薛俊强:《从 "范畴诡辩" 到 "资本批判": 恩格斯对古典政治经济学贫困理论的超越》, 载《社会主义研究》2023 年第 1 期, 第 33 页。

利润。"① 如果市场出现高工资，那么过一段时间劳动力就会增加，在劳动力供过于求时，工资自然会下降，贫困也会随之而来。所以，不如就保持"工资的上涨幅度低于生活必需品价格的上涨幅度"的状态。② 如此一来，工人就无须因承受价格上涨的商品而陷入贫困了。此外，工人就不应该有购买高价品的奢望，而应安分守己地维持自己的阶层。显然，他永远是站在资产阶级的经济利益上的，在他看来，万般皆下品，唯有"富人"高。无产阶级的贫困是合理的、不值一提且微不足道的。对此马克思批判道："从李嘉图来说，他把无产者看成同机器、驮畜或商品一样……无产者只有当作机器……才能促进生产。"③ 最后，李嘉图不仅漠视劳动者，还十分反对济贫法。他认为济贫法破坏了自由市场的竞争规则，助长了懒惰情绪，从而大大增加了贫困群体。因此，他主张控制人口与扩大财富并重。另一位对人口和济贫法有着相同否定态度的是同时代的经济学家马尔萨斯。马尔萨斯在其代表作之一《人口原理》中突出地强调贫困和罪恶的原因是"人口总是威胁着生活资料"，主张通过抑制生育、饥荒、疾病、战争等人为和自然的方式缩短人类寿命、降低人口数量，甚至提出"用无痛苦的办法把穷人的孩子杀死"这般惨绝人寰的方式。④ 他所谓的人口规律对后世包括李嘉图的影响颇深，也正好迎合了统治阶级的胃口。

---

① 李嘉图：《政治经济学及赋税原理》，郭大力、王亚南译，商务印书馆1962年版，第173页。
② 李嘉图：《政治经济学及赋税原理》，郭大力、王亚南译，商务印书馆1962年版，第87页。
③ 马克思、恩格斯：《马克思恩格斯全集》第34卷，人民出版社2008年版，第129页。
④ 马克思、恩格斯：《马克思恩格斯选集》第1卷，人民出版社2012年版，第40页。

与斯密相比，李嘉图对劳动价值论的批判性发展在于发现了各阶级的经济对立性，从而认为对抗是不可避免的，但他也仍带有资产阶级经济学家固有的阶级缺陷，即将这种对立性看成天然形成、永恒不变的。马克思正是在此基础上对李嘉图的学说进行扬弃，从实践的唯物主义出发重新探讨价值形成的历史问题，得到了更具科学性的劳动价值论，发现了剩余价值学说，为无产阶级的解放提供了有力武器。

（三）西斯蒙第的国家帮凶论

随着西斯蒙第所在的法国资本主义经济迅速发展，越来越多的市场主体在竞争中败阵下来，破产和倒闭的现象比比皆是，但由于法国没有经历资本原始积累的过程，独立手工业者和自耕农仍占多数，西斯蒙第便站在他们的立场上，替小资产阶级发声，批判自由主义经济放任资本家掌控社会财富，导致分配不均和贫富鸿沟，对此他提出"国家是制度的帮凶"的致贫观点。如果说李嘉图将劳动价值论推向顶峰，那么西斯蒙第则是进入对生产逻辑的政治分析，把李嘉图停留在概念层面的劳动价值论进一步深化为对资本主义批判的立论点。[①] 因此，西斯蒙第的贫困观与斯密、李嘉图等主流西方经济学家的自由主义思想有很大区别。

首先，西斯蒙第认为古典政治经济学缺乏对人处境的关怀，只是不断地追求资本主义社会财富的增长。在市场竞争的推动下，大资本家通过兼并和联合等方式，不断壮大自己的力量，控制了生产、定价和流通等各领域的权力，而中小企业家逐渐失去市场、

---

① 张盾、袁立国：《论马克思与古典政治经济学的理论渊源》，载《哲学研究》2014 年第 3 期，第 10 页。

被淘汰和瓦解，甚至成为一无所有的无产者。正是经济的自发竞争和放任自流，才导致贫富分化日益加剧，社会动乱和经济危机不时爆发的恶果。西斯蒙第因此痛斥："凡是物取得进步的地方，人就得受苦。"[1]国家管理者还从政策规定和经济学体系上为财富的发展和增加做辩护，在客观上成为垄断资本家的帮凶，他们沆瀣一气、共同编织充满"合理性"的谎言来对付贫困的劳动者。因此，财富的增加是建立在牺牲多数人利益和幸福的基础上的，在"欧洲罕有的繁荣时期，只不过是使穷人的生活状况不断恶化"罢了。[2]其次，西斯蒙第指出，国家在解决贫富分化和社会矛盾问题上要承担应有的责任，采取抑制自由经济的干预措施，在宏观协调层面保障社会财富分配的公平和正义。最后，西斯蒙第主张回到过去小生产宗法式的"田园般"社会状态，将集中于一人的巨额财富分到"为数不多的中等资本家"手中，将城市的大工业生产分散成"为数众多的独立作坊"，[3]以法律为尺度，用行会制组织生产，以此来节制分配不公、缓解两极分化等社会问题。由此可以看出他对小生产者的人本主义关怀和理想化路径。对西斯蒙第而言，政治经济学只有辅以伦理道德的形式，并拥有对人的关怀和体恤时，才能真正成为一门服务社会的科学。

尽管西斯蒙第展现出了与纯粹的自由主义经济学家们更深的人道主义关怀，且能看到自由经济背后个人私利所带来的分配不公和权益失衡等后果，并在国家制度建设的构思中贡献了一定的

[1] 西斯蒙第：《政治经济学研究》第2卷，胡尧步等译，商务印书馆1989年版，第26页。
[2] 西斯蒙第：《政治经济学研究》第2卷，胡尧步等译，商务印书馆1989年版，第277页。
[3] 西斯蒙第：《政治经济学新原理或论财富同人口的关系》，何钦译，商务印书馆2017年版，第476—477页。

智慧，但他诸如"经济是为人还是为物而发展"的人本主义反思很容易陷入对人性论的批判，从而无法溯源真正的贫困根源。此外，他本身的小资产阶级立场和不彻底的改良态度注定无法消灭现实的贫困。

综上，我们不难看出，古典政治经济学生发于资本主义的上升期，既有贡献，也有局限性。斯密率先变革了近代以来传统政治学家们从先验的观念论出发将社会看成理性创制物的预设方式。他脱离单一的政治共同体、关注私人利益及工业财富对政治领域的影响，使经济取代伦理而成为现代社会政治哲学的核心，开启了西方思想史的新纪元。在他之后，古典政治经济学家们前仆后继地建立和完善现代经济社会的科学体系，创造的"经济—社会"视角也成了马克思创建唯物史观的基本视角。诚如奈格里所言："马克思主义是一种反经济的理论，这种批判拒绝回到政治经济学，然而恰恰相反，科学是一种对抗性运动。"[1] 这恰好说明了科学的真理是在不断被否定的动态过程中发展的。从政治经济学出发，马克思为了破除人们对"现存制度的永恒必要性的一切理论信仰"[2]，通过揭示概念背后的生产关系和经济体系的内部运动，彻底批判资本主义制度的财富理论，并论证其走向自我灭亡的历史逻辑。于是，才有了更为彻底的无产阶级变革力量的确立、经济基础对社会制度的决定作用、从异化走向人类解放的共产主义等重大观点的阐发。所以我们不得不承认，古典政治经济学的理论遗产无疑对马克思反贫困思想起到了推动作用。

---

[1] 奈格里：《〈大纲〉：超越马克思的马克思》，张梧等译，北京师范大学出版社 2011 年版，第 28 页。

[2] 马克思、恩格斯：《马克思恩格斯文集》第 10 卷，人民出版社 2009 年版，第 290 页。

与此同时，在马克思对贫困问题"正本清源"的过程中，我们也能够领悟到他作为无产阶级革命理论家的素养和追求。马克思主义理论从诞生之日起就站在最广大人民的立场，力求"为生民立命，为万世开太平"，是一种有温度和彻底革命性的学说。马克思提出了与古典政治经济学完全不同的阶级立场、分析范式和解决路径，他采取的是扬弃和超越的态度，弥补了古典经济学缺失的辩证法，洞悉了贫困背后的私有制罪恶根源和日益壮大的革命力量，从而实现了反贫困思想建构的哲学与经济学双重革命。

二、德国古典哲学的反贫困探讨

贫困作为19世纪一个突出的社会现实问题，同样受到许多古典哲学家的关注。康德信奉人本主义精神、强调人是生活的目的而非工具，但他多从实践理性的角度探讨人应如何更好地活着。受康德影响较深的费希特同样也推崇自我意识和人性自由，然而他也较少讨论到现实的贫困问题，只是在一定程度上启发了马克思对人和人生活状态的关注，成为马克思引导反贫困斗争中无产阶级立场的理论依据之一。相较于他们，对贫困问题讨论最多且对马克思产生较大影响的德国古典哲学家是黑格尔，黑格尔在市民社会这一环节中明确探讨过贫困和"贱民"问题并提出了理性国家的解决方案。贫困何以在市民社会发生？这就要先厘清市民社会这个概念在黑格尔语境中发生的革命性转变。

（一）黑格尔的市民社会理论及批判

在黑格尔的伦理法中，家庭、市民社会和国家是一个从特殊上升到普遍的必然过程。家庭是市民社会的微观部分，因其其有特殊性和对立性需要进入市民社会这个共同体当中来弥合差异与满足需要。而国家代表最高形式的伦理精神，又能够使市民社会中偶然遗留的特殊性与自身代表的普遍性达成统一，是地上的神。市民社会就是家庭和国家这两个阶段的中间环节，既承上又启下。在黑格尔看来，市民社会首先是一种"需要体系"，通过自己与他人的劳动、分工和交换后，人的需求得到满足。在"需要"的三种类型中，自然的或直接的需要和观念的需要可以通过劳动和理论教育来满足，但社会需要则是在劳动分工带来的等级制影响下，人们在自己所属的等级中获得成就、权利和认同来实现。其次，具体的人及其自身的需要和自治团体构成市民社会的原则和要素。市民社会作为单个人的联合体，其最终目的就是保护具体的个人需要、权利和自由。在个人为自己利益实现的过程中，经常会因相互竞争产生冲突，而同业公会等自治团体作为市民社会的另一个要素，能够起到协调各方私人利益的中介作用。自治团体是承接市民社会个人私利和理性国家普遍利益的中间力量，它力求克服利己主义，培养人们的公共道德以趋向普遍利益。最后，黑格尔设想的市民社会是一种具有警察、司法等制度来防止偶然性遗留的外部"强制国家"。私人利益如果任其发展而没有节制，就会引发社会秩序混乱、过度贪婪和损害他人利益等现象，这时就需要警察来制止损人利己的行为、司法来保障所有权的正当利益、公共组织来形成监督和维护体系。

尽管市民社会既在内部"遵纪守法"又有外部普遍规约，仍旧无法摆脱依附和贫困，因此黑格尔要对其进行批判和扬弃。黑格尔的批判主要针对以下三个方面：第一，在需要的体系中，由于个体的禀赋和发展的差异，必然会产生"各个人的财富和技能的不平等"的结果，严重时会导致无法弥合的贫富两极分化。① 第二，外部的普遍规约无法真正超越私人权利的局限性。无论是警察体系中的公共救济、提供就业、海外殖民或基建措施，还是司法制度中抽象的保护人格和所有权的方式，抑或是具有共同利益和行业技能的同业工会，都无法真正克服内部的私人特权和经济利益。第三，黑格尔对市民社会的批判最终落脚点在具有普遍性的政治国家上。正是因为他看到了市民社会私人利益和与之相应的等级政治，所以才构想了在原则上超越等级的绝对理性国家来统合市民社会的局限，从而达到普遍与特殊的统一。由此可见，在黑格尔看来，市民社会始终是要过渡到国家的，国家才是市民社会的归宿。

黑格尔可以说是开创了"市民社会"的概念变革。一方面，自西方文明诞生以来，市民社会多与国家同义，思想家们更多地看到它在政治领域的作用，将其视为"国家共同体"。而黑格尔则将市民社会和国家严格区分，并突出其在经济维度的作用，将其视为囊括私有制和家庭等因素的"经济共同体"。这一突破也被后来的马克思批判地吸收，将存在于抽象观念中的市民社会改造成唯物史观框架下的市民社会。另一方面，黑格尔之前的思想家将市民社会成员看作公民，是"政治的动物"，人与人之间多是通过政治交往建立关系，主要诉求是政治权利。然而，黑格尔把社会成员视为利益个体，是一种"经济的动物"，人与人之间多是通过经济交往组建利益关系，主要诉求是物质需要和自由。但是，黑

---

① 黑格尔：《法哲学原理》，范扬、张企泰译，商务印书馆 2017 年版，第 240 页。

格尔也并没有把市民社会完全等同于"经济共同体",而是在承认市民社会政治领域的前提下对其作了批判性改造。

(二)黑格尔的贫困观

大卫·哈维曾说过:"资本为了自身的生存,近数十年来实际上在加深收入不平等和贫困。"[①]资本主义社会带来的结构性贫困早在两百多年前就已十分严峻,因此,黑格尔作为那个时代伟大的思想家,也必然绕不开对贫困问题的密切关注和解决思考。

在黑格尔来看,贫困在市民社会中并非偶然现象,而是由来已久的固有矛盾。在从家庭向市民社会的过渡中,由于个人脱离了家庭或宗族的纽带,成为独立开展经济活动的"私人",因而会丧失一些庇护,如"受教育和学技能的一般机会,以及司法、保健,有时甚至于宗教的慰藉,等等"。[②]在这种复杂的经济关系和物质需求夹杂的土壤中,"荒淫和贫困"的发生、"生理和伦理"的蜕化也绝非偶然之事了。[③]在此基础上,黑格尔分析了贫困的几个成因。第一,贫困是由劳动异化导致的。在《法哲学原理》第198节中,黑格尔提出,劳动过程的抽象化引发了生产的细致化,也产生了分工,分工使得人的技能变得单一,从而更依赖于他人的协作。[④]劳动分工与机械化使得人的可替代性更强,工作更乏味,最终反主为客变成机器的附庸。这种单一的异化劳动不仅使人享受不到工作乐趣,还会被大工业淘汰而成为失业者。第二,个体

---

① 大卫·哈维:《资本社会的17个矛盾》,许瑞宋译,中信出版社2016年版,第192页。
② 黑格尔:《法哲学原理》,范扬、张企泰译,商务印书馆2017年版,第276页。
③ 黑格尔:《法哲学原理》,范扬、张企泰译,商务印书馆2017年版,第227页。
④ 黑格尔:《法哲学原理》,范扬、张企泰译,商务印书馆2017年版,第239页。

禀赋和技能的不均等也会导致贫困。人口和经济的发展，一部分人得以凭借普遍化的技能和资源获得源源不断的财富；而另一部分人则因劳动的"细分"而形成依赖，变成无法享受自由和精神利益的穷人。一旦生活达到一定水平，穷人便会逐渐丧失"自食其力的正义、正直和自尊"，沦为"贱民"。第三，等级制度加深贫富阶层的固化。不同的等级掌握着不同的技能和资源，这就决定了赚取财富的能力。这种天然的不平等必将加剧两极分化。不难发现，黑格尔虽然并未像后来马克思那样深入政治经济学领域建立系统的批判范式，但也已超越以往的浪漫主义或所有权的批判，从政治经济学视角去分析市民社会与贫困的内在关联，起到了承前启后的思想奠基作用，并对马克思建立反贫困思想产生了重大影响。

　　在黑格尔看来，贫困主要有两种类型：物质和精神的。物质贫困主要是指低于"最低生活水平"以下；而精神贫困是指降到"最低生活水平"且放弃自食其力的精神和伦理的堕落，侧重在"跟贫困相结合的情绪"。[1] 在市民社会中，如果人人能够充分张扬个性、发挥特长，在自己特殊利益和社会普遍利益统一的驱动下辛勤劳动、增进社会福祉，那么市民社会这一阶段的意义就能最终实现。如果个人无法在生活和劳动中实现自我与共同体的一致，就意味着堕入精神贫困当中，沦为"贱民"，并导致市民社会走向分裂和对抗。"贱民"的显著特征是好逸恶劳、依赖成性、"轻佻放浪"[2]，能够在社会分裂的同时让人的合理性存在被瓦解，与绝对精神背道而驰。因此，黑格尔将这种"贱民"视为贫困问题最棘

---

[1]　黑格尔：《法哲学原理》，范扬、张企泰译，商务印书馆 2017 年版，第 278 页。
[2]　黑格尔：《法哲学原理》，范扬、张企泰译，商务印书馆 2017 年版，第 278 页。

手的一环。对此，他开始寻求解决方式，主要从市民社会内部和国家外力约束这两个大方面来调节。第一种方式是富人救济。对于中世纪的欧洲而言，由于宗教的影响，人们普遍都认为"贫困是一种道德惩罚"，代表着一个人懒惰、挥霍和鲁莽等人格缺陷，包括在后来的17世纪，科学技术的发展也无法"动摇贫困和道德缺陷的关联性"。[①] 这在一定程度上影响着黑格尔"贱民"道德维度的分析和定义，两者或多或少有着一脉相承的关系。因此，黑格尔的哲学体系也表明：穷人接受富人救济是蒙受耻辱的，与市民社会原则相违背的。而且，社会救济和帮扶并不能使个人重拾自立自强的精神，仍处于贱民的状态而无法融入市民社会体系。第二种方式是提供就业，以劳济贫。通过拓展商业贸易、开辟海外殖民等途径为穷人提供工作机会，让其自力更生，似乎是摆脱"贱民"身份的方式。但是黑格尔却认为，市民社会并没有将发展而来的财富用于防止贱民产生的功能，也不需承担此"义务"。此外，盲目扩大就业机会很可能会导致消费无法跟上的产能过剩，形成"财富有余、治贫不足"的尴尬困境。所以，黑格尔对此方式也进行了否定。第三种解决路径是同业公会、警察体系等干预手段。同业公会的主要任务就是将市民社会中从事同一种产业的成员的特殊能力凝结成普遍一致的结果，即达成具有共同需要的旨趣和目标。在同业公会中，成员既能够建立和培养正直的品格，从而消除贱民精神产生的基础，又能使较为富裕的等级产业联合体以更间接的救济方式缓解贫困。但很明显，黑格尔无视了"穷人不占有生产资料"这一现实，只注重精神品格的培养，这无异

---

① 史蒂芬·M.博杜安：《世界历史上的贫困》，杜鹃译，商务印书馆2014年版，第51—52页。

于扬汤止沸。在市民社会内部调节无果的前提下，黑格尔将最后希望寄托于理性国家。在他的逻辑体系中，国家是自在自为的绝对理性存在，也是市民社会的最终归宿，贫困作为市民社会中的非理性存在，必然在上升为国家这一环节的过程中逐渐消亡。然而，他却没有具体说明国家究竟怎样使贫困消失，这种理念的国家在马克思看来不外乎一种神秘主义。黑格尔囿于市民社会的基本原则，只是通过精神运动的自我推演来对贫困进行外部反思，无法深入贫困根源。德国马克思主义研究学者鲁达也指出："尽管黑格尔讨论了一系列解决贫困问题的办法，但他也非常清楚，没有一个是能够真正克服这个问题的。"①

值得肯定的是，黑格尔看待贫困问题的思路较官方政治经济学家们已经有了质的提升，较后者只专注于"国富民裕"和"人口致贫"等贫困观而言，黑格尔更加聚焦于经济利益内部的矛盾，分析出劳动分工机制和财富积累机制的致贫原因，同时承认现代工业产生和加剧了市民社会的贫困和贫富分化，这种从经济和生产角度切入贫困的分析方式给马克思之后继续从该角度全面批判资本主义制度劳资关系奠定了理论基础和思想启发。此外，国民经济学家认为贫困是必然的，丝毫不会去怀疑并深究这种"必然"背后是否会存在那么一些不合理的体制、特权等因素，但黑格尔就通过分析得出事实并敢于直面，即"贱民"的形成是私有财产权被剥夺导致的，私有财产作为"人格的定在"②，如果被剥夺就是对其人格的直接否定，不仅在生存上得不到满足，还要经

---

① Frank Ruda, *Hegel's Elements of the Philosophy of Right: A Critical Guide*, Edit. David James, Cambridge: Cambridge University Press, 2017, 162.
② 黑格尔:《法哲学原理》，范扬、张企泰译，商务印书馆 2017 年版，第 67 页。

受被剥夺人格、尊严和自由。由此可知，黑格尔承认私有财产是精神贫困的推手，虽然他最终因自身的阶级立场和保守主义无法提出切实可行的贫困解决方案，但这并不妨碍该观点对马克思日后找寻资本主义私有制的致贫根源提供了新视角。而且，查尔斯·泰勒也说过，"19世纪初黑格尔……已经深刻思考过工业社会增长与物质和精神贫困增长之间的关系"，且他的思考"先于青年马克思的异化理论"。① 虽然他的论断有待商榷，但也可以借此看到，在市民社会贫困问题的解决上，其反贫困思想之间的前后关联。

三、空想社会主义的反贫困方案

早在16世纪初期，文艺复兴推动欧洲资本主义的萌芽及其制度的建立，新兴资产阶级在挣脱封建教会束缚的同时也提出了发展工商业和资本原始积累的要求，资本主义生产方式逐渐形成。在这样的背景下，广大农民和家庭手工业者逐渐失去生活来源，两大阶级对立的局面从此开始形成，并催生了一批早期的空想社会主义者，他们的作品多以文学游记体裁描绘美好生活愿景。到了普遍受启蒙思想洗礼的18世纪，资本主义生产方式发生变革，社会矛盾愈加凸显，空想社会主义思想家们对贫困的认识更加深入，由此进入了对社会规则和理论探索构建时期。而在马克思所处的19世纪，空想社会主义对资本主义的批判提高到了新的水平，当时的代表人物有圣西门、傅立叶、欧文、魏特琳和赫斯等，

---

① 查尔斯·泰勒：《黑格尔》，张国清、朱进东译，译林出版社2009年版，第597页。

他们首次从政治经济学角度出发，既对现实进行辛辣的批判，又对未来提出了消灭剥削、摆脱压迫和实现平等的一系列要求。然而，这些思想家的局限性也十分明显，诸如对贫困根基和本质的认识不清，缺乏对现实情况的客观分析，在社会和历史领域的唯心主义立场等，这都导致他们的思想呈现空想性。

（一）英法三大空想社会主义的实业尝试

随着资产阶级对世界的统治地位完全确立，"受压迫和受苦的"等级并没有因资本主义财富的扩大而减少，反而在日渐增多，以圣西门、傅立叶和欧文为代表的 19 世纪三大空想社会主义者深刻感受到由启蒙思想家建构的正义王国"是一幅令人极度失望的讽刺画"。[1] 于是，他们决心创造一套被后来恩格斯誉为"闪耀着天才式火花"的全新社会制度以求解决社会的贫困问题。虽然他们的设想终究因时代和自身的局限呈现出了"虚幻性"和"空想性"，仍"天才地预示了我们现在已经科学地证明了其正确性的无数真理"，成为马克思反贫困思想的直接来源。[2]

作为"法国大革命的产儿"[3]，圣西门"将改进人类的文明"视为己任。[4] 他反对封建神学，猛烈抨击资本主义制度，主张以"科学和实业"来驱动文明进程。他通过实证方法对错综复杂的社会进行调查和研究，使得"实证科学"被其弟子奥古斯丁·孔德和后来马克思所继承。在圣西门看来，法国社会百弊丛生的原因在

---

[1]　恩格斯：《社会主义从空想到科学的发展》，人民出版社 2018 年版，第 41 页。
[2]　马克思、恩格斯：《马克思恩格斯文集》第 2 卷，人民出版社 2009 年版，第 218 页。
[3]　恩格斯：《社会主义从空想到科学的发展》，人民出版社 2018 年版，第 42 页。
[4]　圣西门：《圣西门选集》第 1 卷，王燕生等译，商务印书馆 1979 年版，第 147 页。

于，本身不具有社会治理才能和智慧的特权阶级利用本身的"特权"来搜刮民脂民膏、加剧贫富分化，在攫取高昂俸禄的同时掌握着世俗权力，而真正造福社会的实业阶层如商人、工厂主、工艺和科技人员却在地位和财富上屈居于旧贵族和僧侣阶级，这无疑说明政治机体"病入膏肓"。① 那么，该如何解决这一社会弊病呢？圣西门指出，社会制度的架构应"以替大多数人谋福利为目的"，所以要建立"最有利于科学进步和实业繁荣的社会组织"，倡导"实业制度"，摒弃特权阶级的统治，将社会过渡到不断生产财富并推动文明进步的"从事和管理实业活动的人手里"。② 这些实业家和科学家因其分别从事制造和追求理性而应当掌管世俗权力与精神权力，这样他就能成为社会的新基础，从而为人类文明和幸福生活作出突出贡献。在这套以"实业制度"为核心的社会主义设想中，圣西门以敏锐的眼光洞见资本主义制度下寄生阶级"人奴役人"的现象，并肯定了人的劳动价值和核心地位，这无疑是他的过人之处。此外，他提出了历史发展应当像自然科学一样是有规律的观点，还发现法国第一次资产阶级革命中无产阶级的利益诉求和斗争力量，因此也被恩格斯赞誉："这在 1802 年是极为天才的发现。"③

恩格斯曾说："如果说我们在圣西门那里发现了天才的远大眼光……那么，我们在傅立叶那里就看到了他对现存社会制度所作的具有真正法国人的风趣的但并不因此就显得不深刻的批判。"④ 在

---

① 圣西门：《圣西门选集》第 1 卷，王燕生等译，商务印书馆 1979 年版，第 239 页。
② 圣西门：《圣西门选集》第 1 卷，王燕生等译，商务印书馆 1979 年版，第 300—303 页。
③ 恩格斯：《社会主义从空想到科学的发展》，人民出版社 2018 年版，第 44 页。
④ 马克思、恩格斯：《马克思恩格斯文集》第 9 卷，人民出版社 2009 年版，第 275 页。

傅立叶的著作中，"几乎每一页都放射出对备受称颂的文明造成的贫困所作的讽刺和批判的火花"。[1]与圣西门将社会形式更替看成渐进发展的过程一样，傅立叶同样将资本主义社会视为一个暂时性的阶段，他承认，资本主义文明代替过去野蛮社会是历史进步，但也因其所带来的贫富分化和极端贫困，理应要被下一个更文明的社会形态所取代。这种以动态发展的眼光看待社会发展的方式既区别于古典政治经济学家将资本主义阶段永恒化的做法，又体现了他观点中的辩证法和唯物主义成分。此外，傅立叶虽出身于商人家庭，却拥有济世情怀，他认为资本主义竞争机制下的利益争夺是以牺牲他人幸福为前提的，并导致个人与集体、个人与个人之间陷于持续的对抗和冲突当中。例如，律师期待更多的家庭陷入纠纷和官司，而医生则希望病人越来越多，等等，这会扭曲人性和破坏社会良好氛围。因此，在傅立叶看来，资本主义制度只不过是"使富人发财致富的组织"罢了。[2]他还揭露工厂制度下的雇佣劳动给工人带来的痛苦和灾难，直言"贫困是由富裕产生的"。[3]资本家的富裕是建立在强迫和剥削工人劳动基础之上的，若想将人从这种被奴役的劳动中解放出来，只有建立一种在生产和消费中都遵循自愿原则的"和谐制度"，即"法郎吉"[4]才能够实现。他认为劳动本应是一种自愿的乐趣，但在资本主义制度下却成为谋生手段和沉重负担，只要社会制度进入和谐状态，劳动就能恢复原本的功能，人也能从劳动中收获本能情欲中的自由与

---

① 马克思、恩格斯：《马克思恩格斯文集》第 9 卷，人民出版社 2009 年版，第 281 页。
② 傅立叶：《傅立叶选集》第 1 卷，赵俊欣等译，商务印书馆 1979 年版，第 424 页。
③ 傅立叶：《傅立叶选集》第 1 卷，赵俊欣等译，商务印书馆 1979 年版，第 124 页。
④ 法文音译，指有共同目标的集体。

快乐。然而，他设想充满善的情欲本能的"法朗吉"和谐社会本身就缺乏现实基础和科学支撑，是一种不切实际的唯心主义观念产物。

与前述两位思想家所处的法国资本主义手工业时期不同，欧文是在英国大工业的社会背景下分析人类社会发展问题的。与此同时，欧文还曾亲自管理工厂和领导工人运动，这些社会条件和实践经历使得他的学说比圣西门和傅立叶的"更具深刻性"，也更接近于"工人阶级的立场"。[①]欧文直指资本主义私有制是工人贫困和备受压迫的根源，他认为，正是私有制的存在，个人利益和社会幸福才会处处对立，灾难和屈辱也才频频发生，这是他进步性的体现。在私有制的主导下，掌握了权力和资本的工厂主为了追求利益最大化而无休止地压榨与剥削工人，而一贫如洗的工人为了存活只能"任人宰割"，因此，私有制被欧文视为摧毁社会幸福、引发不平等分工的根源。然而欧文不了解分工产生的历史条件与消灭分工的物质力量，只在改良层面构想并于美国投资组建了他的理想社会模型——"新和谐公社"。这是以公有制和按需分配为基础、以平等互利关系为特征的独立经济组织。欧文特别重视教育，认为教育能提升个人素质和行业生产水平，提出公社内的"全体社员在体、德、智方面经常受到最好的教育"。[②]在这场"试验"中，欧文力图吸引最开明的制度决策者，让工、农、商、学等各领域人才在岗位上自由劳动、积极创造，但公社还是在三年后就遭到解体、宣告失败了。究其原因，还是因为这个集体组

---

① 经济学博士卢森贝：《政治经济学史》第2卷，郭从周等译，生活·读书·新知三联书店出版社1960年版，第219页。
② 欧文：《欧文选集》第2卷，柯象峰等译，商务印书馆1965年版，第190页。

织形式没能跳出资本主义生产的经济运行模式。所以，尽管欧文为了推进他的计划身体力行，并在"缩短工时、限制雇佣女工童工方面取得了很大成效"，但他仍旧怀着统治阶级会让步的幻想以及拒绝工人运动和政治斗争的立场而对贫困的根除"言之凿凿却苍白无力"。[①] 此外，欧文组建的英国工会，成员们只是传播他的社会主义理论，并没有发动政治或经济领域的任何阶级斗争，这种空有天真理想主义的做法根本无法撼动统治阶级利益，他最终成为后来人眼中的空想家也就不足为奇了。

纵使对社会发展矛盾认识的缺失，以及形而上学和唯心史观的局限性，导致英法三大空想社会主义从头脑中创造出的不现实的社会主义真理，但我们无论如何也不能否认他们的思想孕育着科学社会主义的萌芽。正如恩格斯所言："德国的社会主义永远不会忘记它是依靠着圣西门、傅立叶和欧文才确立了起来。"[②] 马克思也正是站在了这些"理应受到嘲笑的幻想"上，认识他们的错误、吸取他们的教训，最终形成了能够正确指引无产阶级摆脱贫困、实现专政道路的反贫困学说。

（二）19世纪德国空想社会主义的美好设想

以魏特林、赫斯等为代表的德国空想社会主义也给了马克思许多启发，当时恰逢马克思的思想转型时期，在重塑自己的世界观和探究现实问题同时也与这些人物的思想有过交锋。

作为德国早期工人运动的领袖，威廉·魏特林与英法三大空

---

① 桑巴特、李嘉弘：《社会主义和十九世纪社会运动》，载《当代国外马克思主义评论（28）》2020年，第16—19页。

② 恩格斯：《德国农民战争》，人民出版社1962年版，第14—15页。

想社会主义者的阶级立场有着根本的不同，他是德国首个站在无产阶级立场来进行资本主义批判和社会主义构想的空想社会主义理论家，其著作《和谐与自由的保证》明确了工人阶级是推翻资本主义，建立新社会的独立力量，标志着社会主义实现了从资产阶级向无产阶级的跨越，他也因此被恩格斯认为是"德国共产主义的创始人"。一方面，他的思想在德国工人中的进步性是"史无前例、光辉灿烂"的，[①] 主要在于唤醒了工人的阶级意识并指明未来的革命任务。在魏特林看来，工人贫困的根源在于私有财产。他关注的重点永远在于推翻旧的社会，而新社会的组织架构和具体形式可以多种多样，这体现了他意在指明一个发展方向，而不是提供僵化的教条。在实现社会主义的路径上，他支持革命斗争、反对一切改良手段。他批判迄今的所有改良派都没有抓住贫困根源，只是做一些改革的补缀工作，实质是助长和保持了统治者对工人的剥削，于是提出未来革命的任务就是消灭私人所有制，"把他用来危害我们的手段夺取过来"[②]，"进步只有通过革命才可以实现"。[③] 为此，他号召本国工人必须和世界各国的工人团结起来，识破资产阶级的"爱国主义"谎言——只有同那些掌握生产资料的少数人做彻底的斗争才能创造属于工人自己的社会主义祖国。魏特林的天才之处还在于，他发现无产阶级取得革命的胜利后必须经历一个专政的过渡时期，因此仍需保留暴力机器和法律手段，用以彻底粉碎资产阶级残余势力。关于未来社会的构思，魏特林提出了"交易小时制度"与"能力选举"，这既防止阶层固化，又

---

① 马克思、恩格斯：《马克思恩格斯全集》第 3 卷，人民出版社 1995 年版，第 390 页。
② 威廉·魏特林：《和谐与自由的保证》，孙则明译，商务印书馆 2017 年版，第 277 页。
③ 威廉·魏特林：《和谐与自由的保证》，孙则明译，商务印书馆 2017 年版，第 303 页。

进一步激发人才的劳动积极性和创造性，超越了原始的平均共产主义。另一方面，魏特林的思想也有其局限。他虽然提出革命，却无法看到革命所需的生产力水平和成熟物质条件，缺乏对社会发展规律的客观认识，全盘否定无产阶级在资产阶级民主革命中的收获，在没有科学路径的前提下激进地提出诸如"立即实行无产阶级革命"和"反对工人要先与资产阶级联合共同消灭封建主义"①等观点，这对于当时半封建状态的德国而言是不现实的，对此马克思批判道："把人民煽动起来，但对于他们的行动却不给予任何牢固可靠的、详加考虑的基础，这简直是一种欺骗。"②此外，囿于小手工艺人的立场，他的历史观虽有唯物主义的突破，但大体却是唯心的，例如他把理性看成维持社会长期发展的动力，也在总体坚定革命立场的同时偶有走改良与和平方式的幻想。这些局限都使得他的共产主义观在后期带有郁闷、伤感的基调，其也逐渐成为一名顽固坚持自己体系的独断乌托邦主义者。所以，总体而言，魏特林的社会主义思想是一种深刻的制度批判和草率的乌托邦幻想、坚定的革命信念与匮乏的规律认知、进步与局限相融合的综合体。

　　谈及马克思对德国空想社会主义的批判，另一位绕不开的人物就是赫斯。同魏特林后期的基调一样，赫斯的社会主义也是一种"伤感的空想主义"，后来被马克思嘲讽并划为"真正的社会主义"。"受斯宾诺莎、费希特与黑格尔的影响"，赫斯以"行动的哲学"为根基，在《论货币的本质中》全面展开对现代社会货币制

---

① 威廉·魏特林：《和谐与自由的保证》，孙则明译，商务印书馆 2017 年版，第 352 页。
② 转引自威廉·魏特林：《和谐与自由的保证》，孙则明译，商务印书馆 2017 年版，第 49 页。

度的批判，并提出未来是消除了阶级对立的"完满社会"。① 赫斯自诩为了更具现实性的共产主义而首创性提出本身就已达成思想与行为内在统一的新哲学基础，即行动的哲学。然而事实上，赫斯所阐释的行动依然是一种费尔巴哈式的道德化理解，即从人的类本质出发，将人本质理解为"自由的精神活动"，实则还是形而上学的人道主义。因此，赫斯对"普遍的剥削和普遍的奴隶制"和"钱袋才是立法者"②等的批判言论虽然精彩，但仍是止于现象层面的。而且，赫斯同样犯了把共产主义理解为"应当"到达的目标蓝图的错误，并不认为资本主义的灭亡是私有财产关系运动的结果。他的人道主义立场也致使他在谈及解放时模糊了人的"现实和阶级差异"，将本应在现实斗争中的解放推入"理论"的空想中去了。③ 由此不难发现，马克思之所以批判赫斯的空想社会主义，也是因为他世界观和哲学基础的唯心主义和反动的倾向。

总体而言，尽管过去的空想社会主义者在乌托邦的旷野上兜兜转转，探索出来的学说也缺乏现实支撑和实现途径，却不能抹去他们对帮助人类摆脱贫困、追求幸福而做的努力和贡献。相较于古典政治经济学家替资本主义合法性无条件辩护的贫困观，空想社会主义者的思想对底层大众摆脱贫困而言无疑是更具启发意义和价值的。首先，他们能够批判资本主义私有制，并构想社会主义的美好蓝图，为现代国家制度建设提供了不少启发。其次，

---

① 参见黄学胜：《"貌合神离"：马克思与赫斯早期思想关系再考察——基于〈1844 年经济学哲学手稿〉与赫斯相关文本的思想比较》，载《复旦学报（社会科学版）》2021 年第 3 期，第 14—15 页。
② 莫泽斯·赫斯：《赫斯精粹》，邓习议编译，方向红校译，南京大学出版社 2010 年版，第 137、153 页。
③ 参见林青：《马克思、恩格斯对德国"真正的社会主义"的批判及其启示》，载《复旦学报（社会科学版）》2022 年第 2 期，第 4 页。

他们看到了以劳动范畴为核心的教育与实业发展的积极价值，肯定了劳动阶级而非特权贵族是推动社会前进的主体力量。最后，他们能够突破自身的阶级利益，着眼于人民大众的解放事业，并超越了以往启蒙思想家只在宗教压抑和封建束缚层面提出的资产阶级性质的解放。而且，他们有关社会主义真理的很多天才预测被后来马克思科学地论证了其正确性。在一定程度上来说，空想社会主义既是对资产阶级要求"政治解放"的完善突破，又是对无产阶级追求"人的解放"的过渡铺垫。也正是在这种"承前启后"的进步性下，马克思才得以批判地吸收包括空想社会主义的一切有用资源，如对劳动和人的价值肯定、对资本主义生产体系的基础批判、对共产主义或社会主义的积极构想等，最终形成了科学社会主义。空想社会主义作为科学社会主义的来源之一，亦构成马克思反贫困思想的形成基础。

本章小结

本章揭示了马克思反贫困思想诞生的时代背景和理论资源。马克思所处的时代正值资本主义快速发展的上升期，在工业财富巨大喷涌和生产力极大释放的繁荣背后，是数百万正史无前例地遭受穷困潦倒和无家可归威胁的贫苦人口。劳而不富底层人民的悲惨生活和富而不劳工业资本家的奢靡享受形成鲜明对比，这个社会正以空前异化的形式存在着。周期性爆发的经济危机与日趋严峻的劳资矛盾加速了阶级对立，底层贫苦的无产阶级奋起反抗，爆发了三大工人起义。工人运动的不断爆发和各国工人的逐渐联合对科学的无产阶级行动纲领和革命理论的制定提出了较高要求。

马克思正是基于这样的资本主义社会现状，产生了对贫苦大众悲惨境遇的深刻同情，并为其脱离贫困和实现解放进行了毕生的理论探索和革命斗争。

之所以把古典政治经济学、黑格尔的市民社会观以及空想社会主义视为马克思反贫困思想的三大思想来源，主要是因为马克思在力求消灭贫困、实现解放的过程中离不开对这些资源的辨析、批判和扬弃。在对古典政治经济学的研究中，马克思首次从感性的实践活动出发，对社会关系中人的本质进行正名，驳斥了经济学家们普遍以财富为中心、漠视穷人的资产阶级立场，通过历史观的引入破除了这种固守资本永恒性的抽象实证科学。与此同时，在与黑格尔法哲学的对话中，马克思直面"贱民"不占有生产资料的事实，摆脱黑格尔以绝对精神构筑的完美体系，通过研究劳资对立的社会现实，斥责其作为古典政治经济学同谋和补充的唯心主义反贫困观，并在贫困的考察上实现了从外部哲学反思向内部经济批判的超越。随着工人对科学指导理论的呼声日益高涨，马克思在充分肯定空想社会主义积极意义的同时也批判了这些思想家的启蒙理性执念和缺乏现实依据的幻想，通过借助黑格尔"否定之否定"的辩证法，填补了空想社会主义在贫困的斗争性和阶级性这两方面的空缺。至此，在对这三大资源的扬弃与超越中，马克思不但实现了反贫困思想在哲学与经济学转向的双重革命，而且澄清了自身的立场、揭示了贫困发生机制和资本主义私有制根源、确立了无产阶级的革命力量、指明了摆脱贫困与实现自由的未来方向。

第二章 以唯物史观溯源贫困的分析理路

　　马克思反贫困思想建立于马克思对资本主义社会必然产生却又无法调和的两大阶级矛盾的审慎反思基础之上,是受工人阶级劳而不富的悲惨命运直接触动下形成和发展的。正是出于对现实问题解决的迫切需求,马克思的研究重点开始从社会表象深入政治本质,思想也逐渐从启蒙理性转向共产主义,并得以在后来资本主义生产方式矛盾规律和运行机制的探究过程中厘清贫困的发生机制。贫困作为资本主义社会最严峻的问题之一,以大量感性的事实进入马克思视野,并贯穿于他思想不断成熟的过程中。

第一节 从"物质利益难题"开始关注贫困

　　19世纪40年代初,马克思立足于资本主义社会现实,开始对贫困问题进行初步探究,与探讨过贫困问题的各思想家交锋论战,通过《关于林木盗窃法的辩论》《摩泽尔记者的辩护》《共产主义和奥格斯堡"总汇报"》《评奥格斯堡〈总汇报〉关于普鲁士等级委员会的文章》等文章表达重要观点。

一、服务人类的理想促使马克思关心穷人利益

马克思生活在一个物质文明丰富、科学技术先进、工人生活贫苦、社会矛盾突出、贫富分化严重的资本主义大背景下，虽然他和工人阶级有着不一样的出身，却毫不犹豫地选择站在了工人的立场，并用毕生的心血来指导和参与工人阶级反对贫困、消灭剥削的解放事业。这与他的成长环境、家庭和教育因素是密不可分的。

马克思的家乡位于德国的莱茵省，由于被法国长期占领，资本主义工业发展迅速，自由主义盛行，是"资产阶级势力最为强大和受法国影响最为深远"①的省份。1818年，马克思生于千年古城特里尔一个律师家庭，天资聪慧，在深受法国资产阶级思想影响的父亲的指导下，没有上过小学的他接受了启蒙教育。作为一名崇尚政治自由与宗教自由的启蒙主义者，马克思的父亲不仅深谙法律，还酷爱文学和哲学，尤其对康德、伏尔泰和莱辛等人的作品非常熟悉，有着极高的文化素养和成熟的人道主义思想。他的母亲则是把家务料理得井井有条的能手。在这样开明且充满文化气息的家庭中，马克思潜移默化地吸收了启蒙精神，追求进步和崇尚自由的人文主义种子在他幼小的心灵中生根。除了父亲，马克思的岳父冯·威斯特华男爵也对学生时代的他产生了较大影响。这位同样极具修养的长辈常和马克思讨论莎士比亚与荷马的浪漫主义文学，以及一些社会问题和圣西门的思想。步入中学后，

---

① 奥古尔特·科尔纽：《马克思传恩格斯传》第1卷，刘丕坤等译，生活·读书·新知三联书店1980年版，第11页。

在以维滕巴赫校长为代表的一批先进知识分子的引导下，科学、民主、理性和反专制等理念开始在马克思心中萌芽，并成为他后来革命生涯和反贫困思想发展的基础。优渥的成长环境让他原本就可以拥有安逸稳定的生活，但他选择与最广大的穷苦人民站在一起，走上充满艰辛的追求全人类解放的漫漫征程。他在 17 岁时写下的《青年在选择职业时的考虑》一文里表达了独特的思考：人在选择职业时不仅要受自身所处社会地位和社会关系的限制，还应把握正确的工作和生活目标，那就是为最广大人民的幸福而工作。这是马克思第　次以激情洋溢的动人陈述表达了他为人类谋福的理想，虽然彼时的他还满怀着浪漫的理想主义。

　　怀着对未婚妻燕妮的爱和沉甸甸的责任，从波恩大学转入柏林大学学习后，马克思一头扎进书海勤思苦学，他大量阅读法哲学著作，在研究黑格尔哲学的过程中逐渐意识到从理想主义转向现实本身的重要性。在当时，具有社会主义倾向的黑格尔哲学的重要诠释者甘斯对马克思的思想转变影响很大，他使马克思转向黑格尔哲学，唤起了他用社会主义观点分析问题的兴趣，这为马克思从唯心主义转入唯物主义的世界观打下基础。马克思进入柏林大学的头一年是对黑格尔晦涩的哲学充满鄙夷的，但在逐渐阅读和加深理解的过程中，他从敌视黑格尔哲学转变到在这种哲学中生发出世界观，吸收了辩证法，认为在人民的历史和生活中创造的法应该替代推演的自然法，此时他已开始逐渐厘清各种思想并建立符合内心的世界观，也成为青年黑格尔俱乐部的一员。随着哲学知识的加深，马克思在后来的自我批判中，认为黑格尔用抽象的方法考察现实的形而上学世界观是一种绝对唯心主义，并由此踏入了从唯心主义向唯物主义转变的第一阶段，虽然他此时的思想仍还是一种客观唯心主义，但已形成具体的世界观，同时也基本决定了他未来参与的政治斗争和生活道路。

在马克思的反贫困思想形成与发展过程中，不能不提对他思想起巨大启发和推动作用的挚友与战友恩格斯。恩格斯不仅比马克思更早地关注工人贫困问题，还在马克思去世后为其继续完善和捍卫反贫困思想。与马克思一样，出身于资产阶级家庭的恩格斯"走上革命的道路不是迫于个人需要，而是由于深刻的思考，由于信念"。[1] 此外，他还是父亲眼中天资聪慧的潜力股，却因行为与主流的传统观念不同而时常受到家人担心。与他父亲的信仰不同，恩格斯继承了母亲热爱生活和自由的性格，仁爱的天性使他自幼就厌恶统治阶级用以压迫人民的虔诚主义，从对家庭氛围的反抗继而发展为对社会关系的反抗。他比马克思有着更深刻的感受力，自幼就在父亲的工厂经常"看到工人群众身受的社会压迫和他难以形容的贫困"[2]，这些直观印象对他后来的革命道路产生决定性影响。马克思在年轻时更倾向在书斋中实现自身观念的转变，而恩格斯却是在密切接触社会中解决问题的。从1838年起，恩格斯在父亲的安排下正式开始在纺织厂工作，亲身体悟当时工人辛勤工作却穷困潦倒的事实，他在深刻同情工人境遇的同时也在努力思考原因与解决办法。19岁时，他所写下的《乌培河谷来信》一文深刻记录了乌培河谷工人们非人的贫困生活，表达了他对工人的真挚同情和对工厂主的极端痛恨。1842年至1844年

[1] 奥古尔特·科尔纽:《马克思恩格斯传》第1卷，刘丕坤等译，生活·读书·新知三联书店1980年版，第119页。
[2] 奥古尔特·科尔纽:《马克思恩格斯传》第1卷，刘丕坤等译，生活·读书·新知三联书店1980年版，第128页。

期间，他按照父亲的要求到英国经商，正是这段时光使得恩格斯切身接触了大量的工人阶级被剥削的事实，并对他共产主义思想的转变和形成产生了决定性影响。当他看到曼彻斯特的无产者，尤其是纺织工人难以描述的贫困状况时，他内心的愤恨与斗志就决定了他共产主义思想的发展基调。显然，他并不像赫斯那样，把共产主义看作人道主义的形式之一，而是当作无产阶级利益的实现。随着参与英国工人生活和斗争的次数日渐频繁，恩格斯的思想逐渐远离青年黑格尔派，他意识到决定历史的是具体实践问题而非理论，并逐步超越赫斯和魏特琳的空想共产主义，向唯物史观靠近。在对空想社会主义者尤其是欧文观点的驳斥中，恩格斯坚信社会的发展是由经济和相应的社会关系所决定的，只有通过社会革命才能实现对社会的彻底改造。

马克思与恩格斯切入共产主义的路径是不同的。恩格斯是通过社会—经济的批判直接转向共产主义的，他的观点转变发生在经济领域内；而马克思的观点转变则发生在哲学政治领域内，且是通过哲学—政治的路径对黑格尔法哲学批判后才从激进主义转向共产主义的。1844 年 2 月，23 岁的恩格斯在《德法年鉴》上发表了《国民经济学批判大纲》，与《德法年鉴》同一期的马克思的两篇文章《论犹太人问题》和《〈黑格尔法哲学批判〉导言》得出的结论相同：无产阶级是变革社会的主体力量，其历史使命是解放全人类。资本主义财富的增长是以工人的苦难和牺牲为代价的，工业的发展不仅未能改善他们的生活，反而使这一部分人陷入极端的贫困当中。基于此，恩格斯便同马克思一道开启了对资产阶级政治经济学的批判历程。1844 年 8 月，这两位革命挚友在马克思巴黎的家中倾心交谈，发现彼此都对当下时代社会现状、哲学与政治经济学等领域的理论不谋而合，从此开启了他们长达 40 年的反贫困共同事业和伟大友谊。

二、"物质利益难题"揭露现实的贫困与不公

《莱茵报》时期是马克思从贫困农民的现实生活向经济、法和国家层面发出反思的开端，也是他的思维方式从理性主义向唯物主义的转变过程。1842 年 5 月，马克思担任《莱茵报》的撰稿人并于 10 月正式成为该杂志的编辑，在工作期间他真正开始大量接触底层劳苦大众遭遇不公的现实问题，而这些现实背后所呈现的各种矛盾与他一贯的理性主义信仰相冲突，这促使他重新检视自己的世界观，在探清贫困的经济根源之后毅然拿起批判的武器为维护劳动人民权利而奔走呼号。马克思参与了各种辩论和政治斗争，密切关注和了解贫困农民的生活状况，这便逐渐形成了他变革现实的民主政治思想和为民请命的坚定立场。

19 世纪 40 年代的普鲁士处于资本原始积累阶段，贫富分化严重，走投无路的农民不得不到树林里捡枯枝来维持生存，而特权阶级竟将这一行为定为盗窃。为了与特权者论证捡倒树和枯枝是贫困农民的自然权利，不是盗窃，马克思撰文猛烈抨击了林木占有者自私的欲望和当时虚伪的法律："如果法律把那种未必能叫作违反林木管理条例的行为称为盗窃林木，那么法律就是撒谎，而穷人就会成为合法谎言的牺牲品。"[1] 在他看来，贫困农民的这种自然权利是"穷人的习惯法"，比法律更正义，应该得到提倡和保

---

① 马克思、恩格斯：《马克思恩格斯全集》第 1 卷，人民出版社 1995 年版，第 244 页。

护，如若禁止就是对人民生存权利赤裸裸的剥夺，是对其主体地位的抹杀。也正是这一问题动摇了他对国家和法的理性幻想，开始转向对社会现实的关注和分析。

　　简单说来，"物质利益难题"是由于马克思一直以来都坚持理性主义的世界观，因在大学时期受黑格尔哲学的深刻影响，对该哲学体系中理性国家和法能够维护所有人的基本权利深信不疑，但在现实中，国家和法却让位于私人利益，弃广大贫苦人民的生死存亡于不顾，这种理想和现实的巨大反差使马克思动摇了一贯的信仰，从而开始反思自身的世界观。在《关于林木盗窃法的辩论》中，一方面，马克思对特权和两种习惯法进行了历史分析。捡枯树枝是穷人生活的来源和基本保障，是贫民的习惯法，也是一般人能够接受的，因而也就具有普遍性。然而辩论中的某些议员却把捡拾枯枝的行为视作盗窃，其依据的是有特权性质的贵族习惯法，这种法是属于有高低优劣之分的动物时期的，不具有一般普遍性。按照财产的不确定性原则而言，枯枝一般是由先占有者来拥有，且对于穷人来说可以发挥出实际的生活价值，但对于特权阶级来说却没什么意义。即便如此，等级议会仍要将枯枝变为自己的私有财产，用贵族的习惯法来给无罪者施加罪名，穷人的谋生方式就要被剥夺了，原来合法的行为被判定为了偷窃，穷人变得更穷，国家也沦为私人利益的维护工具。如果这种代表少数私人利益的习惯法成为国家之法，那么法则不法，是与理性和正义全然相悖的。在当时，马克思仍"天真"地认为个人私利应服从理性的国家和法，还痛斥林木盗窃法是"下流的唯物主义"①，

————————

① 马克思、恩格斯：《马克思恩格斯全集》第1卷，人民出版社1995年版，第289页。

但通过对经济事实的大量接触又让马克思不得不相信，个人私利在与国家和法的较量中取得了绝对胜利。① "为了保证自己对森林条例违反者的控制，省议会不仅打断了法的手脚，而且还刺穿了它的心。"② 马克思深刻意识到：资产阶级的理性主义和绝对原则是为物质利益服务的，不是法和国家约束现实利益，而是现实利益决定着法和国家并使之成为统治阶级欺骗和奴役人民的工具。这样的认识转变也为他后来写作《黑格尔法哲学批判》(以下本章简称《批判》)奠定了思想基础。另一方面，马克思抨击了省议会代表的特权阶级及其立法资质。首先，马克思在一开始就指出，省议会批准的"林木盗窃法"作为一个"意义重大的真正的现实生活问题"③，本身就需要被研究和批判。因为这看似一个法律问题，但马克思已经看到它背后所隐藏的涉及等级利益或阶级利益的现实问题，且在深入的调研后认清省议会为维护林木所有者利益的真实面目。其次，马克思揭露国家制度沦为以林木所有者代表的资产阶级的奴仆本质。在马克思一贯的道德直觉中，穷人捡枯枝是为了维持生存，理性国家和法应该保护他们的权利，然而在现实中，国家制度和法律都处处屈从于省议会所代表的私人利益，至高无上的国家蒙受了"奇耻大辱"，这种复杂而矛盾的情感使他陷入纠结的困境，继而也逐渐认清国家的本质。再者，马克思质疑并否定了省议会的立法资质。省议会就职权上而言最多只能制定省内范围的"小法"，无法制定整个国家范围内的统一法律，因而不具有普遍性，也就无法代表人民的普遍利益，再加上议员在

---

① 参见黄学胜：《青年马克思对启蒙的扬弃》(复旦大学博士论文，2010年)，第65页。
② 马克思、恩格斯：《马克思恩格斯全集》第1卷，人民出版社1972年版，第179页。
③ 马克思、恩格斯：《马克思恩格斯全集》第1卷，人民出版社1995年版，第240页。

辩论中所流露出的唯我独尊态度和理屈词穷的辩词都证明了其远未达到制定公平正义法律的资格。最后，省议会徇私舞弊的行政流程逃避了自由报刊的监督。马克思充分揭露省议会的恶劣行径，即利用不公平的投票将国家法变成特权法，这种利益勾连的不耻之行既是压迫劳动人民的罪魁祸首，又是破坏理性国家的始作俑者。

可以看出，在现实面前，国家和法与私人利益之间的真正关系极大冲击甚至颠覆了马克思的道德直觉和一直坚持的理性主义世界观。合乎理性的法和国家本应不仅是全体人民普遍利益的代表，更是保护穷人生存权利的港湾，然而现实证明法和国家仅仅维护了特权阶级而把底层人民排除在外。这一矛盾对当时仍站在黑格尔法哲学观念论立场的马克思来说是无法彻底解决的，由于"苦恼"和"为难"，他接下来的第一件工作就是反思黑格尔哲学的局限性，厘清市民社会和理性国家的关系问题。若不是因为遭遇了物质利益难题，马克思就不会感到自己惯有的理性思维在现实前是如此无能为力，也不会发现私人利益支配着国家机器的本质，更不会有后来关于反贫困科学理论的诞生。《莱茵报》时期马克思对贫苦人民的深刻同情以及由物质利益难题而起的信仰危机与哲学反思都为他今后深入研究现代社会经济结构打下坚实基础。

三、《摩泽尔记者的辩护》与对官僚制度的批判

"物质利益难题"是马克思转向现实问题的伊始，也是超越黑格尔法哲学的起点，在对"理性国家"的本质进行揭露的同时，马克思还在《批判》中对黑格尔的官僚政治制度作了全面的批判。

对官僚政治理论的批判是对绝对理性国家批判的继续和深入，而贫困与官僚政治制度的联系则与马克思发表的《摩泽尔记者的辩护》（以下本章简称《辩护》）有关。

在摩泽尔河地区，葡萄种植园的农民被贫困长期困扰，利益得不到保障，然而从执政当局对待贫困的言行与官方文件中可以看出他们并不是真心实意地为农民排忧解难，而是象征性地采取一些措施应付了事，甚至漠然置之。于是，1843 年 1 月，在广泛的实地调查基础上，马克思在《辩护》一文中尖锐指出：摩泽尔河地区的贫困惨状是普鲁士官僚主义所带来的后果，并列举了大量事实揭露当地政府脱离人民、对农民的窘迫境况视而不见的行为，这便表明统治者与群众的利益根本对立。值得肯定的是，马克思当时虽然还未形成贫困的经济根源性认识，但已经能够客观区分不同阶层的私人利益，并在有关林木盗窃法的辩论中痛斥了"私有财产制度在现实生活中所造成的负面后果"[①]，与此同时，他还在葡萄种植者与官员利益对立的关系中揭示了国家代表私人利益的真实本质。这就说明，通过与贫困农民的亲身接触和所见所闻，马克思开始意识到思辨哲学的局限性，并从精神世界逐步转向物质生活领域的研究，因此，他接下来进一步批判黑格尔理性国家中的"官僚政治理论"。

首先，在黑格尔的伦理体系中，官僚制度作为代表普遍利益的等级，是国家发展阶段的决定因素，这体现出了国家官吏这种"中间等级"的重要地位——"没有中间等级的国家，因而还是停

---

① 方博：《私人所有权与社会结构不正义——以"林木盗窃法问题"为例》，载《哲学研究》2021 年第 3 期，第 21 页。

留在低级阶段的"。① 因此，在黑格尔看来，如此重要的官吏选举只能依据个人的知识和才能等与职位匹配的因素来决定，外加行政事务本身就有的客观性能免受主观偏见限制，官僚等级就能摆脱市民社会的对抗性和利己性，满足国家对普遍利益实现的需要，使社会和谐运转。虽然这比由血亲决定的世袭制而言有了较大进步，但在现实中不可能完全消灭执政者的个人私利，于是官僚势力便沦为"追求高位、谋求发迹"② 的真实写照，加剧了市民社会和国家利益的对立。其次，黑格尔认为具有"全体民主的高度智慧和法律意识"③ 的官僚等级不仅可以监护消极和被动的社会公民，还能在国家的一端限制王权，避免独断专行的暴政。然而，马克思则认为官僚制是黑格尔的一种"国家的幻想"，是以市民社会和国家利益的分离为前提的，是承认私有财产和国家二元对立无法解决的妥协之道，也是其保守主义立场的经验描述，并没有深入矛盾内部进行哲学批判，因此，黑格尔"关于'行政权'所讲的一切，不配称为哲学的阐述"。④ 最后，由于可能产生的主观性和偶然性，官僚制也有滥用职权的隐患，对此黑格尔提出的制衡方案是：第一，以稳定的收入满足其个人需要，避免他们的主观性和偶然性对公民利益的损害。第二，通过思想教育和伦理教育克服整日从事行政工作而带来的麻木感和"机械性"，进一步深化他们对普罗大众服务的责任心。第三，除自上而下的内部监督外，同业公会和自治团体自下而上的监督也能形成对官僚体系的普遍

① 黑格尔：《法哲学原理》，范扬、张企泰译，商务印书馆 2017 年版，第 357 页。
② 马克思、恩格斯：《马克思恩格斯全集》第 3 卷，人民出版社 2002 年版，第 61 页。
③ 安东尼·唐斯：《官僚制内幕》，郭小聪等译，郭小聪、李学校，中国人民大学出版社 2006 年版，第 357 页。
④ 马克思、恩格斯：《马克思恩格斯全集》第 3 卷，人民出版社 2002 年版，第 57 页。

约束。但事实证明这样的官僚制度和中间等级只是黑格尔的一种唯心主义英雄史观，在现实中并没有任何一个国家能够实现对官僚滥用职权的遏制，也没有突破市民社会的狭隘性和对抗性来达到普遍利益和特殊利益的真正统一。

马克思在《辩护》中清晰地揭示，官僚等级其实是从各自的等级利益为出发，是对自己的上级负责而不是人民，官员间也没能履行代表国家普遍利益的为人民服务的职责，而是相互推诿。"摩泽尔河沿岸地区的贫困状况同时也就是管理工作的贫困状况"，[①]这恰恰证明了现实中官僚政治的形式主义、精英特权和阶级固化趋势。现代官僚制度只是资产阶级的统治工具，无法彻底解决市民社会的矛盾和贫困问题，这种寄调和市民社会矛盾的希望于"中间等级"的实质是思辨唯心主义。对此，马克思提出了用自由报刊来传递人民利益和心声的方式。自由报刊是个公平的舆论制造载体，在这个领域内，官僚等级和市民社会成员可以平等地指出甚至批评对方，不再有从属关系，从而真正能够使"一种特殊利益成为普遍利益"，让这种"贫困状况成为祖国普遍关注和普遍同情的对象"。[②]同时，马克思还提出了以人民民主制来代替官僚制的设想，人民民主制也是他未来科学社会主义思想的构成要素之一。通过不受限制的普选，市民社会才能"上升到作为自己真正普遍的本质的存在的政治存在"[③]，人民的意志才能得到充分体现，普遍与特殊也才能真正统一。虽然当时的马克思提出的人民民主制仍带有资产阶级民主色彩，还未完全转向共产主义，但

---

① 马克思、恩格斯：《马克思恩格斯全集》第 1 卷，人民出版社 1995 年版，第 376 页。
② 马克思、恩格斯：《马克思恩格斯全集》第 3 卷，人民出版社 2002 年版，第 378 页。
③ 马克思、恩格斯：《马克思恩格斯全集》第 3 卷，人民出版社 2002 年版，第 150 页。

已看出他对黑格尔的超越。黑格尔是站在以自由理性等美名替私有财产辩护的保守主义立场之上，设想一个完美的理性国家，教导人们要理解并与现存的国家制度和谐共存，但马克思俨然已亮出鲜明的无产阶级立场，坚定地站在穷苦大众这一边，替他们表达诉求、摆脱贫困和改善生活。对黑格尔理性国家及官僚制度的分析批判让马克思与资产阶级的民主改革划清界限。马克思还认为创造社会财富、推动社会发展的是市民社会中的市民，并不是黑格尔的理性国家，因此强调必须使"人民成为国家制度的原则"①——无产阶级只有把科学的哲学当作行动指导，将自身利益上升为国家意志，付诸革命实践，才能摆脱阶级束缚的锁链、消除贫困、实现自由。可以看出，此时的马克思已开始从现实出发，摒弃了德国哲学家们传统的坐而论道的思维方式，初步从经济领域考察人与人之间的关系。

四、《黑格尔法哲学批判》推动"物质利益难题"的解决

为解决在现实中遇到的物质利益困惑，马克思之所以会选择将批判黑格尔法哲学作为开端，主要是基于以下两个原因：第一，大学时，他从一开始的不了解与排斥到后来花了很长一段时间仔细研读黑格尔著作，并发展成逐渐认同黑格尔的观点，可以说，黑格尔的哲学体系构成了他在《莱茵报》时期与之前的思想基础。第二，与当时的主流观点一样，马克思认为黑格尔哲学达到了他所处时代哲学水平的最高峰，已综合解决了西方近代哲学史探讨

---

① 马克思、恩格斯：《马克思恩格斯全集》第3卷，人民出版社2002年版，第72页。

的基本争论，鉴于已经萌发的一些不同于黑格尔追随者们的观点，只需对黑格尔法哲学进行批判，就能够超越整个哲学界分析贫困成因与解决路径的思维方式。因此，在批判法哲学的过程中，马克思厘清了国家的真正本质及其与经济基础的关系，为创立唯物史观并探索摆脱贫困的现实之路打下基础。

（一）黑格尔的理性国家观

黑格尔哲学是一个思维的大循环，概念和范畴在经他本人进行严密的逻辑推演后外化为自然界，再通过对自然界的扬弃复归到其绝对精神的世界。他将世间的一切事物都归纳进了理念或精神的运动发展中，从而构成其思辨的哲学。在整个思维的"大厦"中，逻辑学是他的构建方式和主体，法哲学则是逻辑学的应用与补充。对此，马克思也明确指出："国家的各种规定的实质并不在于这些规定是国家的规定，而在于这些规定在其最抽象的形式中可以被看作逻辑学的形而上学的规定。真正注意的中心不是法哲学，而是逻辑学。"① 黑格尔在变革了形而上学的基础上，通过其哲学体系的思辨逻辑，提出了绝对理性国家的学说。在这样的建构中，很显然，黑格尔的国家哲学并不是为切实改变人的处境和社会难题而诞生的，而是为了构建其庞大且完美的逻辑学体系而服务的。

在黑格尔看来，"国家是永恒理性的产物"②，虽然这样至高无上的国家还有待实现，并不是现实当中落后的普鲁士专制国家，

---

① 马克思、恩格斯:《马克思恩格斯全集》第3卷，人民出版社2002年版，第22页。
② 列奥·施特劳斯、约瑟夫·克罗波西主编:《政治哲学史》下，李天然等译，河北人民出版社1993年版，第848页。

但由于其具有理性精神及历史必然性是不可被任意废除的。根据他的思辨哲学逻辑，家庭、市民社会和国家是伦理的三个环节。家庭是最原始的基本生命实体，体现了自然的伦理精神。随着家庭向市民社会过渡，"每一个人都是追求自身利益的特殊个体"①，且每一个人都成为满足他人自身利益的手段，并在满足他人的同时成就自己，实现从特殊性向普遍性的过渡，"所以整个市民社会是中介的基地"②，是一个需求体系，也代表着伦理的丧失，只有上升到国家——伦理的最高阶段，才能充分实现自身而完成普遍与特殊性的统一。于是，家庭和市民社会从属于国家，前者的法律和利益必须服从于国家的法与利益。在这样一个经过严密推演完成的绝对理性国家中，国家是"最高权力"③，拥有规制市民社会的绝对权威。然而，马克思却直接指出这样的结论是完全错误和颠倒的，根源就在于黑格尔的"迎合逻辑"，即"家庭和市民社会被看作国家的概念领域……国家以它们为前提……从这两个领域的理想性中形成自为的无限的现实的精神"。④ 因此，国家这个观念成了主体，现实的家庭和市民社会反而成了观念的产物，这是无法解决现实中法和人民对立而衍生的贫困问题的。此外，黑格尔自身逻辑中存在着明显的悖论。一方面，黑格尔把国家看成外在必然性，是用来规制和防止市民社会崩溃的绝对权威；另一方面，他又将国家比作内在目的，即市民社会所追求的方向。一会儿是外在约束，一会儿是内在目的，这就出现了无法

---

① 黄学胜：《马克思对启蒙的批判及其意义研究》，中国社会科学出版社 2020 年版，第 201 页。
② 黑格尔：《法哲学原理》，范扬、张企泰译，商务印书馆 2017 年版，第 225 页。
③ 马克思、恩格斯：《马克思恩格斯全集》第 3 卷，人民出版社 2002 年版，第 8 页。
④ 马克思、恩格斯：《马克思恩格斯全集》第 3 卷，人民出版社 2002 年版，第 10 页。

自洽的逻辑二律背反。由此可知，"国家的力量在于它的普遍的最终目的和个人的特殊利益的统一"只是伦理中的逻辑推断和美好设想①，是抽象而不现实的。

（二）马克思澄清国家与社会的真正关系

《批判》是马克思经历了《莱茵报》时的物质困惑和政治斗争退回"书斋"后于1843年写的第一部批判性分析著作，该成果作为他告别启蒙理性而开始发生思想转变的枢纽，构成了他在不久后《德法年鉴》时期的根本哲学基础。在《批判》中，马克思的批判主要体现在两个层面：一方面，澄清政治国家与市民社会的真正关系，彻底否定通过抽象推演而来的、看似具有普遍性实则与现实生活相对立的政治国家；另一方面，摆脱黑格尔理性逻辑的束缚，找到真正解决国家和社会对立分离的可行方案。

在马克思看来，黑格尔的法哲学充满了"逻辑的、泛神论的神秘主义"，②后者无视家庭和市民社会的现实性，执意从国家这个观念演化的社会组织整体出发，将现实的个人视作整个社会组织的派生物，主张个人从属于国家，个人利益的实现就是国家利益的实现。马克思对此指出，国家与市民社会的关系在黑格尔的思维体系中已然颠倒，家庭与市民社会才是国家的前提，"是国家的现实的构成部分……是国家的存在方式……是动力"。③能弥合普遍与特殊的国家其实是现实中经不起推敲的虚假辩词，只是黑格

---

① 马克思、恩格斯：《马克思恩格斯全集》第3卷，人民出版社2002年版，第9页。
② 马克思、恩格斯：《马克思恩格斯全集》第3卷，人民出版社2002年版，第10页。
③ 马克思、恩格斯：《马克思恩格斯全集》第3卷，人民出版社2002年版，第11页。

尔逻辑学里完美的唯心主义推理。正是因为国家被黑格尔的"迎合逻辑"披上了代表普遍利益的虚幻外衣，才会使得马克思一开始遭受蒙蔽而陷入物质利益难题。此外，黑格尔的理性国家依附于他的思辨哲学，这种思辨哲学是用精神推演的逻辑整合人类社会的方方面面，看似综合思维和存在的二分性，实质却是一种唯心主义。在马克思看来，这种离开了实践谈现实问题的思维方式是"不知道现实的、感性的活动本身的"①，也就注定了黑格尔的理性国家学说只能通往对国家的崇拜与理想主义的虚妄，继而演变为对现存国家和政治制度的辩解和维护，无法从根本上解决市民社会的贫困问题。因此，变革其唯心主义的哲学基础，完成对国家和市民社会关系的纠正是马克思的当务之急，也成为他思想转变的重要助推器。

而要摒弃黑格尔的抽象政治国家，马克思认为需要通过普遍选举的民主制，将市民社会上升为政治社会，使人们意识到自己是国家的一分子，国家需要靠每一个人有意识地参与建设，如此一来，为私利私欲厮杀的斗争状态就会消失，市民开始普遍地参与立法，追求普遍的政治目的。国家制度、法律等上层建筑都成为人民自我规定的特定内容，国家复归于人民，政治异化得以扬弃。不同于黑格尔在《法哲学原理》中刻意贬低市民在政治领域中的作用，只将参与国家普遍事务的范围限定于君主、官僚和市民社会的选举代表这几大等级的做法，马克思则是通过民主制选举让全体市民获得政治效能和地位的设想，让市民社会获得政治意义和政治存在，只有这样，政治国家的彼岸性和市民社会的私

---

① 马克思、恩格斯：《马克思恩格斯选集》第 1 卷，人民出版社 2012 年版，第 133 页。

利性才能被消灭，两者间的对立和分离才能真正解除，达到内在统一。

（三）费尔巴哈的启发和影响

我们应当注意到，除了物质利益难题促使马克思主动反思启蒙理性的局限外，还有什么其他因素推动在《莱茵报》时期还信奉黑格尔观念论的他发生了重视物质基础的"剧烈"思想转变？马克思之所以能够掌握批判黑格尔的唯物主义立场与方法论基础，其实是和费尔巴哈的直接影响作用密不可分的。城塚登在对相关资料进行比对后指出，马克思在退回书房后急需大量的阅读以解决自己的困惑，恰好此时阅读到了费尔巴哈著述的《基督教的本质》，并对其中展现的不同于青年黑格尔派的"人本主义"思想"产生了强烈共鸣"。[①] 这为马克思打开了一个新思路，他在后来《神圣家族》中也直接表明了费尔巴哈对自己的启发作用，并给予高度的评价："只有费尔巴哈才是从黑格尔的观点出发而结束和批判了黑格尔哲学"；费尔巴哈"拟定了对黑格尔的思辨以及一切形而上学的批判的基本要点"。[②] 此外，吴晓明教授指出："要是没有费尔巴哈，马克思对黑格尔法哲学的批判就是不可能的。"[③] 俞吾金教授也认为，费尔巴哈对马克思哲学尤其是历史唯物主义的诞生起到了重要的启示作用。[④] 这些都可以说明，费尔巴哈的唯物主义

---

① 城塚登：《青年马克思的思想》，尚晶晶等译，求实出版社 1988 年版，第 46—47 页。
② 马克思、恩格斯：《马克思恩格斯全集》第 2 卷，人民出版社 1957 年版，第 177 页。
③ 吴晓明：《形而上学的没落：马克思与费尔巴哈关系的当代解读》，人民出版社 2006 年版，第 435 页。
④ 俞吾金：《重新理解马克思哲学和费尔巴哈哲学的关系》，载《马克思主义与现实》1996 年第 1 期，第 68 页。

对马克思哲学立场的转变产生了重大影响，使其后来得以完成对黑格尔哲学的批判与对鲍威尔具有哲学高度的清算。

具体而言，费尔巴哈给予马克思的启发和影响主要有以下几个方面：一是对费尔巴哈人本学思想的汲取。费尔巴哈人本学的目的是用以批判黑格尔的"逻辑的形而上学的思辨宗教哲学"，他将宗教的对象性关系归结为人和自身本质的关系，认为人能通过对象认识自我并产生个体意识，也可以通过交往获得理性和概念的认识，主体和对象具有同一性，因此人并不是孤立存在的实体。"人的本质只是包含于团体之中，包含人与人的统一之中。"[1] 费尔巴哈由此揭露了黑格尔精神哲学中的内含矛盾，指出上帝（绝对精神）是人的本质对象化的产物，上帝的自我意识无外乎人对上帝的意识。上帝之所以具有人格，且无所不能、至高无上，是因为人放弃了自身人格，将自身固有的本质赋予上帝，后者才得以具备了知识、理性、爱和善等一切人化属性。概言之，宗教的本质就是人的本质异化，是人的自我分裂，人和上帝发生的关系"不外是这个主体固有而又客观的本质"；[2] "上帝之认识，就是人之自我认识"。[3] 只有认识到上帝这个属神的本质其实就是属人的本质，神是人的类本质的产物，才能内在地达到本质与主体意识的统一，人的宗教意识才能消除，人才能得到真正的解放，即实现上帝下降为人、人变为上帝的神向人自身的复归。也正是借助了费尔巴哈的人本学宗教批判思想，马克思才得以在《批判》中

① 费尔巴哈：《未来哲学原理》，洪谦译，生活·读书·新知三联书店1955年版，第78—79页。
② 费尔巴哈：《基督教的本质》，荣震华译，商务印书馆1984年版，第33页。
③ 费尔巴哈：《基督教的本质》，荣震华译，商务印书馆1984年版，第43页。

澄清国家和市民社会的关系，揭露黑格尔伦理国家在政治领域的异化实质，指出迄今的国家制度都是借着宗教幌子统治压迫人民、同人民的现实生活相对立的事实。并不是国家制度决定人民，而是人民创造国家制度，要解决国家和市民社会的对立，只能弥合并消解实存和本质之间的分离，使政治制度复归于人民，人人都能参与国家的政治生活，让市民社会变体为政治社会，最终实现费尔巴哈人本主义在政治领域中的表达，即类和种、本质和个体的统一。

二是对费尔巴哈唯物主义的借鉴。在未意识到物质利益的基础性作用之前，马克思在整体上仍囿于黑格尔的观念论传统，总是从抽象的概念出发来推理分析人和一切事物。然而，费尔巴哈却跳出传统的普遍精神哲学，以自然为基础，将感性和经验事实作为其人本学唯物主义的立足点和根据。在费尔巴哈看来，人是自然界的产物，不能离开自然来空谈人的意识和理性。自然和物质先于精神，是人身体和意识形成的源泉，因此自然界和人应是新哲学研究的"唯一的、普遍的、最高的对象"。[①] 在思维和存在这对关系中，思维应是宾词，存在应是主词，真正起到决定作用的应该是被思辨哲学放置于宾词位置的自然和物质，而不是放置于主词的绝对精神和上帝。这种关于主宾结构的倒置分析对马克思走向唯物主义、与黑格尔国家哲学划清界限起到了较大作用。除此之外，费尔巴哈还十分注重实体的可感性和经验事实，这使得马克思意识到现实的人不是抽象孤立的，而是处在一定社会关

---

① 费尔巴哈：《费尔巴哈哲学著作选集》上卷，荣震华等译，商务印书馆1984年版，第184页。

系之中、与周围世界时刻发生联系的，因而感性的经验事实应该成为研究问题的出发点，而非普遍的理性原则，正是受到费尔巴哈的唯物主义影响，马克思得以揭开理性国家的神秘面纱，转向对市民社会即经济领域的批判。

三是通过扬弃费尔巴哈的人的现实性立场，马克思填补了前者在历史观层面的唯物主义空白，在哲学进路上开启了从启蒙理性向唯物史观的根本转变。费尔巴哈的"以自然为基础的人的现实性"立场是他批判宗教神学和唯心主义思辨哲学的根本出发点。费尔巴哈的哲学不仅破解了黑格尔哲学的秘密——黑格尔的绝对精神是通过思辨逻辑而抽象化了的、独立于自身的"自我意识"，在被神秘化之后而成为"上帝"，本质是一种形而上学的概念。黑格尔将有限精神与人本身分离，视精神为"人以外的人的本质"和"思维以外的人的思维"，在被神秘化之后而形成了神学。[1]这种将精神抽象化和神秘化的实质就是一种思辨的唯心主义。费尔巴哈则从完全相反的立场出发，他把自我意识或精神视为现实的人的一种附属品，是感性对象的一个宾词，从而澄清了人和自然的第一性与意识的第二性，批判了黑格尔从绝对精神出发而构思的抽象的人、自由和伦理国家的虚幻性。费尔巴哈的人的现实性立场不仅能够帮助马克思看清宗教神学的帮凶本质，还为他提供了一种不同于以往抽象人道主义的、重视生活环境和自然界的新哲学养料。

然而，马克思只是批判性地吸收了费尔巴哈的哲学思想，却没有照搬他的人本主义思想，尤其还在 1843 年致阿·卢格的信中

---

[1] 费尔巴哈：《费尔巴哈著作选集》上卷，荣震华等译，商务印书馆 1984 年版，第 103—104 页。

指出费尔巴哈的缺陷，即"过多地强调自然而过少地强调政治"。①
在马克思看来，费尔巴哈只是从感性直观的角度去观察自然，看
到的仅仅是单纯的、客观的物质性基础，而忽视了以生产实践为
核心的人化自然，以及除了生物属性之外还具有一定社会阶级关
系的个人，这是费尔巴哈唯物主义自然观的不足之处。因此，他
的自然观虽隶属于唯物主义，但在社会历史中又回到了唯心主
义。马克思则秉承着"消除贫困和实现人类幸福"的宏大目标，
在吸收费尔巴哈"哲学人本主义"的基础上，提出了更为激进和
彻底的解放路径。马克思在承认"感性"和"自然"的人的基础
上，更加强调与社会历史紧密联系的政治领域中的人，认为"特
殊的人格"不仅是他的肉体和血液等自然属性，更是"他的社会
特质"。② 因此，必须要追求人在国家政治领域中的平等和自由。
不同于费尔巴哈通过人的类本质来抽象地看待社会关系的方式，
马克思提出了从"有意识、有目的的实践活动"的视角认识自
然，认为人能通过自身的对象性活动认识和改造世界，从而将费
尔巴哈抽象的人拉回到了现实。以实践为桥梁，人和自然、主体
与客体才能实现真正统一，人也才能够从自然中走出来成为具有
社会属性的人。正是通过对费尔巴哈唯物主义自然观的扬弃和超
越，马克思才得以看清物质的力量和宗教的私有制根源，并在后
来《论犹太人问题》中批判政治解放的限度，从而向新哲学即唯
物史观不断靠近。不足的是，马克思虽然在批判黑格尔理性的法
和国家中已积极介入社会和政治现实，并与青年黑格尔派和费尔
巴哈等人的政治立场相异，然而在哲学立场上仍陷于费尔巴哈的

① 马克思、恩格斯：《马克思恩格斯全集》第 27 卷，人民出版社 1972 年版，第 443 页。
② 马克思、恩格斯：《马克思恩格斯全集》第 3 卷，人民出版社 2002 年版，第 29 页。

一般的唯物主义立场中，直到《德意志意识形态》唯物史观创立后，才得以完成其哲学立场的真正变革。

第二节　反贫路径与贫困原因的初步探究

《德法年鉴》时期，虽然同属于青年黑格尔派阵营，也同那里的其他成员一样坚持反对宗教束缚和普鲁士封建制度的运动，但早期的马克思很快就与青年黑格尔派划清了界限：一方面，他从一开始就不是怀着自由主义理想来维护狭隘的资产阶级利益的，而是怀着民主情绪为广大人民利益而斗争的；另一方面，他也并不满足于青年黑格尔派仅从理论上进行批判的斗争方式。在马克思看来，仅依靠形式平等的政治解放并不能彻底解决贫困，唯有通过实践来变革的人类解放才能使人摆脱对金钱的崇拜，真正地消灭贫困。在遭遇并解决"物质利益难题"之后，马克思初涉政治经济领域、探究异化劳动与贫困的关系，初步提出了"异化劳动致贫"的观点。

一、政治解放并非彻底的反贫路径

《莱茵报》时期的马克思"从社会舞台退回书房"①，通过批判黑格尔国家哲学和法哲学，以及吸收费尔巴哈人本学唯物主义之后，开启了哲学立场上从唯心主义到一般唯物主义、政治立场上从自由主义到民主主义的两大基本转变，脱离了抽象的理性思维，

---

① 马克思、恩格斯：《马克思恩格斯文集》第 2 卷，人民出版社 2009 年版，第 591 页。

从现实的人及其社会关系出发，探寻底层人民贫困的真实原因。

（一）批判政治解放的根本限度

首次遭遇了"物质利益难题"，马克思意识到了私人利益在社会关系中的决定作用，从而对自己一贯信奉的理性精神产生动摇。《莱茵报》被查封后，通过大量的阅读和社会历史研究，马克思得以揭穿黑格尔国家哲学和法哲学的逻辑神秘主义性质，澄清政治国家和市民社会的真实关系，并进一步指出，黑格尔的国家是其绝对精神运动的产物，只停留于理念层面，在现实当中并不存在，现实的政治国家只是维护私有财产的特权委员会。况且，在《批判》中，马克思已经揭示了现代国家是彼岸的、抽象的，而市民社会是自私的、逐利的，国家虽然在表面和形式上把人民的利益视为最高利益，但实际上却与人民相背离。这就反映出，黑格尔借助等级制和开明君主来消除二元对立的做法的无效性，以及他维护私有财产的真实立场。伦理国家根本不能调和普遍与私人的利益，特权阶层也只是代表自己集团的利益而非真正为大众谋幸福，这不仅适用于黑格尔所指的国家制度，还适用于现代政治解放的一切理想国家形态。因此，马克思坚信，要使人真正摆脱贫困、获得真正的幸福和自由，就必须逃离"犹太精神"束缚、离开黑格尔绝对理性国家的逻辑框架，扬弃政治解放，将目标上升至真正的人类解放中去。《论犹太人问题》便是马克思全面批判现代政治制度、提出人类解放方向的著作。

马克思在《论犹太人问题》中全面批判了以黑格尔国家哲学为代表的政治解放的限度。这一切的起因是布鲁诺·鲍威尔的主张，在他看来，要使德国犹太人获得解放，就要在个人层面放弃致使自我意识异化的犹太教，国家层面脱离以基督教为前提的国教。马克思则一针见血地指出：对于犹太人问题而言，不应局限于某个"基督教国家"或某种宗教的主体问题，而应落到对"国家本身"的批判和对政治解放本质的探究上。换句话来说，鲍威尔还囿于政治解放，不理解"政治解放对人的解放的关系"，"把政治解放和普遍的人的解放混为一谈"。[①]为了揭露政治解放的限度和本质，马克思从两方面对鲍威尔进行反驳。一方面，针对鲍威尔认为犹太人的解放必须放弃宗教的主张，马克思以实例表明宗教和国家可以共存。例如，在获得了政治解放即已确立资本主义制度的美国，那里的人们仍然"笃信宗教"，这就可以说明，"宗教的定在和国家的完成是不矛盾的"。[②]人们对宗教的迷信和寄托只是世俗问题的表现，而非原因，所以马克思认为应该"把神学问题化为世俗问题"。[③]国家虽然标榜"每一成员都是人民主权的平等享有者"，但人在现实中仍因"出身、等级、文化程度"等的差异而遭受区别对待，[④]当自身权益受到严重侵害时，人本能地到宗教庇所中寻求慰藉，而这些现象的出现归根结底是因为国家默许了这些差别，承认并维护私有财产等物质而导致贫困与不公，这就是国家的真实面貌。因此，马克思将矛头指向政治解放无法解决的现代国家私有制根基。另一方面，通过对政治解放是确立原子式利己的个人的揭示，马克思指出鲍威尔宗教批判的局限，并对其进行超越，上升至对整个资本主义世界体系的批判。

---

① 马克思、恩格斯：《马克思恩格斯文集》第1卷，人民出版社2009年版，第25—26页。
② 马克思、恩格斯：《马克思恩格斯文集》第1卷，人民出版社2009年版，第27页。
③ 马克思、恩格斯：《马克思恩格斯文集》第1卷，人民出版社2009年版，第27页。
④ 马克思、恩格斯：《马克思恩格斯文集》第1卷，人民出版社2009年版，第30页。

马克思看到,"在政治国家真正形成的地方",人却还是过着天国和尘世的"双重生活",并成为这个社会共同体中"异己力量的玩物"。[①]真正的人的解放没有公民与人民的二重性差异,国家和社会也应是统一的,而政治解放根本上仍服务于资本主义私有制,只是实现了公民形式上的平等,现实中仍旧保留着不自由不平等的利己个人和二元对立,哪怕是美国这样的国家也都无法调和市民和公民身份的对立,现实中的大部分美国人民还是过着贫苦生活。这不是某个"国家"的例外,而是以私有财产为前提的政治解放的自身限度。所以,马克思在肯定了"政治解放当然是一大进步"的前提下,提出了"把抽象的公民复归于自身",真正消除国家和市民社会对立,摆脱"社会力量以政治力量的形式同自身分离"的更高层次的人类解放目标。[②]

(二)人的解放才能真正消灭贫困

为了探究人陷于物质贫困和精神贫瘠无法获得自由的真实原因,马克思透过宗教现象,深挖私有制世俗根源,得出犹太人解放的真正路径——从"利己主义、金钱至上"的货币拜物教中脱离出来,摆脱金钱对人的束缚。不同于鲍威尔把宗教批判和犹太人解放等同起来,马克思更深刻地意识到宗教只是问题表面的反映,诉求于资产阶级政治解放是软弱无力的,只有颠覆市民社会的内在结构,消除国家和个人异化的根源,才是犹太人乃至全人类的真正解放。马克思走出了一条独特的考察路径,即通过揭示犹太人的世俗性社会基础,从而发现了犹太宗教的秘密是"实际

---

① 马克思、恩格斯:《马克思恩格斯文集》第 1 卷,人民出版社 2009 年版,第 30 页。
② 马克思、恩格斯:《马克思恩格斯文集》第 1 卷,人民出版社 2009 年版,第 32、46 页。

需要"和"自私自利"。① 经商牟利作为现实需要，基本上成为犹太人日常活动的全部，发展为世俗的犹太精神，进而内在地构成了资本主义社会当中人与人关系的普遍推动力。在此基础上，马克思进一步剖析，以金钱至上为原则的犹太精神充斥着市民社会，人人都变成了追逐金钱的"犹太人"，在这个环境中，真实的人被异化成了工具，犹太人通过金钱掌握了政治权力，世界范围内的各民族也纷纷效仿和趋于同化，如此一来，犹太精神就成了世界精神，金钱支配的原则使得犹太问题不再是单纯的宗教问题，而是赤裸裸的利益问题。基于此，马克思提出："犹太人的解放，就其终极意义来说，就是人类从犹太精神中解放出来。"② 只有人人从金钱的枷锁中脱离出来，抛弃对它的顶礼膜拜，才能获得真正的解放，宗教异化和政治异化也会自然消失。

　　既然马克思否认了鲍威尔提出的政治解放方案，也脱离了黑格尔的绝对理性国家幻想，在认清金钱对人的支配奴役和异化影响后，便提出了社会革命或人类解放的思想——"使人的世界即各种关系回归于人自身"。③ 简要地说，就是既要把以私有制为基础的人的原子式状态去除，又要把虚幻和抽象的政治公民身份消灭，通过人的社会力量联结成现实的共同体，使市民和公民身份在这个"人类社会"中达到真正的统一。该思想在后来《共产党宣言》中凝练为成熟和完善的表述——自由人联合体。这既是马克思在放弃理性主义、向唯物史观不断迈进过程中结成的思想硕果，又是他通过反贫困实践逐渐确立的实现人类解放的终身目标。

---

① 马克思、恩格斯：《马克思恩格斯文集》第 1 卷，人民出版社 2009 年版，第 49 页。
② 马克思、恩格斯：《马克思恩格斯文集》第 1 卷，人民出版社 2009 年版，第 50 页。
③ 马克思、恩格斯：《马克思恩格斯文集》第 1 卷，人民出版社 2009 年版，第 46 页。

在超越理性主义后，马克思于《〈黑格尔法哲学批判〉导言》中提出全面超越现代世界，开展具有"原则高度"的批判。具体而言，就是对已进行工业革命且代表最高经济成就的英国和实现了资产阶级政治解放的法国，以及在哲学造诣上达到"唯一与正式的当代现实保持在同等水平"①的德国分别进行政治经济学批判、政治批判和哲学批判。因为在马克思看来，这些高度发达的生产力、彻底贯彻的政治民主、代表时代最高峰的哲学都不能使人真正摆脱异化、贫苦和剥削的囹圄，国家和社会还是二元对立的，因此必须将对宗教的批判推进至对现实世界的社会历史和政治的批判。由此可以看出马克思不同于费尔巴哈和鲍威尔的独特之处：马克思拥有比他更深刻的分析方式，其理论也更具社会历史性、实践性和人民性，从而对贫苦的剖析也更为科学而透彻。对于马克思哲学思想转变的考察，也有助于我们准确理解唯物史观的生成脉络。

马克思对社会历史和政治的批判是具有实践性和人民性的，且初步突出了无产阶级的历史使命。马克思看到，德国虽然在社会历史的进程中落后于英法两国，但德国的哲学却是代表着当代最高水平，对德国哲学集大成者黑格尔哲学的批判，就"恰恰接触到了当代所谓的问题之所在（that is the question）的那些问题的中心"。②而且，马克思既然已否定了英法的现代政治解放方案，那么，对于德国的解放道路而言，他明确提出了"消灭哲学"的主张。"消灭哲学"指的是要"使哲学成为现实"③，是一种使哲学

---

① 马克思、恩格斯：《马克思恩格斯文集》第 1 卷，人民出版社 2009 年版，第 9 页。
② 马克思、恩格斯：《马克思恩格斯文集》第 1 卷，人民出版社 2009 年版，第 9 页。
③ 马克思、恩格斯：《马克思恩格斯文集》第 1 卷，人民出版社 2009 年版，第 10 页。

和现实相结合的革命化思想，具体而言，就是既要反对纯粹的经院哲学，也要反对青年黑格尔派的那种蔑视无产阶级力量、理论脱离无产阶级实际的思辨逻辑，更是要反对以这种观念论哲学为基础的金钱至上的"资产阶级社会现实"。马克思所主张的哲学，是一种理论与人民相结合的革命哲学，虽然当时的他还未形成完整的"实践"内涵，但已经对革命的作用予以重视，于是提出"批判的武器当然不能代替武器的批判"的哲学与无产阶级结合的人民革命道路。① "德国人的解放就是人的解放。这个解放的头脑是哲学，它的心脏是无产阶级。" ② 这既不是英法等国的资产阶级政治解放，也不是市民社会的局部解放，而是摆脱了理性主义的框架，依靠无产阶级来反对资产阶级、推翻私有制的新革命哲学。这也是马克思后来一直坚持的基本思想。

二、《1844 年经济学哲学手稿》与"异化劳动致贫"说

从思想发展的逻辑来看，马克思在否认理性国家对于解决异化和贫困问题的方案后，紧接着澄清市民社会个人私利与国家之间的正确关系，而后逐渐摆脱观念论的"空中楼阁"，回到现实领域展开对现代社会的政治经济学批判，这一工作在《1844 年经济学哲学手稿》(以下本章简称《手稿》) 中首次以主题化的形式展开，并在后来的《资本论》中得到了全面系统的阐述。③

---

① 马克思、恩格斯:《马克思恩格斯文集》第 1 卷，人民出版社 2009 年版，第 11 页。
② 马克思、恩格斯:《马克思恩格斯文集》第 1 卷，人民出版社 2009 年版，第 18 页。
③ 参见黄学胜:《马克思对启蒙的批判及其意义研究》，中国社会科学出版社 2020 年版，第 201 页。

（一）批判货币对人的统治

《德法年鉴》时期，马克思通过对犹太人解放问题的思考，揭示了资本主义社会即市民社会"金钱至上"的本质，并指出通过建立理性国家的资产阶级政治解放并不能使工人真正实现自由，反而还停留在被犹太精神掌控的异化之中。与此同时，费尔巴哈的人本学唯物主义首次从异化逻辑的角度批判黑格尔的观念论哲学，给了马克思一定的启发，因此，在对资本主义政治经济学理论进行初步研究后，马克思提出，工人贫困的最直接原因在于"异化劳动"和"私有财产"。他立足于人本身，认为摆脱贫困不仅仅是对物质和权利的占有，更应体现在人主体地位的确立，即不管贫穷还是富裕，人的内在需要和现实必然性都应被尊重。在这个意义上而言，没有哪一位国民经济学家能够到达像他这样的价值高度和认知深度。他超越了包括工资在内的物质层面，深入人的本质当中，从最根源处关心贫苦人民。[1]

恩格斯在《英国工人阶级状况》中就说过："在资产阶级看来，世界上没有一样东西不是为了金钱而存在的，连他们本身也不例外，因为他们活着就是为了赚钱，除了快快发财，他们不知道还有别的幸福，除了金钱的损失，不知道有别的痛苦。"[2] 在资本主义时代，人已在金钱和利益的主导下完全异化，金玉其外的资本家虽然看似衣食无忧，在精神层面实则败絮其中，在"金钱至上"理念的驱使下，追逐利益的最大化就成为唯一的快乐，人与

---

[1] 参见张文喜：《〈1844 年经济学哲学手稿〉中的贫困问题探讨》，载《学习与探索》2016 年第 12 期，第 26 页。

[2] 马克思、恩格斯：《马克思恩格斯文集》第 1 卷，人民出版社 2009 年版，第 476 页。

人之间守望相助的情怀、亲人的手足情谊，通通都化成了冰冷的交易和精明的算计，这种现象是异化的体现，哪怕现代人的物质再充裕，精神也是贫穷的，在金钱的"锁链"中无法体会真正的自由和幸福。贫困是马克思写作《手稿》时最突出的背景问题之一，消灭贫困也是该著作的重要组成部分。马克思在著作中通过"货币"一章大量列举了货币对人与人之间关系扭曲的事实，表明了金钱作为一种社会权力在现实生活中的巨大支配作用，"厂主对工人的关系不是人和人的关系，而是纯粹的经济关系"。[①] 在分析这种支配作用的过程中，马克思首先厘清工资、地租和资本等经济学术语背后隐藏的社会关系，从这些关系中分析社会对抗和分裂的真实原因，相较于国民经济学家在所谓的科学经济范畴下为资本的合理性极力辩护，马克思所持立场和研究方式明显更胜一筹。其次，马克思分析货币具有如此强大掌控和支配力的原因，这也为他日后由对货币上升到对资本的批判打下了基础。他将货币与私有财产大致等同，从异化劳动的角度出发去分析私有财产，提出了在私有制下，人的劳动是异化的结论。货币的本质只是人们进行物物交换的中介，但在现代社会中，它却成为人与人之间"一切纽带的纽带"和真正的上帝，人的能力大小是由掌握货币的多寡而非个性和禀赋决定的。[②] 这个"异化的中介"从人类外化的能力中易仆为主，它越富有，同它相分离的人就越贫穷。从这里可以看出，马克思是从人的类本质角度出发批判货币制度使人异化的，对人的本质的肯定是受费尔巴哈人本主义的直接影响，也是当时马克思批判的立足点。最后，马克思指出私有财产到货币

① 马克思、恩格斯：《马克思恩格斯文集》第 1 卷，人民出版社 2009 年版，第 477 页。
② 马克思、恩格斯：《马克思恩格斯文集》第 1 卷，人民出版社 2009 年版，第 245 页。

的发展过程。私有财产随着商品交换的日益频繁，必然会发展成货币，而货币作为商品交换价值的现实存在，在发展到以贵金属形式呈现之后便成为人们渴求的事物。在现代商业社会中，纸币和汇票支票等抽象纸币是货币突破了贵金属承载的体现，继而也催生了与人的道德尊严捆绑在一起的信贷行业，这在马克思看来是更深层和隐匿的异化。贫富分化的加剧促使马克思不断思考私有财产制度的由来与扬弃的可能性。

（二）异化劳动与贫困的关系

借着恩格斯研究成果的启发和个人对私有财产的思考，马克思对政治经济学的研究逐渐深入"异化劳动"这一环节，探究劳动的异化与贫困之间的关系。

在《手稿》中，马克思提出了异化劳动导致贫困的观点，由此展开了对当前国民经济事实的批判，并引出了人类解放的共产主义目标。在"异化劳动与私有财产"这一节里，他认为，私有财产是异化劳动的必然结果，而异化劳动又是私有制的产物，私有财产以制度的形式确立便是它发展到最高阶段的体现。然而，私有财产是从何而来的、在最初阶段是怎样呈现的、又经过了怎样的演变，这一系列事关社会历史发展规律的问题要待马克思建立唯物史观后才能全面解答，这也是《手稿》的局限之一。在马克思看来，资本主义私有制主导下的"劳动为富人生产了奇迹般的东西，但是为工人生产了赤贫。劳动生产了宫殿，但是给工人生产了棚舍。劳动生产了美，但是使工人变成畸形。劳动用机器代替了手工劳动，但是使一部分工人回到野蛮的劳动，并使另一部分工人变成机器。劳动生产了智慧，但是给工人生产了愚钝和痴呆"。① 丧失生产资料的工人拼命出卖自己的劳动却只能换取勉强维持生存的工资，在这样的社会制度下，劳动不是创造财富的源泉，而是赤贫的根源。"工人在劳动中耗费的力量越多，他亲手创造出来反对自身的、异己的对象世界的力量就越强大，他自身、他的内部世界就越贫乏，归他所有的东西就越少。"② 分工越发达，劳动量越大，工人的精神和肉体就越畸形。正是因为异化的存在，工人为了维持像牲口一样活着的状态而迫使自己变成生产工具，与自身作为人的本质偏离，与自身的劳动和产品分离，人与人之间的温情也变成了交换关系。不仅如此，坐拥无数财富的富人阶层也无法逃离被金钱支配的命运，以零和博弈、利益至上为原则的残酷市场竞争使他们变得疲于算计、惶惶不安。在货币制度下，每一个社会成员都是丧失了自身的、非人化的人。生产也不是为了满足个人的需要，而成为无限追求商品交换价值的手段，物统治人的时代全面来临。因此，摆脱贫困只能通过消除异化来实现。然而在这个阶段，马克思的思想还处于过渡时期，没有完全脱离德国当时思想界主流的"异化"学说的哲学框架，只停留在从异化劳动剖析贫困原因的程度，由于缺乏历史唯物主义视野，还未深入生产关系的矛盾中，天真地以为只要扬弃自我异化就能实现共产主义，可以看出其共产主义思想仍保留着黑格尔的神秘主义色彩。

马克思还指出，资本、地租和劳动三者的分离是导致贫困产生的原因。在他看来，国民经济学家只是在资本主义的限度内阐释经济理论，天然地把私有制当成合理的前提，不会解释劳动、

① 马克思、恩格斯：《马克思恩格斯文集》第 1 卷，人民出版社 2009 年版，第 158—159 页。
② 马克思、恩格斯：《马克思恩格斯文集》第 1 卷，人民出版社 2009 年版，第 157 页。

土地和资本的分离原因，更不会从根本上去剖析资本主义生产方式和私有制的矛盾。与此相反，马克思从七个方面揭露了人的异化的事实，以及国民经济学理论和现实的自相矛盾：其一，工人生产的劳动产品不属于自己而属于资本家；其二，劳动能购买一切东西但实际上工人的劳动却只能买到极少的生活必需品，甚至还要出卖人格才能换取物资；其三，劳动是能动的财产，被赋予极高的价值，但工人却由于丧失土地和资本而时刻陷于被动地位；其四，劳动是唯一不变的物价，但劳动力的价格却极不稳定，还会一直随劳资斗争而波动；其五，按照工资分配理论，工资应是扣除了地租和资本利润的大部分剩余，然而被地主和资本家剥削后工人得到的所剩无几；其六，分工提高生产效率和劳动生产力，却让工人更依附于资本家，成为同行竞争的牺牲品；其七，工人的利益同社会的利益一致，但在资本主义社会，工人处于被剥削地位，因此社会状态总是对工人不利。这七个方面充分证实了国民经济学的伪科学性和反工人阶级的立场，马克思摒弃这种自然的、纯粹经济学的视角，从现实的经济事实出发，揭露资本主义的矛盾和发展灭亡规律，这种将哲学和经济学相结合的方式在他后续的研究中一直沿用。

第三节　唯物史观推动马克思反贫困思想基本形成

唯物史观的发现是马克思思想发展历程上具有里程碑意义的突破，它标志着反贫困思想从此有了科学的哲学基础和方法论指导。正是基于世界观的变革，马克思进一步探清了贫困的根源、阐发了相对贫困的本质，并为工人的反贫困斗争规划了革命纲领。

一、唯物史观的诞生与"自发分工致贫"说

由《手稿》我们得知，马克思开始采取哲学和经济学相结合的方式，从更深层次来剖析贫困，通过以异化劳动和私有财产之扬弃为核心的政治经济学批判，指出人类解放需要建立在工人解放的基础之上，并提出了以感性对象性活动为核心的思维方式，而这恰恰是区别于那些直观的"旧唯物主义"的唯物史观的理论雏形。在《德意志意识形态》（以下本章简称《形态》）里，"把感性理解为实践活动的唯物主义"[①]的新哲学完全形成，彻底超越了以费尔巴哈为代表的旧唯物主义和黑格尔哲学在内的一切唯心主义。

（一）历史唯物主义的诞生

随着对贫民问题研究的日益深入，马克思与恩格斯首次合作的产物《神圣家族》于 1844 年发表，这部标志着马克思转向唯物史观的过渡性著作批判了以青年黑格尔派为代表的思辨唯心主义哲学，彻底区分了看待贫困问题的不同思维方式。在著作中，马克思首先提出了雇佣劳动概念并揭示资本主义社会剥削雇佣工人的奴役本质。他还指出要摆脱贫困必须先从人的物质利益问题入手，只有着眼于现实的人和他的利益问题才能从根本上区别于自我意识哲学，而这也恰恰是唯物史观所重视的方面。同时最为重要的一点是马克思看到并充分呈现出无产阶级的力量，这也是区别于所有改良资产阶级和抽象观念派的关键所在。"历史活动是群众的活动，随着历史活动的深入，必将是群众队伍的扩大"，[②] 正是

---

① 马克思、恩格斯：《马克思恩格斯文集》第 1 卷，人民出版社 2009 年版，第 502 页。
② 马克思、恩格斯：《马克思恩格斯文集》第 1 卷，人民出版社 2009 年版，第 287 页。

因为广大无产阶级创造了历史却不是历史的主人，反而过着极端贫困的生活，那么消灭贫困的历史使命自然落在他们肩上。^①简言之，在历史唯物主义即将形成的前夕，马克思已完全从广大人民群众的物质利益出发，阐明其为摆脱贫困而革命的必然性，这为他进一步深入现实的生产关系去剖析贫困打下基础。

在《形态》中，马克思继续围绕"现实的个人"，以"实践"为根本立足点，阐发历史唯物主义的新世界观，至此奠定马克思主义哲学的基础，形成了理解和分析贫困问题的系统方法。在这部著作中，他深入经济领域，提出生产力和生产关系、经济基础和上层建筑两对社会结构，明确了生产力和生产关系在社会发展中的决定性作用，强调了人的实践是改造客观世界的基础，彻底变革了以往从抽象前提出发的唯心史观，是哲学史上一场历史性的革命。历史唯物主义强调"在现实的世界中使用现实的手段"^②去改造世界，从根本上区别于"用词句反对词句"的保守派唯心主义和把人抽象化的旧唯物主义，这种哲学世界观的变革确立了马克思科学看待和解决贫困问题的最根本立场。从此，对贫困根源的分析从《手稿》仅限于"异化劳动"的层面又往前迈出了一大步，得出了资本主义私有制致贫的根源性结论，在遵循"现实的前提—生产实践—所有制形成—分工"的倒推式思考路径下产生的结论较之前有了质的提升。而在这当中，随私有制产生后形成的"生产实践"就变为了被迫谋生的异化劳动，"现实的前提"就是指代贫困问题。至此往后，历史唯物主义成为马克思研究经

① 任帅军、肖巍：《从反贫困到共同富裕：论马克思恩格斯首次合作的动因及其当代意义》，载《复旦学报（社会科学版）》2022年第3期，第20页。
② 马克思、恩格斯：《马克思恩格斯选集》第1卷，人民出版社2012年版，第154页。

济学范式和社会整体结构的基础。

（二）"自发分工致贫"说与现代社会的起源

在对贫困根源的找寻中，马克思当然不会止步于"异化劳动致贫"的结论，因为这不仅没有摆脱直观的唯物主义烙印，还会陷入对私有财产循环论证的嫌疑，于是，要突破《手稿》中以"异化劳动"解释贫困生成的逻辑，就必须要向前追问"异化劳动"的起源，这既是唯物史观的内在要求，也是找寻消灭贫困的真正出路。"自发分工致贫"说是对"异化劳动致贫"说的推进和完善，是马克思对贫困根源剖析的实质性进展，以及反贫困思想进一步成熟的体现。

马克思在《手稿》中已经初涉"分工"的探讨，并认为交换与分工是"人的活动和本质力量明显外化的表现"。① 俄国哲学家巴加图利亚因此推测，马克思关于生产力和生产关系的学说是通过研究劳动分工后得来的。在《形态》里，马克思指出，劳动分工是"生产力和生产关系的中介"，也恰好勾连了生产力与所有制形式。② 正是基于对分工的考察，马克思才得以清晰揭示社会历史发展的基本过程，并形成历史唯物主义的新哲学，也才能从正确的哲学和经济学视角展开对异化劳动和私有财产制度的批判，提出摆脱剥削压迫、实现人类解放的共产主义思想。

马克思具体考察了分工的演变历程。进入人类社会历史以来，人们为了生存一方面要通过生命繁殖扩大自身群体数量；另一方

---

① 马克思：《1844 年经济学哲学手稿》，人民出版社 2018 年版，第 135 页。
② 参见 R. A. 巴加图利亚：《马克思的第一个伟大发现——唯物史观的形成和发展》，陆忍译，中国人民大学出版社 1981 年版，第 48 页。

面要进行物质生产活动，与周围的人来往，并逐渐产生具有群居或部落意识的社会关系，在这种自然和社会关系的共同作用中，产生了人类实践活动的社会生产力，而人们共同活动方式下的生产力总和就决定了社会发展的整体状况。随着人口和需求的不断增长，劳动规模和层次、生产力和生产效率也在逐步提高，"分工"也随之发展起来。"分工"分为自发分工和自觉分工，自发或自然的分工是根据年龄、天赋等个体自然差异产生的，存在于生产力尚未充分发展的原始社会，并在资本主义社会达到顶峰；自觉分工则是马克思在批判旧式分工的同时提出的共产主义阶段分工形式，即人们已摆脱异化的奴役，在平等互助的人际关系中依据兴趣特长发展各自的才能、自愿自觉地劳动。而在现代社会，分工和分配共同产生了所有制，一开始是以男人对妻儿占有的家庭所有制呈现，后来发展为对他人劳动力的占有和支配。分工的演变促使人类社会的形态不断向前更替，进而也导致了人的异化。分工的发展也促使所有制的形式发生改变。随着物质劳动和精神劳动的分化，城市和乡村的差距逐渐拉开，人被分为乡村农奴和城市帮工两大类主要人群，资本和地产也开始分离，这便是资本不依赖于地产而仅依赖于劳动的私有制的起源。后来，分工的扩大导致生产和交往的分离，形成商人等级、建立城际往来，并催生工厂手工业，这便意味着师傅和帮工的关系彻底被雇主和工人的关系取代。随着资本积累的扩大和海上贸易帝国的诞生，大工业生产阶段来临，引发了中世纪以来最大范围的机器生产和最广泛的分工，工业资本将一切社会关系纳入掌控之中，使人在商业市场和激烈竞争中时刻处于精神紧绷的状态，可见，自发分工和私有制在创造了前所未有的巨大生产力同时，也成为生产力发展的最终桎梏，对此马克思才提出，"要消灭关系对个人的独立化、个性对偶然性的屈从、个人的私人关系对共同的阶级关系的屈从等等，归根到底都要取决于分工的消灭"。①通过"分工"视角，现代社会的起源和所有制形式的演变都可以从中找到依据和答案。而且在马克思看来，分工和所有制的关系好比活动和活动的产品，在一定程度上来说其实是同一事物，不同的所有制形式决定了不同本质属性的社会历史阶段，这是唯物史观作为"真正的实证科学"的奥秘所在，也是马克思分析贫困、解决贫困最权威的批判武器之一。

　　除了私有制根源的发现，分工逻辑和社会历史规律的阐发也有力驳斥了国民经济学家及青年黑格尔派将现代资本主义私有制看成永恒存在的庸俗谬论，证明了历史不外乎各个时代的依次更替。分工推动了各时代所有制形式的演变，"一切历史冲突都根源于生产力和交往形式之间的矛盾"。②"自发分工致贫"说是马克思在《手稿》"异化劳动致贫"观基础上的质的进步，至此，马克思得以站在唯物主义立场和方法论的基础上阐明现代社会的历史起源与发展规律，指明共产主义必将取代资本主义、无产阶级必将变革世界的历史趋势。

二、《哲学的贫困》对蒲鲁东反贫困观的驳斥

　　新视界观的诞生标志着工人从此拥有了科学的革命基础与方法论，为了给它的广泛传播扫除障碍，马克思对各种历史唯心主

① 马克思、恩格斯：《马克思恩格斯全集》第3卷，人民出版社1960年版，第516页。
② 马克思、恩格斯：《马克思恩格斯选集》第1卷，人民出版社2012年版，第196页。

义观点进行了清算和驳斥，其中就包含了蒲鲁东的反贫困思想。

《什么是所有权》是约瑟夫·蒲鲁东于1840年发表的聚焦现实贫困、批判所有权的著作，这部著作在出版后给无产者尤其是法国工人运动以较大影响，并被视作反贫困思想研究的最佳切入口之一。六年后，蒲鲁东发表《贫困的哲学》，对如何使手工业者、小农以及工厂工人摆脱贫困予以理论思考和解答，也被视为其反贫困思想的进一步延伸。这两部著作大体上涵盖了蒲鲁东对贫困问题的主要看法，而有关贫困的一些论述和观点也散见于其《社会问题的解决》《战争与和平》和《论人类秩序的建立》等作品中。作为小生产者的理论代表，蒲鲁东的思想水平除了在当时达到足够的高度，对工人运动乃至后来拉萨尔主义和工团主义等影响较深之外，也对马克思反贫困思想的建立产生了一定的推动作用，即马克思对蒲鲁东思想的态度经历了由青年黑格尔派时期的保留性赞誉到建立新世界观后的彻底批判过程。

蒲鲁东的反贫困思想是如何展开的呢？蒲鲁东主张，现代社会因自发运动而偏离正常轨道，进入某种欺骗模式，这种欺骗模式导致贫困。他首次从经济哲学视角出发，认为工人无法以标价买回自己生产的商品是因为被加价后的价格高于本来的价值，这显然暴露了蒲鲁东在价格和价值、必要劳动和剩余价值上的知识盲区。此外，他还认为贫困的根源在于资本家对工人劳动产品和劳动的占有权，这种所有权导致的贫富分化还因生产积累的不断延续而加剧。对此，他提出以"占用"代替"占有"的方式让所有权瓦解的同时实现"平等"目标，而辅以解决贫困的办法包括按劳分配、酬劳平等和劳动联合等。既然所有权是致贫根源，那么以公正平等的劳动权为前提建立新的占用制度就是蒲鲁东构思的较完整的实践方案。蒲鲁东认为，在劳动与工资结合的过程中，既要消灭所有权，杜绝其失范，形成小所有权的占用，又要保障劳动者平等的劳动权（劳动权是指"在具备必要的条件的情况下使自己分享一份财产的权利"[①]），以对抗大工业资本的剥削与占有。

蒲鲁东的思想虽有一定先进性，但也有致命的缺陷。相比在资本主义机制内的改良运动，蒲鲁东则在一开始就承认贫困的原因是私有财产，因此直接展开对所有权和私有制的批判，并辅以平等原则，跳出了形而上的思考方式，具有一定的理论批判力度。然而，他又夸大了小生产者的历史作用，即站在小生产者立场上，期望他们能对抗大工业资本的压迫，主张对私有财产采取平均占有的态度，这种"在国民经济学的异化范围内扬弃国民经济学的异化"方式，[②] 终究只是通过形而上学方法论从所有权的层面解决贫困的表象。此外，蒲鲁东把资产阶级关系当成永恒范畴，拙劣而蹩脚地运用黑格尔的否定之否定辩证法，通过预先设定、对立与合成的逻辑，将所有的经济范畴达到"好"与"坏"的调和，或者说是一分为二地保留"好的一面"，扬弃"坏的一面"。他认为所有的关系和范畴都可以在自在矛盾中得到调和统一，而调和的最终目的是达到"平等"原则，"平等"代表着最高的幸福。很显然，这所谓的"平等"原则是带有原始的神秘主义倾向的，且这种逻辑的否定之否定纯粹是对公式盲目而抽象的运用。在马克思看来，这种脱离社会历史现状，把贫困当作现实幻象的做法最

---

① 蒲鲁东：《什么是所有权：或对权利和政治的原理的研究》，孙署冰译，商务印书馆2017年版，第271页。

② 马克思、恩格斯：《马克思恩格斯文集》第1卷，人民出版社2009年版，第268页。

终只会使自己"陷入诡辩的泥坑",实质是一种历史唯物主义。①最后,蒲鲁东这种对私有制不彻底的批判消灭的只是形式不平等而非贫困,他既反对私有制又反对以暴力革命实现公有制的做法最终导致他走向无政府主义,并在巴黎公社运动之后几乎无人问津、跌落"神坛"。

对于蒲鲁东的错误,马克思写作《哲学的贫困》来进行集中的批驳和纠正。首先,马克思优于蒲鲁东的最突出地方在于无产阶级和唯物史观立场。马克思从早期的纯哲学视角转变到如今从政治经济学视角对蒲鲁东的观点进行批判,在马克思看来,被蒲鲁东视作永恒存在物的私有财产只是暂时性的存在,所有"经济范畴只不过是生产的社会关系的理论表现"。②在分析贫困问题上,马克思坚持从生产力和生产关系的矛盾中切入贫困现实,将所有权不平等的表象转换成对现代资本的根源性揭露,这必然与蒲鲁东庸俗的经济学视角划清界限。其次,他认为要摒弃蒲鲁东小资产阶级改良主义的幻象,光有哲学视角是远远不够的,还要掌握科学的政治经济学批判视角。蒲鲁东坚持认为是所有权将平等劳动的原则变成了失信失范的乱俗,并只关注到以所有权形式呈现的劳资平等,而未看到隐藏于深处的资本占有下的剩余劳动生产过程,这样的所有权已经是一种商品化的呈现,是默认无产阶级被剥削的合理性而形成的。既然蒲鲁东的局限是没能揭示所有权背后的矛盾内容,简单地认为"所有权(财产)就是盗窃"③,那么探寻现代资本的运行规律、澄清所有权的形成根源,就是马克

---

① 马克思、恩格斯:《马克思恩格斯文集》第3卷,人民出版社2009年版,第24页。
② 马克思、恩格斯:《马克思恩格斯文集》第1卷,人民出版社2009年版,第602页。
③ 蒲鲁东:《贫困的哲学》下卷,余叔通等译,商务印书馆2017年版,第744页。

思超越前者的基本路径。早在《手稿》中，马克思就已经得出生产过程的异化劳动导致贫困的结论，然而异化劳动的根源及其运行机制又是什么，这是他后来要继续深耕的问题。对这个问题最全面透彻的解释是在《资本论》及其手稿中，马克思通过对现代生产方式的研究，探清了无产阶级贫困化从属于资本剥削的实质，以及贫困作为中介力量，必然激化阶级矛盾并催生变革世界的主体力量——无产阶级。这也是他共产主义思想的大致形成过程。最后，贫困解决的最终目标指向人类解放。个人所有权只是表象，在现代社会，资本主义的私人占有制度才是工人贫苦生活的根源，而摆脱资本和雇佣劳动的支配，在公有制基础上重新建立个人所有制，才能在消灭物质贫困的基础上，彻底使人脱离异化束缚，实现自由全面发展。这样的共产主义路径无疑更深刻地超越了蒲鲁东"在所有的共产主义学说的基础上总是有所有权一词"的理论基调。①

至此我们可以看出，马克思看待贫困问题的视角从以纯哲学转变为以政治经济学为主、哲学为辅，并逐渐将政治经济学批判作为反贫困斗争的主战场。正如德国马克思学研究专家费彻尔所说："马克思的目的始终是政治经济学批判。"② 从《手稿》《形态》《哲学的贫困》，到后来的《资本论》及其手稿的一系列文本中，可以看出马克思的思想转变和他躬耕于政治经济学批判的决心，因为对他而言，政治经济学批判既是对资本主义生产方式规律的探究，也是消灭贫困、解放人类的密钥。在早期的思想萌芽时，

---

① 蒲鲁东：《什么是所有权：或对权利和政治的原理的研究》，孙署冰译，商务印书馆2017年版，第296页。

② 费彻尔：《马克思与马克思主义：从经济学批判到世界观》，赵玉兰译，北京师范大学出版社2009年版，第51页。

他便开始质疑和扬弃黑格尔保守的思辨哲学,对于现在国民经济学只顾"创造财富"而漠视贫困顽疾的一贯取向,马克思从异化劳动致贫、自发分工致贫、所有权幻象揭示、资本批判等多个维度对其进行否定和超越,这既是他为贫苦大众谋幸福的一路见证,也是其反贫困思想发展历程的一个部分。

三、《雇佣劳动与资本》对相对贫困的批判与超越

《雇佣劳动与资本》作为阐发资本主义经济运行规律的早期权威性著作之一,初步论述了与剩余价值论相关的思想并在后来《资本论》中也得到了科学和完整的确证。正如前文提到的,自发分工所带来的固定活动范围束缚了人自由发展,马克思重点研究了这种自发分工带来的雇佣劳动如何与资本相辅相成,沦为无产阶级相对贫困的幕后推手,同时也阐明了资本主义社会这个历史发展阶段究竟因何且如何消亡。

在探讨雇佣劳动和资本的关系之前,恩格斯先澄清了"劳动"与"劳动力"的本质区别,并将其视作"牵涉到全部政治经济学中一个极重要的问题"。① 对于古典经济学对商品价值中"劳动"范畴的笼统解释,恩格斯批判其并未发现"劳动"在作为"劳动力"时的商品属性,因此无法发现隐藏在其中的工人剩余价值。他明确提出,"劳动力"的价值是指"为生产一定质量的劳动力所需要的社会必要劳动量",即维持工人生存和繁衍所必要的生活资料的总价值,对此马克思在《资本论》第一卷中对劳动力也有具

---

① 马克思:《雇佣劳动与资本》,人民出版社 2018 年版,第 4 页。

体的论述。① 然而经济学家们却避重就轻地不考察劳动的生产费用而去考察工人的生产费用，从而掩盖了工人"为资本家白白工作"却得不到"分文报酬"的事实。② 更为重要的是，马克思指明了现代社会的生产就是以资本和雇佣劳动的分离为前提的，工人为了谋生只能向资本家出卖自己的劳动力，从而处于被资本家奴役的地位。

在劳动力的买卖过程中，出现了"工资"，马克思对此也作了分析。以劳动力的生产费用来决定的工资叫作"最低工资额"，仅用于维持工人生存及繁衍。工资也分为名义工资和实际工资，前者指资本家购买劳动力所付给工人的货币量，后者则是工人用这些货币所实际交换到的商品量，两者所购买到的商品价值并不是一致的。工资同资本家的盈利即利润相比，永远是不对等的，两者其实互为反比关系。因此，"在资本和雇佣劳动的关系范围内"，即使是最有利于工人的经济形势，"工人的收入随着资本的迅速增加而增加"，也无法改变日益扩大的"资本家和工人之间的社会鸿沟"，资本支配劳动的权力越大，"依附资本的奴隶人数就增加得越多"。③ 工资反映出了劳动力的商品属性，继而也反映了资本主义社会中人沦为物的异化属性，工人的工作只是谋生的手段，他的实际活动产物如织的绸缎、采的黄金、筑的高楼都不属于他，"他为自己生产的是工资"，并"以出卖劳动力为其收入的唯一来源"。④ 而当他的工作结束，离开工厂去吸烟、喝酒、吃饭和睡觉

---

① 马克思：《雇佣劳动与资本》，人民出版社 2018 年版，第 9 页。
② 马克思：《雇佣劳动与资本》，人民出版社 2018 年版，第 11 页。
③ 马克思：《雇佣劳动与资本》，人民出版社 2018 年版，第 36—37 页。
④ 马克思：《雇佣劳动与资本》，人民出版社 2018 年版，第 18—19 页。

时，自己的生活才算开始，这是雇佣工人的实质，在现代社会中注定是相对贫穷、被资本绝对支配的。

马克思认为，雇佣劳动和资本是相互依存而又相互制约的，"资本以雇佣劳动为前提，而雇佣劳动又以资本为前提"。① 一方面，在资本主义社会，雇佣工人由于失去生产资料，不得不让渡自己身上唯一可以出卖的劳动力给资本家，通过这种对资本家的依附而形成雇佣劳动，以此来换取维持生存的生活资料，在这对关系中工人永远处于被支配的弱势地位。因此，雇佣劳动是依赖于资本而存在的。与此同时，既然工人出卖了自己的劳动力，就必然换取到劳动力的价格，即工资，但是实际上，"为了使工人保持其为工人并把他训练成为工人所需要的费用"②，工人得到的工资往往是仅供生存和繁衍后代所需的最低开销。这是由于，资本家能够完全支配契约所定的劳动力，并通过提高劳动生产率和肆无忌惮地延长工人劳动时间来赚取更多的剩余价值。而且工人还因雇佣劳动的依附性而无法拒绝或挣脱，唯有一直劳动至死，而资本家又可轻松地找到另一批工人作为替代。雇佣劳动是资本统治的帮凶，也是工人陷入贫困的直接原因。另一方面，资本又要靠雇佣劳动而积累起来。恩格斯在此特别强调，资本作为一种社会生产关系，拥有增殖的基本属性，它会通过不断积累活劳动而"想方设法地"增殖。于是，无限度地压榨一无所有的雇佣劳动者就是资本增殖的必要前提条件。雇佣劳动与资本并不是像古典经济学所认为的"同一种关系的两个方面"，③ 而是联系密切却又彼此独立

① 马克思：《雇佣劳动与资本》，人民出版社 2018 年版，第 30 页。
② 马克思：《雇佣劳动与资本》，人民出版社 2018 年版，第 24—25 页。
③ 马克思：《雇佣劳动与资本》，人民出版社 2018 年版，第 31 页。

的两个范畴。资本或生产资料的缺失使得工人遭受剥削，虽然工资增加了，但与日益富裕的资本家相比是更为贫困的。资本家通过购买工人的劳动力，将工人的大部分生产所得保留在自己手中，将很少的一部分以工资形式归还于工人，并且随着新发明和技术的运用，两个阶级的收入落差还会继续增大。很显然，资本的利益和雇佣劳动者的利益是完全对立的。如果任由这种敌对力量自然发展，将最终导致穷人和富人之间的鸿沟无法弥合，这个社会就将因自己的富有而窒息，也会致使大多数成员无法获得基本保障而陷入极度贫困，这种状况在生产力极大发达的社会中是十分荒谬，且没有任何存在必要的。① 直到雇佣工人和资本家的矛盾达到了剑拔弩张的程度，革命的力量就会使这种关系和阶级差别消亡，资本主义时代也必将走向终结。

马克思在对资本和雇佣劳动关系的研究中开展了对现实贫困问题的全方位批判，揭露了贫富分化和相对贫困如何在这对关系的运动中不断扩大，痛斥了以剥削雇佣劳动力为根基的资本主义生产实质，为无产阶级挣脱资本的桎梏而拨开迷雾、指明方向，无形中也进一步推动了无产阶级政治经济学的理论创立。

四、《共产党宣言》对反贫困的纲领性指引和人的幸福关切

基于唯物史观的立场，在分工逻辑的指导下，马克思澄清了资本主义社会在漫长人类历史发展过程中的暂时性。在这个时代，是资本控制下的私人占有制导致了贫困的积累、人的异化和阶级

① 参见马克思：《雇佣劳动与资本》，人民出版社 2018 年版，第 12 页。

矛盾等难以解决的问题，因此，摆脱贫困的最终旨趣是人的解放，也是劳动和分工的自由，在消灭贫困和实现人类解放目标的驱动与自身的探索下，共产主义目标得以正式提出。《共产党宣言》（以下本章简称《宣言》）作为那个时代诞生的伟大著作，既代表了对新世界观的进一步发展，又标志着工人阶级第一个系统而科学的反贫困纲领正式形成。

（一）新社会取代旧社会的必然性与反贫困主体的确立

在发现历史唯物主义的基础上，马克思在剖析贫困经济根源的同时确立了无产阶级在反贫困实践中的主体地位，1848 年《宣言》的诞生则旨在为其革命提供方法论指导和行动指南。

首先，马克思区分了无产者和资产者，即论述阶级斗争在人类社会历史中的普遍性，为工人阶级清晰呈现了他在现代社会所受的压迫和屈辱，同时为他们摆脱阶级锁链、明确斗争方向作了具体阐释。马克思指出，不同的等级和阶层都存在于"过去的各个历史时代"，"从封建社会的灭亡中产生出来的现代资产阶级社会并没有消灭阶级对立"，而是将这种对立简单化为两大阶级：无产者和资产者。① 随着商业、工业和航海业的持续扩展，资产阶级的实力逐渐壮大，成为统治阶级，并将现代国家打造成了维护自身利益的管理委员会。在他们的掌控和支配下，人与人之间除了冷酷无情的"现金交易"，再无别的温情。② 即使资产阶级史无前例地创造了最先进的文明，也不可否认他们致使这个社会陷入了前所未有的畸形异化、危机动荡和关系对立，"物是主，人为仆"

① 马克思、恩格斯：《马克思恩格斯选集》第 1 卷，人民出版社 2012 年版，第 400—401 页。
② 马克思、恩格斯：《马克思恩格斯选集》第 1 卷，人民出版社 2012 年版，第 403 页。

的现象在资本主义时代达到极致。必然不断发展的生产力已无法适应当下的生产关系了，生产的社会化和生产资料私人占有之间的对立越来越严峻，在周期性爆发的商业危机期间，"总是不仅有很大一部分制成的产品被毁灭掉，而且有很大一部分已经造成的生产力被毁灭掉"[1]，社会仿佛经历了饥荒、毁灭性战争，突然回到野蛮状态。然而，贫富差距还在日渐扩大，生产虽然过剩，但有实际需求却无力购买的无产者越来越多，狭窄的资产阶级生产关系已经容不下如此巨大的财富和生产力了。

生产关系和生产力不相适应的矛盾运动中必然有被压迫和奴役的群体，在资本主义时代，无产阶级无疑就是受雇佣劳动和资本剥削的对象，自发的分工所带来的"不堪忍受"的力量积累到一定程度，就会质变成爆发的反抗力量。此外，私有制在加剧贫富分化后，更少的垄断资本家不断得到更多的财富，地位不断巩固，而更多的劳动者越来越沦为完全"没有财产的"人，后者的数量越来越大，以致建立跨地域性的普遍交往，那么，每一个国家或民族都在面临本质相同的压迫而寻求共同的反抗与革命。在这种巨大的阶级对抗量和普遍的联合交往共同作用下，"地域性的个人为世界历史性的、经验上普遍的个人所代替"[2]。工人的大规模和快速的集结是工业资本全球化的结果，他们肩负着摆脱资本奴役、脱离贫困折磨、废除现存占有方式的重任，而且是唯一真正的革命阶级，其他中间阶级如小商人、手工业者和农民等多少都由于自身的立场而带有"保守甚至反动的"倾向。[3] 当阶级矛盾

[1] 马克思、恩格斯:《马克思恩格斯选集》第 1 卷，人民出版社 2012 年版，第 406 页。
[2] 马克思、恩格斯:《马克思恩格斯文集》第 1 卷，人民出版社 2009 年版，第 538 页。
[3] 马克思、恩格斯:《马克思恩格斯选集》第 1 卷，人民出版社 2012 年版，第 411 页。

达到对立的顶点，资产阶级的统治不再同社会相容时，无产阶级就成为敲开新时代大门的革命力量，并必将在消灭自身（即无产阶级本身）的同时迎来全人类的解放。他们是这个时代被压迫的群体和最大的牺牲品，却也是阶级制度"自身的掘墓人"。①

《宣言》深刻揭露了资本家追逐巨额利润和剥削工人剩余劳动的残酷现实，指出社会财富只在少数资产阶级中享有的实质，资本主义社会的结构性矛盾不可逆转，为了消灭资产阶级对无产阶级的剥削和压迫，无产阶级必须通过联合发动武装革命推翻资本主义私有制。因此，马克思发出强烈而笃定地号召：全世界无产者，联合起来！②《宣言》实际上代表了马克思 19 世纪 40 年代经济思想的总结，但此时他还没有完全创立科学的劳动价值理论和剩余价值学说。

（二）对人追求幸福生活的关切

从初探物质利益难事开始，马克思基本上都是在反贫困实践中把"人类解放"事业不断向前推进。在他眼中"人的解放""就是要求人民的现实幸福"。③ 因此，才有一开始《论犹太人问题》中鲍威尔及其宗教批判的政治解放被人的解放彻底否定，无产阶级用"武器的批判"消灭哲学的使命在《导言》中首次提出，以及《手稿》中的"异化劳动致贫"和《形态》中的"自发分工致贫"对资本主义社会"吃人"本质的共同揭示。马克思自始至终都在关注现实的人对幸福生活的追求，这种关注甚至是在《宣言》

①　马克思、恩格斯：《马克思恩格斯选集》第 1 卷，人民出版社 2012 年版，第 413 页。
②　马克思：《共产党宣言》，人民出版社 2018 年版，第 176 页。
③　马克思、恩格斯：《马克思恩格斯文集》第 1 卷，人民出版社 2009 年版，第 4 页。

这部如此具有政治纲领性质的著作中也有所体现。

马克思主义的阶级立场就是广大无产阶级，广大无产者的幸福生活是他一切革命实践的出发点，《宣言》也同样显示了他对现代人生活状况的关切。首先是人的社会关系。资本主义生产方式将过去那种天然的、温情的、"田园诗般"的宗法和封建关系毁灭了，家庭的脉脉温情荡然无存，取而代之的是金钱至上的"赤裸裸的利害关系"。① 这也是为什么鲍威尔批判下的宗教拥有如此之多的信徒，究其原因是宗教这个虚幻的世界里拥有冰冷的物欲世俗所没有的守望相助的情怀。在现代社会里，人是物化的、不真实且分裂的，人的社会关系也单一化为买卖与金钱关系。其次是人的身份和地位。"资产阶级抹去了一切向来受人尊崇和令人敬畏的职业的神圣光环。它把医生、律师、教士、诗人和学者变成了它出钱招雇的雇佣劳动者。"② 在资本的统治下，一切传统职业的贡献都被抹平了，能够真正鼓舞人心的正能量与令人敬畏的"职业光环"不复存在，所有人的职业都简化为资本家或雇佣劳动者这两种身份，后者降级成了劳动力商品，并与普通商品一样同受市场供求因素影响，在不公的激烈竞争中靠微薄的工资存活。这种金钱决定地位的规则与雇佣劳动者的身份使人的品德、智慧、个性等独特的存在扁平化了，除了财富的多寡之外，没有什么可以凸显人的品质优劣与成就高低。最后是人的价值观念。在过去传统的家庭宗法关系中，人的宗教生活和日常劳作是纯粹而自然的。如今，"人的尊严变成了交换价值"，过去那些可敬的、真实的

① 马克思、恩格斯：《马克思恩格斯选集》第 1 卷，人民出版社 2012 年版，第 403 页。
② 马克思、恩格斯：《马克思恩格斯选集》第 1 卷，人民出版社 2012 年版，第 403 页。

"一切神圣的东西都被亵渎了"。① 人对自然的敬畏沦为对货币的垂涎，"任何能够想象出来的人类行为方式……只要付钱，任何事情都行得通"。② 卢卡奇认为，货币拜物教和过度的消费主义把人的生活意义建立在符号体系中、脱离本真的现实，立体而多面的人因此变得单一且平面化，商品符号的任意复制和置换性取代了个人价值的不可替代性，使得人因缺乏自我确定而陷入状态焦虑、道德危机和信仰迷失中，工具理性主义、拜金主义和享乐主义等风气日益盛行，这个时代变得令人绝望和窒息，一如尼采所定性的"虚无主义"。

马克思总括了现代社会致使人们生活状况彻底改变的经济根源，并从革命的角度为无产阶级追求幸福生活确立了行动纲领。他强调无产阶级夺取统治地位，继而集中所有生产工具和增加社会总生产力的重要性。在执政后，无产阶级还要采取一系列不同的强制性干预措施对生产关系、生产方式和所有权进行调整。当阶级差别随着生产力的进一步发展而消失后，阶级统治的公权力就会失去政治性质，阶级对立存在的条件将彻底瓦解，新的人类社会共同体也将在革命后建立起来，到了那时，"一部分人对另一部分人的剥削"状态将不复存在。③ 新的人也会出现，这些自由全面发展的人脱离"金钱至上"观念的束缚，将实现自我的积极性、主动性和创造性保留了下来，每个人都可以平等地享受教育和参与社会生活，以自身意愿为基础的劳动将成为人的第一需要。如

① 马克思、恩格斯：《马克思恩格斯选集》第1卷，人民出版社2012年版，第403页。
② 马歇尔·伯曼：《一切坚固的东西都烟消云散了》，徐大建、张辑译，商务印书馆2004年版，第143页。
③ 马克思、恩格斯：《马克思恩格斯选集》第1卷，人民出版社2012年版，第420页。

此一来，幸福的人类生活才真正开始。

（三）共产主义的实质：消灭现存状况的现实运动

通过对形形色色社会主义流派的逐一批判，马克思区分了科学社会主义与这些流派的界限，澄清了共产主义的实质。

在对共产主义探索的过程中，从空想社会主义开始，就出现了各式各样的社会主义学说与思潮，包括以没落贵族为代表的主张复辟历史的封建社会主义、摇摆于无产阶级和资产阶级中间的小资产阶级社会主义、以为在"改变世界"实则只是沉湎于哲学幻想中"解释世界"的德国社会主义，以及不触碰私有制根基而只主张政策改良的资产阶级社会主义，等等。这些社会主义虽五花八门，但无一例外会把无产阶级的革命引入歧途，因此，马克思在《宣言》中及时对它们进行清算和剔除。

对马克思而言，共产主义思想是基于生产力发展的，也是消灭现存状况的现实运动。因为只有在生产力十分发达、物质力量极大丰富的时候，人们才会不屈从于物的力量，不需要物来证明和彰显自己的地位身份，自觉联合起来的个人能够自由地掌控和支配物质生活的条件。相反，在两大阶级对抗的资本主义社会中，分工不是出于自由自愿，而是自然形成的，于是劳动带来的强加于他、同他对立的异己力量就会时刻压迫着人，这种偶然性是单个劳动者无法控制的。因此，对现代社会的人而言，要想摆脱这种物对人统治的现状，就要"消灭他们迄今面临的生存条件，消灭这个同时也是整个迄今为止的社会的生存条件"，[①] 即资本主义

---

① 马克思、恩格斯：《马克思恩格斯选集》第1卷，人民出版社2012年版，第201页。

私有制的统治、异化的自发劳动。只有这样，自发分工所带来的强加于人的特殊活动范围才不会束缚着他，他也不一定只能凭借从事打猎、捕鱼或畜牧赚取生活资料谋生，而是可以自由地选择何部门发展。在《宣言》中，"一个幽灵，共产主义的幽灵，在欧洲游荡"的陈述也从一个侧面说明了共产主义不是一成不变的既定教条，而是时刻与现实做斗争并随客观条件不断发展而变化的"幽灵般"运动，并时刻提醒着共产党人，只要人的全面解放未能实现，它就一直会在现代世界的上空"游荡盘旋"。

更为重要的也是与以往所有运动不同的地方，就在于这种共产主义思想不是针对当下现状的道德批判、概念推演和落地蓝图，而是生产力和生产关系矛盾交互运动的必然结果，是以社会发展规律为前提的终将发生的历史事实。它是肯定了前人自发创造的一切物质生活条件，在旧的生产关系无法适应生产力的发展，并成为后者的桎梏时，通过革命方式消除自发的生产与交往关系（或称为经济制度），使之最终成为自觉分工取代自发分工、物质极大丰富且受联合起来的人类共同支配的样态。在这当中，最突出的特征是在生产力持续发展的前提下，生产关系和交往形式不断被取代的螺旋式上升过程。过去的人类社会，奴隶制能够发展成为封建制和资本主义私有制，未来也必将通过革命进入共产主义，这就是社会发展的不可违背的历史规律。因此，马克思强调：社会的发展有其历史规律的遵循，它是动态的过程，不能把共产主义刻板地理解为"现实应当与之相适应的理想"。[①]这里也应关乎对历史唯物主义的正确理解，它既不是像第二国际的"经

---

① 马克思、恩格斯：《马克思恩格斯选集》第1卷，人民出版社2012年版，第166页。

济决定论"和"社会历史自动扬弃论"那样作为一种想当然的归结，也不是一味地抬高无产阶级而否定资产阶级、煽动对立和斗争，而是突出一切人从现代社会的身心异化中解放出来，而恰好工人阶级承担了这个时代的使命。这种关于一般性社会发展规律的描述，不存在具体的实施方案，更不会为每个民族或国家出具教条式的步骤计划。然而，对此观点的详细展开还有赖于政治经济学的全面支撑，而这些支撑依据包括他日后创立的剩余价值学说、科学的劳动价值论、劳动力商品学说和工资理论等资本主义经济运行规律的研究成果。

本章小结

参加工作之前的马克思信奉的主要还是黑格尔哲学的世界观，期望从自由主义的理想追求中建立理性的民主国家，使人民从封建专制的束缚中获得解放。然而在《莱茵报》时期遭遇了"物质利益难题"之后，马克思开始动摇了自己一直坚信不疑的启蒙理性思想。在对现实贫困问题的深入考察中，马克思发现黑格尔绝对理性国家和对市民社会的不彻底批判无法弥合现代国家和市民社会的二元分裂，其哲学的逻辑神秘主义对贫困的根除毫无用处。于是，在费尔巴哈人本学唯物主义的启发下，马克思得以从"现实的人"立场出发展开对黑格尔法哲学和国家哲学的批驳。以《批判》为主战场，他深入研究法和国家的本质及其与市民社会的关系，批判黑格尔的法、官僚制度、市民社会理论及"国家—社会"关系的颠倒，继而发现其哲学中思辨的唯心主义错误以及维护资产阶级统治的保守主义倾向。在马克思看来，市民社会才是决定国家和法的出发点，要想摆脱市民社会内部的二元对立与矛盾，依靠理性国家与官僚等级制流于表面的形式主义是完全行不通的，必须在市民社会的内在运作机制中去寻找贫困根源和解决路径。在《论犹太人问题》和《导言》中，马克思超越以鲍威尔宗教批判为基础的政治解放限度，提出"人的解放"目标，而"人的解放"事关与现代社会经济基础的彻底决裂，因此，"首次对资本主义展开社会政治批判"①的马克思正式转入经济领域，展开对政治经济学的初步批判，并在《手稿》中通过"异化劳动"的视角剖析贫困原因。对于异化问题，马克思否定了流于表面的政治解放和自由主义的修补方案，提出只有上升到人类解放才是真正摆脱贫困的最终目标。虽然当时的马克思仍囿于费尔巴哈的哲学基础，但已在政治立场上与后者和青年黑格尔派划清了界限，这为他在后来《德法年鉴》时期思想的继续转变打下重要基础。

马克思早期的理论走向还离不开恩格斯的影响，出身于工厂主家庭的恩格斯比马克思更早地接触英国工人的悲惨境遇，并从历史实证视角展开了对资本主义制度和古典经济学的批判，《英国工人阶级状况》和《国民经济学批判大纲》集中体现了他经济学批判的成果和反贫困的思考，他有着比马克思更敏锐的现实嗅觉和更丰富的社会阅历。1845 年是个重要节点，两人合作的《形态》阐发了唯物史观，确立了马克思科学看待和解决贫困问题的最根本立场和方法论指导，促使反贫困思想基本形成。在新世界观的视角下，马克思通过"自发分工致贫"说解释了现代贫困的根源及现代社会的起源，并在《雇佣劳动与资本》中阐发了相对贫困

---

① 黄学胜：《马克思对启蒙的批判及其意义研究》，中国社会科学出版社 2020 年版，第219 页。

问题的生成机制和表现形式，论证了自发分工带来的雇佣劳动如何与资本相辅相成、沦为无产阶级相对贫困的幕后推手，由此确证了私有制下无产阶级的绝对贫困与相对贫困是辩证统一、无法避免的。与此同时，在《哲学的贫困》中，马克思坚持从生产力和生产关系的矛盾中切入贫困现实，将所有权不平等的表象转换成对现代资本的根源性揭露，与蒲鲁东庸俗的经济学视角划清界限。最后，《宣言》的问世体现了马克思对人幸福生活的关切与无产阶级反贫力量的确证，也为无产阶级确立了摆脱贫困、实现解放的革命行动纲领。

总体而言，以唯物史观溯源贫困的前期探索体现为对政治经济学的初步批判、唯物史观的发现和反贫困革命纲领的确立，标志着马克思反贫困思想的基本形成。然而，该思想的丰富成熟和人类解放道路的具体阐发有赖于后期对政治经济学进行全面深入系统地研究，因此，马克思在后期的思考与实践中全身心投入对资本主义运行规律的探索当中，成为付诸终生的事业。

第三章　政治经济学批判下的反贫困运思

马克思反贫困实践的前期探索以《共产党宣言》的阐发为里程碑，科学的革命行动纲领既是引导工人阶级摆脱贫困的灯塔，更是引领全人类解放的启明星，集中体现了他唯物主义和共产主义思想的发展与丰富，标志着马克思反贫困思想的基本成型。在前期探索中，虽然随唯物史观诞生的"自发分工致贫"说是对"异化劳动致贫"说的突破，但自发分工导致的异化劳动何以通过社会经济关系和运行机制来生产与固化贫困，则有赖于对他后期思考的成果——《资本论》及其庞大手稿群的理论解答。简言之，反贫困前期探索的成果在于以唯物史观提出了正确溯源贫困的分析思路，而后期的任务便集中于通过政治经济学批判来科学阐释贫困产生、固化和具体解决的过程。

第一节　马克思研究政治经济学的理论前提及方法

正如马克思在《〈政治经济学批判〉序言》(以下本章简称《序

言》）中所说的："法的关系正像国家的形式一样……它们根源于物质的生活关系，这种物质的生活关系的总和……概括为'市民社会'，而对市民社会的解剖应该到政治经济学中去寻求。"① 在唯物史观问世十三年后，马克思不仅凝练了有关社会基本矛盾及其运动规律的基本原理，更为关键的是，还强调了必须通过对"市民社会"的政治经济学研究来破解难题的重要意义。悖论性贫困不是天然存在的，而是资本主义时代特有的社会问题，因此，全面地剖析经济规律及其社会根源既是探究贫困原因的现实路径，也是找寻脱贫之路的科学方式。马克思对政治经济学的研究经历了时断时续的漫长过程，几度变更自己的写作计划和逻辑架构，这过程离不开科学的理论指导。

一、马克思研究政治经济学的历程及其运思

马克思得以超越前人、创立无产阶级政治经济学，从而使《资本论》成为工人摆脱贫困、实现解放的"圣经"，是与他数十年如一日地躬耕不辍、广泛调研及掌握科学的研究方法密不可分的。因此，要从整体上把握他在这个过程中的反贫困思想发展脉络，探清相关著作的写作意图与他在各转变节点的真实想法，首先要对他在该领域的研究历程进行梳理和分析。

《资本论》作为马克思倾注毕生心血的最伟大作品，创作周期长达四十年（1843—1883），足以说明他对待政治经济学批判的审慎与辛劳。《资本论》涉及了"庞大的过程稿与手稿群"②，除了

---

① 马克思、恩格斯：《马克思恩格斯文集》第 2 卷，人民出版社 2009 年版，第 591 页。
② 聂锦芳：《清理与超越——重读马克思文本的意旨、基础与方法》，北京大学出版社 2005 年版，第 138 页。

传统上界定的《资本论》三大手稿之外，马克思探究资本主义运行规律的历程往前可追溯到《1844 年经济学哲学手稿》（以下本章简称《1844 手稿》），往后可视《剩余价值学说史》（1905—1910）为末尾。聂锦芳对马克思在创作《资本论》及其手稿不同时期的写作意图等作了详实研究与说明。聂认为，《资本论》的创作或对经济学的研究是因"物质利益难题"而起的，在政治国家与市民社会的现实矛盾下，马克思于 1843 年来到巴黎不久后就已开始研究政治经济学，《1844 手稿》作为他当时计划写作《政治和政治经济学批判》两卷本 ① 的草稿，体现了他从对国家和法哲学的批判向政治经济学批判的过渡，阐发了他当时通过研究私有制下各种关系所形成的政治经济学观点及对"共产主义"的初步理解。接着，马克思因投身于 1848 年欧洲革命等各原因导致研究时断时续，并多次改变自己的撰写计划，最终留下"《政治经济学批判》第一册和《资本论》三卷四册的初稿"。② 后来，马克思为了总结自己 14 年来的经济学研究，在 1857 年写下《政治经济学批判〈导言〉》（以下本章简称《导言》），以期把《导言》作为起点着手撰写经济巨著，然而最终他还是决定将此搁置，理由

---

① 为了破解"物质利益难题"，马克思起初形成了关于政治经济学批判的"两卷本著作""三本书构想"的计划，并于 1845 年 2 月签订《政治和政治经济学批判》两卷本的出版合同。"两卷本"的内容本应分为"国民经济学批判卷"和涵盖社会主义史考察的"政治批判卷"，对应马克思同时批判市民社会和政治国家的方案，是《资本论》叙述结构的最初设想，但后来因《德意志意识形态》的写作、总体研究时断时续，撰写计划几度更改等原因，最终于 1847 年 2 月取消"两卷本"出版合同，未能将其问世。参见杨洪源：《"现实问题"与〈资本论〉叙述结构嬗变》，载《社会科学》2022 年第 4 期，第 39—40 页。

② 聂锦芳：《清理与超越——重读马克思文本的意旨、基础与方法》，北京大学出版社 2005 年版，第 142 页。

是"在巨著之首不宜设讨论'生产一般'问题的总导言"①，而应带领大家"从个别上升到一般"。② 因此，在中断《导言》的写作后，马克思就回到了原本借评巴夏师《经济和谐论》以阐发一直以来的经济学思想的写作思路上，当时正值 1857 年首次全球性经济危机爆发，他还批判阿尔勒德·达里蒙的劳动货币论中就剖析经济危机的根源而言存在诸如颠倒生产与流通领域间的关系等错误，并写下了"货币章""资本章"和"价值章"等章节，这直接促成了《政治经济学批判（1857—1858 年手稿）》③（以下本章简称《1857—1858 手稿》）的诞生。在此之后，马克思制定了更为详细的写作计划，并于 1858 年 8 月起，开始了《政治经济学批判（第一分册）》（以下本章简称《第一分册》）的编写工作，彼时的马克思常常受病痛的折磨和债务的困扰，是恩格斯给予了他莫大的经济支持。几经坎坷，《第一分册》连同后来他补写的《序言》终于在 1859 年 6 月问世。虽然他在这之后断断续续地进行"第二分册"的写作，但最后由于他决定先完成《资本论》三卷，于是便停止前者的创作，将已经成型的部分原理成果囊括进后者。如此一来，马克思于 1863 年 7 月完成了又一大作《政治经济学批判（1861—1863 年手稿）》（以下本章简称《1861—1863 手稿》），这份手稿在一定程度上包含了《资本论》全四卷的内容，同时兼顾了理论与理论史的阐述。至此，马克思对《资本论》的

① 聂锦芳：《清理与超越——重读马克思文本的意旨、基础与方法》，北京大学出版社 2005 年版，第 144 页。
② 马克思、恩格斯：《马克思恩格斯文集》第 2 卷，人民出版社 2009 年版，第 588 页。
③ 《1857—1858 年草稿》由七个笔记本构成，第Ⅶ个笔记本的绝大篇幅是不属于该《草稿》的摘录部分，页码为 63a、64a、65—277。这些摘录部分构成了《政治经济学批判》第二分册的准备材料。参见《〈资本论〉研究资料和动态》第 4 集，江苏人民出版社 1983 年版，第 83—85 页。

构思经历了从"六册计划"到"三卷四册"的转变过程，具体是指：最初马克思计划在《1857—1858手稿》的基础上将《政治经济学批判》分为六册结构，然而由于"六册计划"的第一册"资本一般"篇中的理论工作难度太大，便将"资本一般"篇扩充为两个分册，并于1859年6月出版了《第一分册》，又在经历了几年时有间断的研究后于1863年6月才完成《政治经济学批判（第二分册）》（以下本章简称《第二分册》）的23册笔记，即作为前者完成稿和《资本论》第一卷核心内容的《1861—1863手稿》，马克思还将自己这份著作正式命名为"资本论"，副标题才是"政治经济学批判"。① 然而，马克思最终并没有完成《第二分册》的写作，而是转为《资本论》第一卷的结构拟定和加工改写。经过精工细琢地打磨，《资本论》第一卷在1867年问世。不久后，马克思在继续编辑和续写《资本论》的过程中萌生了在《资本论》第一、二、三册以外设置作为"理论史"的第四册的想法，并随《1863—1865年经济学手稿》的完成于1865年明确形成了"三卷四册"结构的雏形：第一卷（第一册和第二册）"资本的生产过程"与"资本的流通过程"；第二卷（第三册）"总过程的各种形式"；第三卷（第四册）"理论史"。②1867年初，马克思在《资本论》付梓前又对"三卷四册"结构作了微调，以第一册为第一卷，第二与第三册则并为第二卷，③ 至此形成了《资本论》最终的叙述架构，是《政治经济学批判》六册的精髓。

---

① 参见马克思、恩格斯：《马克思恩格斯文集》第10卷，人民出版社2009年版，第196页。
② 转引自杨洪源：《"现实问题"与〈资本论〉叙述结构嬗变》，载《社会科学》2022年第4期，第43—45页。
③ 参见杨洪源：《"现实问题"与〈资本论〉叙述结构嬗变》，载《社会科学》2022年第4期，第45页。

在这整个过程中，马克思从一开始就不会囿于对物质利益的浅层剖析，而是跨越国家和社会的二元对立、深入资本主义生产方式本身，剖析其内在机制与发展趋势，从中探寻摆脱贫困和实现解放的方式。其中，剩余价值的发现具有"里程碑式"的作用，它促使马克思开始反思并批判国民经济学家建立在价值前提上的研究路径，转而探寻资本及其内在的秘密。他在《1857—1858 手稿》中首次提出"资本一般"的概念，并以此为起点，生发了《资本论》"六册"直至"三卷四册"的结构设想。通过溯源马克思研究政治经济学的历程，我们不仅得以体悟他深耕该领域的初心和使命，而且能够明晰他几度变更《资本论》叙述结构、使之更好地被工人阶级普遍接受的运思。正是在这般周密思考与反复打磨的基础之上，才有恢宏巨著《资本论》的诞生，作为反贫困议题的集大成者，恩格斯曾给予《资本论》第一卷以盛赞："自从世界上有资本家和工人以来，没有一本书像我们面前这本书那样，对于工人具有如此重要的意义。资本和劳动的关系，是我们全部现代社会体系所围绕旋转的轴心，这种关系在这里第一次得到了科学的说明，而这种说明之透彻和精辟，只有一个德国人才能做得到……只有一个德国人才能攀登最高点，把现代社会关系的全部领域看得明白而清楚。"[1] 自前资本主义时期基于"君权神授"和"宿命论"的传统宗教观念，到进入资本主义社会的近现代思想家们基于"所有权批判""经济学研究"和"观念论哲学"等反贫困路径，前人的思想都没能真正深入现实的根源解决贫困。马克思以其天才的智慧和追求真理的科学态度扬弃和超越了先前的贫困学说，不断

---

① 　马克思、恩格斯：《马克思恩格斯文集》第 3 卷，人民出版社 2009 年版，第 79 页。

追问贫困的起源和运行规律，深入资本内在逻辑和资本主义社会机制加以批判，从而探清了贫困何以产生并固化的全过程。

此外，我们还需正确认识到，对《资本论》及其手稿的正确理解要基于唯物史观和辩证法的根本视角，这是马克思全面研究政治经济学所运用的方法论指导及根本立场，对此，恩格斯在为《第一分册》所作的两篇书评中也有正式提及。

二、马克思研究政治经济学的方法论指导及立场

马克思主义政治经济学之所以能成为一个完整科学的理论体系，与唯物史观和唯物辩证法的创立密不可分。《德意志意识形态》中全面阐发的唯物主义历史观和对黑格尔唯心主义辩证法的批判性继承发展，共同为马克思的政治经济学研究提供了坚实的理论基础与分析方法，使他对贫困问题的分析更具全面性和客观性，从而更加透彻地揭示资本主义制度对人剥削的本质。

（一）政治经济学的方法论指导：唯物史观

恩格斯曾评价道：马克思一改德国学究和官僚们抄袭英法经济学的传统做法，以"新的科学的世界观作为理论的基础"来研究并创立政治经济学。[①] 唯物史观作为马克思最伟大的发现之一，一直贯穿于他对资本主义经济运行规律研究的始终。

在《第一分册》两篇书评的第一篇中，恩格斯着重强调：伴随着本国无产阶级政党出现的德国经济学"本质上是建立在唯物

---

① 马克思、恩格斯：《马克思恩格斯文集》第2卷，人民出版社2009年版，第599页。

主义历史观的基础上",并与那些商人和学究所抄袭的冗杂而空洞的经济体系划清界限。① 唯物史观作为马克思创立的新世界观和方法论,主张物质动因对行为和意识的决定性,奠定了科学研究无产阶级政治经济学的基础。这种科学性就体现在承认物质生产方式是社会变革的决定力量,并从生产力和生产关系的矛盾运动出发来探究扬弃资本主义社会的原因,这在根本上将马克思和资产阶级经济学家们区分开来。后者是肯定现状,而马克思却否定和批判现状。后者从经济学术语和概念出发,运用抽象的思维和"旧的形而上学",力图证明其内涵却又"在最简单的范畴上纠缠不清",并且常常混淆"本质和现象、原因和结果"。② 与此相对,马克思注重历史和逻辑的结合,将这些范畴视为"最初的和最简单的关系",通过分析这些关系在生产、流通和消费过程中呈现的不同矛盾,继而发现关系背后隐藏的资本权力与阶级关系。不同于在抽象的固定概念中兜圈子的静止眼光,马克思始终以生产力与生产关系的矛盾运动为基点来思考社会历史的有机变化过程。社会关系随着历史的发展不断变化,因此在对关系的抽象分析中离不开对现实的接触和把握,这种从抽象上升到具体、逻辑与历史相结合的考察方法才能够得出资本运行和历史发展的真实规律。马克思认为,社会本身及其生产方式总是作为前提而存在,任何抽象的经济范畴都是一定社会历史条件下的产物,唯有明确这一观点,才能通过表面的经济范畴来把握此前消亡与未来产生的社会形式和生产关系。在《第一分册》完成后不久,他补写的《序

① 马克思、恩格斯:《马克思恩格斯文集》第 2 卷,人民出版社 2009 年版,第 596—597 页。

② 马克思、恩格斯:《马克思恩格斯文集》第 2 卷,人民出版社 2009 年版,第 600—601 页。

言》就有对唯物史观基本原理的凝练概括，这也是他"运用历史唯物主义的理论和方法解剖资本主义生产关系"的另一个有力确证。① 马克思所要揭示的是被物化的人的社会关系及其演变历程，这正是其经济学巨著《资本论》的写作意图。从这个角度而言，以反贫困为基础的"人的解放"作为马克思的毕生目标，是我们理解他钻研经济学初心的一把钥匙。

此外，恩格斯也在《第一分册》第二篇书评的开篇就说明马克思通过政治经济学批判而创立属于无产阶级的"德国科学的辉煌成就"② 的信心：马克思的这部著作并不是零碎地驳斥某些经济学家，也不是孤立地研究某些经济学的争论热点，"相反，它一开始就以系统地概括经济科学的全部复杂内容，并且在联系中阐述资产阶级生产和资产阶级交换的规律为目的"。③ 由此可见，立足于唯物史观，马克思通过全面研究政治经济学以解决贫困问题的坚定决心与充分准备。

（二）政治经济学的研究方法：唯物辩证法

除了确立唯物史观的根基和视阈，马克思还将唯物辩证法运用在研究资本主义经济运行的过程中。正如恩格斯在书评中所指出的：马克思是"唯一能够"将黑格尔的辩证法从"唯心主义的外壳"中剥离出来，使之建立在"正确的简单形态"即历史唯物主义之上的先驱。④ 这充分体现马克思在对黑格尔辩证法扬弃的基

---

① 聂锦芳：《清理与超越——重读马克思文本的意旨、基础与方法》，北京大学出版社2005年版，第149页。
② 马克思、恩格斯：《马克思恩格斯文集》第10卷，人民出版社2009年版，第236页。
③ 马克思、恩格斯：《马克思恩格斯文集》第2卷，人民出版社2009年版，第600页。
④ 马克思、恩格斯：《马克思恩格斯文集》第2卷，人民出版社2009年版，第602—603页。

础上，采用一种全新的政治经济学研究方法，并为无产阶级揭开压迫与剥削秘密的首创之举，其意义堪比他们两人十多年前共同创立的历史唯物主义。以继承黑格尔思维中"巨大的历史感"为前提，马克思积极扬弃其唯心主义外壳，将围绕精神自身运动的否定辩证法转化为基于物质生产实践的发展而引发生产方式不断自我扬弃的运动形式。辩证法要基于"人自身的实践活动"，以唯物史观为基础，才是真正从本体论意义上"为'否定'的辩证法注入'存在'的真实内容"[①]，从而真正揭示社会历史进程的本源状态。而马克思正是以这样的方式进行政治经济学批判的，上述"六册计划"到"三卷四册"的《资本论》撰写构思转变就充分体现了他吸收黑格尔辩证法的"合理内核"，用以整理加工政治经济学材料的做法。[②] 在《资本论》中，马克思从"个别上升到一般"，先从"经济的细胞形式"即商品出发，首先探究商品的使用价值和交换价值、具体劳动与抽象劳动的二重矛盾，再从这当中提取出资本主义社会的根本矛盾即劳动和资本的对立，最终确证了资本对劳动的主导和支配权，如此一来就颠覆和推翻了黑格尔把资本统治当成天然前提的倒因为果的抽象辩证法。马克思始终力图揭示物与物关系中掩盖的人与人关系，通过剖析经济范畴中"'劳动'的内在矛盾"，从而得出社会将在生产方式和生产力不相适应的矛盾中走向变革的论断，这既是真正有机融合了政治经济学批判和科学社会主义的一体化阐释，又是使

---

① 孙正聿：《辩证法：黑格尔、马克思与后形而上学》，载《中国社会科学》2008 年第 3 期，第 32 页。

② 参见马克思、恩格斯：《马克思恩格斯文集》第 10 卷，人民出版社 2009 年版，第 143 页。

辩证法摆脱纯粹抽象的运动并"从'思想'的否定走向'现实'的否定"的关键所在。① 正是这种基于唯物史观的"否定辩证法"消除了历史活动的神秘力量，终结了资本主义永恒存在的神话。马克思的研究重心不是作为物出现的经济范畴，而是以劳动为根基、同物结合着的人与人的关系，"归根结底是阶级之间的关系"。② 这是超越国民经济学家的过人之处，也是通过揭示人类历史发展规律，从而赋予冰冷抽象的经济学以历史感和生命力的意义所在。

简言之，马克思以唯物史观和辩证法为理论基础，全面探究资本主义经济运行方式，既是伟大的创举，也是坚定的初心。正是通过对政治经济学的批判，马克思才能够发现劳动价值论、剩余价值论、劳动力商品学说等重大成果，并得以揭示底层人民劳而不富以及被剥夺与被物化的根源。

三、马克思研究政治经济学的理论基础

自 1843 年涉足经济学之后，马克思就一直在该领域深耕不辍，以大量占有客观材料为前提，不断批判现存经济学理论和分析各经济形式的内在联系，从而构建无产阶级的经济学体系，整个过程持续了将近 15 年，一直到《1857—1858 手稿》问世。该手稿作为重要代表作，既是马克思从 1843 年以来经济学研究的思想结晶，也是通往《资本论》的思想驿站，见证了他成功运用从

---

① 孙正聿：《辩证法：黑格尔、马克思与后形而上学》，载《中国社会科学》2008 年第 3 期，第 32—33 页。

② 马克思、恩格斯：《马克思恩格斯文集》第 2 卷，人民出版社 2009 年版，第 604 页。

简单抽象上升到具体规定的经济学逻辑方法。① 以此为起点，马克思开始思考该以什么叙述方式和逻辑结构表达多年来的研究成果，最终，他决定以"商品"范畴为逻辑起点来构建政治经济学的理论体系。通过首次揭示商品内在矛盾的运动，马克思实现了对古典学派劳动价值论的超越，消除了关于价值和劳动"双重标准"的缺陷，创立了科学的劳动价值论。

（一）古典学派劳动价值论的发展和主张

劳动价值论作为经济学的根基，是解释商品经济本质和运行规律的前提。随着资本主义经济的快速发展，个人劳动的重要性逐渐被凸显，劳动价值论在西方经济学中逐渐取得一席之地，成为古典政治经济学的基础。从威廉·配第为起点，到亚当·斯密的系统论述，再到大卫·李嘉图的最终完善，古典学派的劳动价值论经历了一百多年的发展历程，为马克思后来对其进行革命奠定了理论基础。

威廉·配第是近代以来最早研究劳动价值理论的"创始者"。他于 1662 年在《赋税论》中首次提及价值理论，指出人的劳动使商品产生价值，而商品价值的大小则取决于劳动时间花费的长短。"劳动种类的差别在这里是毫无意义的———一切只取决于劳动时间。"② 这恰恰是劳动价值论的理论根基。此外，配第还发现，商品的价值会随着生产效率提高带来的劳动时间减少而下降。然而，

---

① 参见顾海良：《通向〈资本论〉的思想驿站——读〈政治经济学批判（1857—1858 年手稿）〉》，载《高校理论战线》2012 年第 3 期，第 8—9 页。

② 威廉·配第：《赋税论·献给英明人士·货币略论》，陈冬野等译，商务印书馆 1978 年版，第 48 页。

配第的不足在于他不仅没有形成系统的劳动价值论，而且也并未区分价值、交换价值与价格等概念，因此他的著名论断"劳动是价值之父"从价值层面来说是错误的。

亚当·斯密是西方经济史上第一个制定系统的政治经济学理论的古典经济学家。他在《国富论》中将前人零碎的劳动价值论进行了相对系统的整合，一方面，他首次区分了使用价值和交换价值的不同含义；另一方面，他在充分肯定劳动的前提下，指出商品交换的本质其实是劳动之间的交换，即"劳动是衡量一切商品交换的真实尺度"。① 虽然他比配第剖析得更深入也更独到，但他无法明确决定商品价值的到底是生产商品可购得的劳动还是生产商品所消耗的劳动。而且，他也未能一直贯彻"劳动决定商品价值"这一结论，认为除了单一的劳动外，资本家和土地所有者也是商品生产及其价值的决定力量，这其实就否认了劳动决定价值的唯一性，致使他的价值理论陷入了二元论。

李嘉图是对近代劳动价值论进行系统性总结的集大成者。他把"交换价值决定于劳动时间这一规定作了最透彻的表述和发挥"②，将古典学派的劳动价值论推向最高峰，因而对马克思劳动价值论的建立有一定启发意义。一方面，李嘉图在肯定使用价值是交换价值的前提下，批判了斯密在价值决定问题上的摇摆不定，坚持耗费劳动对商品价值的唯一决定性，澄清了商品价值形成及其被各阶级分配的先后顺序，由此驳斥了"工资、利润和地租"对价值的三重决定论。然而，另一方面，李嘉图也和前人一样，

① 亚当·斯密：《国民财富的性质和原因的研究》上册，郭大力、王亚南译，商务印书馆1972年版，第26页。
② 马克思、恩格斯：《马克思恩格斯全集》第31卷，人民出版社1998年版，第455页。

在使用价值和交换价值的区分上含混不清，他的"交换价值"有时也会代表"价值"的含义。此外，由于他从未对价值进行质的研究，导致他的体系因两大矛盾而最终崩溃：一是等量资本无法保证在任何有机构成的状态下获得等量利润；二是资本与劳动相交换无法符合价值规律。

我们不难看出，古典学派的劳动价值论既有先进性，即确证了劳动时间对价值的唯一决定性，以及"把商品归结于二重形式的劳动"① 等成就；然而，也存在重大的局限，即囿于资本主义私有制是合法的前提，难以回答价值与交换价值的区别，以及等量劳动为何无法与等量资本交换等等一系列问题。而马克思则在此基础上对其进行批判和扬弃，使得科学的劳动价值论成为后续阐发剩余价值论和工资理论的根基，构成马克思主义理论体系的重要基石。

（二）马克思对古典学派劳动价值论的批判性超越

马克思对官方劳动价值论经历了一个从拒斥到接受再到批判性改造的过程。虽然他认为经济学是"对人漠不关心"的理论，但要弄清资本主义的生产分配离不开对价值规律和商品价值构成的理解，这也就促使他深入分析古典政治经济学。在《哲学的贫困》和《雇佣劳动和资本》中都能看出马克思以谨慎的态度批判性地考察斯密和李嘉图的劳动价值论。马克思的劳动价值论是从《1844 手稿》开始构建，在《1857—1858 手稿》时基本创立，到《资本论》第一卷时得以最终完成。

----

① 马克思、恩格斯：《马克思恩格斯全集》第 31 卷，人民出版社 1998 年版，第 445 页。

　　马克思对古典学派的批判集中于《1857—1858手稿》和《1861—1863手稿》。一方面，马克思指出，斯密在价值标准尺度上含混不清的原因在于他无法区分劳动和劳动力，不理解一个与劳动力等价的商品可以支配本身这个更为庞大的活劳动，这同样也是李嘉图的缺陷。另一方面，马克思发现，李嘉图的缺陷也体现在固守劳动量决定价值的定律，"跳过必要的中介环节，企图直接证明各种经济范畴相互一致"。① 由于缺乏历史观，李嘉图将资本主义永恒化，无法看到剩余价值转化为平均利润后对生产价格的影响，也无法分清价格与生产价格的区别。除了马克思自身的研究，恩格斯也起到了启发作用。青年恩格斯在早年旅居英国时就大量接触斯密和李嘉图等人的著作，比马克思更早地形成了关于价值问题的独到看法，如反对李嘉图混淆抽象价值和交换价值的观点，批判其对商品使用价值的忽视等，这些都推动了马克思日后的研究。

　　经过不断地批判与剖析，马克思的劳动价值论最终完成于《资本论》中。第一，马克思首次在《1857—1858手稿》中提出"劳动二重性"的说法。他不仅指出"商品中包含的劳动的这种二重性，是首先由我批判地证明的"②，还揭示商品二重性和劳动二重性之间的联系。虽然只是初步涉及，并未深入展开，但这为他在《资本论》中更加完备地说明"抽象的人类劳动……形成商品价值"，"具体的有用的劳动……生产使用价值"奠定了基础。③ 劳动的二重性是分析剩余价值问题的前提，也是"理解政治经济学

① 马克思、恩格斯：《马克思恩格斯全集》第34卷，人民出版社2008年版，第182页。
② 马克思、恩格斯：《马克思恩格斯文集》第5卷，人民出版社2009年版，第54—55页。
③ 马克思、恩格斯：《马克思恩格斯文集》第5卷，人民出版社2009年版，第60页。

的枢纽"。① 第二，他在商品二重性的基础上论证了它们之间对立统一的关系。第三，他通过"产品（或活动）成为商品、商品成为交换价值、交换价值成为货币"② 的发展历程，推出货币是商品内在矛盾发展的必然结果。第四，他区分了相对价值形式和等价形式，以及价值实体和价值量的决定。第五，他还在劳动与商品二重性的前提下提出了资本主义时代的商品拜物教，即物与物的关系掩盖了人与人的真实关系。这种异化是人们终日活在以物和数字编织的符号体系中，沦为金钱奴仆，陷入精神贫困的原因。总体而言，马克思对前人的超越体现在唯物主义原则下的无产阶级立场和由表及里的叙述方式上。就立场而言，马克思摒弃了前人维护资产阶级利益和将私有制合法化的立场，在物质利益困惑驱使下聚焦经济范畴背后的社会关系，抛开冰冷而纯粹的劳动构成论证，而以一种带有真正人性关怀的眼光考察劳动或人的存在状态，由此才能为后面发现剩余价值、劳动力商品等学说奠定科学基础。就叙述方式来说，马克思有别于李嘉图的"以结果迎合预设"的叙述形式，始终采取从抽象上升到具体的逻辑方式，通过"由表及里、由现象到本质的问题深化过程"③，使得劳动价值论乃至整个政治经济学理论具有科学性和易读性。因此，我们可以说，科学的劳动价值论虽来自古典政治经济学，但它又超越了古典政治经济学。

对商品价值的分析是研究资本分配的钥匙，要正确认识悖论

---

① 马克思、恩格斯：《马克思恩格斯文集》第 5 卷，人民出版社 2009 年版，第 55 页。
② 马克思、恩格斯：《马克思恩格斯全集》第 30 卷，人民出版社 1995 年版，第 101 页。
③ 李佃来：《关于〈资本论〉创作方法的再探析》，载《中国社会科学》2023 年第 11 期，第 118 页。

性贫困的根源，必须以科学的劳动价值论为基础。古典学派在价值和劳动中的"双重标准"只会产生既片面又静止的错误结论，马克思创立的科学劳动价值论从根本上克服了古典政治经济学无法从一而终贯彻该理论的重大缺陷，解决了什么劳动创造价值与怎样创造价值的问题，为后来生产与固化工人贫困的秘密——剩余价值、工资规律、劳动力商品等学说的全面阐发和创立奠定了坚实基础与必要条件。

第二节 生产与固化工人贫困的政治经济学发现

无产阶级贫困的产生、加剧与固化并不像资产阶级经济学们标榜的那样永恒存在与无法避免，也不像以黑格尔为代表的德国古典哲学家们所采取的通过抽象思维与国家形式而获得解决，相反，它有其现实的经济基础和存在的历史性。通过对政治经济学的长期研究，马克思发现了资本主义经济生产和固化悖论性贫困的秘密，并在《资本论》及其手稿等著作中全面阐发。这些发现包括剩余价值论、劳动价值论、劳动力商品学说、工资理论等，它们不仅是马克思全面批判政治经济学的阶段成果，还是指引工人共同认识贫困和摆脱贫困的科学向导。

一、工人靠什么谋生——劳动力商品学说

剩余价值的阐发除了要以劳动二重性为前提之外，还离不开另一个理论前提——劳动力商品学说。马克思劳动力商品学说的最大特点就是弥补了古典学派从未区分"劳动"与"劳动力"的

空白，也为后来揭示工资的本质奠定了基础。

劳动力商品学说的建立离不开对前人在该领域错误观点的辩驳和纠正，马克思对以斯密和李嘉图为代表的古典学派的批判集中于以下几点：第一，对劳动与劳动力的混淆，古典学派在不区分活劳动具体性质的前提下就进入生产过程进行研究，从而产生自己无法解决的二律背反——"'劳动致富'的理论与'工人贫穷'的现实之间的矛盾"。[①] 第二，古典学派没有解释物化劳动与活劳动的差别对于资本同活劳动交换的意义，也无法发现一定量的活劳动与这一劳动客体化在其中的商品其实并不相等的事实。[②] 第三，古典学派无法阐明劳动力的价值是如何决定的，斯密在这当中还陷入了循环论证。第四，古典学派始终是站在资产阶级立场上，漠视资本对工人的残酷剥削，将劳动力价值仅限于其维持生存的范围内。与此相对，马克思站在无产阶级的立场上，详细论述劳动力商品价值构成的三大组成部分，明确劳动力商品的再生产过程就是自身贫困的生产过程。他指出，劳动力作为一种特殊的商品，在其再生产的过程中成为一种抽象劳动的存在，在为社会创造巨大财富的同时，也在创造与自己相对立的资本，使资本得以控制与奴役人自身，把人变成它的附属物。要言之，马克思发现了资本主义雇佣劳动制下，作为价值源泉的劳动力所实际生产的价值远远大于它本身的价值，这就为剩余价值的来源提供了必要前提。

虽然劳动力商品学说形成于对劳动价值论的研究过程当中，

---

① 付文军：《面向〈资本论〉：马克思政治经济学批判的逻辑线索释义》，人民出版社 2018 年版，第 3 页。

② 参见马克思、恩格斯：《马克思恩格斯全集》第 30 卷，人民出版社 1995 年版，第 560 页。

但它最具科学性与体系化的论述是在《资本论》中最终完成的。首先，马克思第一次在《1857—1858手稿》中提出"劳动力"这一科学概念，并明确劳动力作为商品时价值与使用价值的区别。马克思认为，劳动力的使用价值是指劳动能力所"能完成的劳动量"①；劳动力的价值是指劳动能力"用来生产自己和再生产自己的劳动量"，具体由维持工人及其家庭成员生存、繁衍后代和教育培训的总开销来决定。②其次，劳动力要成为商品必须满足三个条件：其一，商品经济或劳动力市场的存在；其二，工人与生产资料相分离；其三，劳动力的所有权与支配权相分离。在资本主义私有制下，由于工人失去生产资料，"没有别的商品可以出卖，自由得一无所有"③，只能将自身唯一具有价值的劳动力作为商品出卖给资本家，而资本家将自己"资本中用作工资的部分和活劳动能力"④进行交换，这种"工资当然表现活劳动能力的价值，但决不表现活劳动［创造］的价值，相反，后者表现为工资加上利润"。⑤这个利润，就是马克思后来所发现的剩余价值的具体形态之一，因为资本主义生产方式必定导致劳动力的使用价值远大于劳动力本身的价值。资本家所"换来的活劳动时间，不是劳动能力的交换价值，而是劳动能力的使用价值"。⑥最后，关于资本家对劳动能力的使用问题，马克思在1865年《工资、价格和利润》中也有相关探讨：虽然劳动力的价值是由维持其存续所必需的商品的价值

---

① 马克思、恩格斯：《马克思恩格斯全集》第30卷，人民出版社1995年版，第578页。
② 参见马克思、恩格斯：《马克思恩格斯全集》第30卷，人民出版社1995年版，第578页。
③ 马克思、恩格斯：《马克思恩格斯文集》第5卷，人民出版社2009年版，第197页。
④ 马克思、恩格斯：《马克思恩格斯全集》第30卷，人民出版社1995年版，第400页。
⑤ 马克思、恩格斯：《马克思恩格斯全集》第30卷，人民出版社1995年版，第571页。
⑥ 马克思、恩格斯：《马克思恩格斯全集》第31卷，人民出版社1998年版，第68页。

总量决定的，但是劳动力的使用却只受到劳动者体力或工作能力的限制，与自身的价值无关，因此，当资本家以劳动力价值的成本买下了工人劳动力的使用权，也即劳动支配权后，就可以任意"消费或使用他所买的商品"①，从而在利润的驱使下无限延长对劳动力的使用时间，并在劳动结束后支付工人一定数量的工资，这种工资看似等价于工人劳动本身的价值或价格，使得全部劳动看起来都是有偿劳动，但实际上却隐藏着工人生产的剩余价值。不言而喻，在雇佣劳动制下，有偿劳动和无偿劳动"不可分割地混在一起"②，造成了劳动价格等于劳动力价格的假象，掩盖了更为隐蔽的剥削实质，这就是马克思的劳动力商品学说。

马克思还在《1861—1863手稿》中首次论述劳动力价值中的历史与道德因素。关于后者，马克思在《资本论》中有过正式阐发："和其他商品不同，劳动力的价值规定包含着一个历史的和道德的要素。"③一方面，劳动力的商品化与劳动力的价值规定是一个历史范畴。正如马克思所说："我们前面所考察的经济范畴，也都带有自己的历史痕迹。"④这种"历史痕迹"体现在马克思不仅聚焦于当下资本主义社会，还考察劳动力商品由产生到发展、并走向最终消亡的前资本主义时期与未来共产主义时期。在他看来，这种商品化的形式绝不是在私有制确立后一朝一夕形成的，归根结底取决于生产力的进步，并将经历由不完全商品化，到完全商品化，再到去商品化的历史演变进程。另一方面，道德因素反映了

---

① 马克思、恩格斯：《马克思恩格斯文集》第3卷，人民出版社2009年版，第57页。
② 马克思、恩格斯：《马克思恩格斯文集》第3卷，人民出版社2009年版，第60页。
③ 马克思、恩格斯：《马克思恩格斯文集》第5卷，人民出版社2009年版，第199页。
④ 马克思、恩格斯：《马克思恩格斯文集》第5卷，人民出版社2009年版，第197页。

劳动力价值和价格的变化过程。不同于经济学家在道德层面对工人劳而不富现象的谴责,马克思认为道德是一种意识形态,因而坚持以经济基础和阶级斗争为前提来考察劳动力商品化中的资本家道德沦丧的程度。此外,社会道德的进步对劳动力商品的价值规定也起到了重要作用。工人的劳动力价值从仅限于保证"工人不致死绝"的最低状态,到逐步向完善福利制度、增强权益保障、实施股权分散化等层面迈进。然而,纵使工资待遇再提高,我们都应清楚资本主义剥削的本质始终未变这一根本事实。只有把握劳动力商品学说中的历史和道德因素,以全面和辩证的视角看待工人贫困的历史性和反贫困斗争的长期性,才能更好地开展当下及未来的反贫困实践。

二、工人到底被剥夺什么——剩余价值的发现

剩余价值论作为马克思的第二个伟大发现,构成了《资本论》的理论主线。关于剩余价值是什么和如何产生的问题,马克思在《1857—1858手稿》"货币章"中劳动二重性的基础上,于《1861—1863手稿》中的"广义剩余价值理论"完全确立后全面阐发,并在《第一分册》及《资本论》第一卷等著作中都有详细论述。

(一)狭义剩余价值论与资本的划分

在政治经济学的研究过程中,如果像国民经济学家一样仅从"一般劳动"出发来考察生产过程,就会忽视资本主义生产中对剩余价值的无偿占有而作出"劳动是创造财富的源泉"如此这类宽

泛且有失偏颇的论断。马克思在发现劳动二重性和劳动力商品学
说的基础上，通过对价值增殖过程的具体考察，从而揭示剩余价
值的被剥夺就是工人贫困产生的基因密码。

资本主义的生产"实质上就是剩余价值的生产"。[①]《1857—
1858 手稿》中建立的是狭义的剩余价值论，也就是论述纯粹形式
的剩余价值产生的过程。马克思从劳动二重性出发，首次说明资
本主义生产是劳动和价值增殖过程的统一。[②] 这就是说，有用的具
体劳动在创造新价值的同时，还将生产资料中被消耗掉的价值转
移到商品中且构成商品价值的一部分，"生产资料只有在劳动过程
中丧失掉存在于旧的使用价值形态中的价值，才把价值转移到新
形态的产品上"。[③] 这种新价值创造和旧价值保存是工人在同一劳
动过程中同时产生的两种不同结果。这种结果的二重性正是由劳
动的二重性来决定的——在量上单纯增加的抽象劳动产生新价值，
在质上进行转移的具体劳动凝结成新的使用价值。因此，只要劳
动者一直通过有目的的劳动把生产资料的价值转移到产品上并保
存下来，也就在不断地追加并形成新的价值。在这个过程中，只
要劳动者在生产出自身劳动力价值的等价物之后并未停止，而是
继续生产，那么就会导致一个超额价值的形成，这就是马克思所
定义的剩余价值——"产品价值超过消耗掉的产品形成要素即生产
资料和劳动力的价值而形成的余额。"[④] 剩余价值是工人所生产的、
不为自己形成任何价值的、超出必要劳动时间的凝结，并以从无

---

① 马克思、恩格斯：《马克思恩格斯文集》第 5 卷，人民出版社 2009 年版，第 307 页。
② 马克思在《资本论》第一卷中同样也以此为起点来叙述剩余价值的生产。
③ 马克思、恩格斯：《马克思恩格斯文集》第 5 卷，人民出版社 2009 年版，第 239 页。
④ 马克思、恩格斯：《马克思恩格斯文集》第 5 卷，人民出版社 2009 年版，第 242 页。

生有的魅力"引诱着资本家"。①

在阐明剩余价值如何产生后,马克思接着探讨不变资本和可变资本。在这里我们来看看马克思与国民经济学家看待此问题的区别。后者忽视现实生产关系,笼统地将雇佣劳动视为劳动、土地视为自然资源、资本视为生产资料,从而掩盖了资本主义的历史性。此外,他们固守于从使用价值形成的角度来分析工资、利润与地租的获得,从而将劳动力看成不变的、生产资料是可变的。因为他们认为,从使用价值的形成而言,生产资料由于受到人改造而形成新使用价值,但劳动力因得到了工资补偿而继续保持原本的劳动能力,所以是不变的。基于此,经济学家无论如何也看不到劳动力在质和量上的具体变化,唯独关心资本增殖了多少。马克思则基于唯物史观的立场,从价值增殖的角度考察,将生产要素中的生产资料与劳动力进行细化研究后划分为不变资本与可变资本。在马克思看来,凝结了人类劳动的生产资料在经劳动过程后只是发生了价值的转移,其原本的价值并没有任何变化,因此属于不变资本。而价值之所以转移是由于劳动力的使用,并且劳动力的一直使用还会产生剩余价值,致使资本的价值增殖,因此劳动力才是可变资本。工人的可变资本除获取生活资料外全属于资本家,实际上增强了与自身相对立的资本力量。② 不变资本作为物化的社会权力,随着自身比重的增大逐渐加强对劳动的支配

---

① 马克思、恩格斯:《马克思恩格斯文集》第 5 卷,人民出版社 2009 年版,第 251 页。

② 奈格里指出:"当剩余价值开始被生产出来的时候,就意味着工人的存在完全被吸收进资本来。使用价值被还原为必要劳动的限制、保护和工人阶级的再生产。工人劳动的使用价值的剩余物完全被包含在资本以及资本生产出来的剩余价值中。劳动的功能对于这一过程来说是唯一的,包含在这一过程之中的资本也是唯一的。"由此可知,工人的剩余价值成为资本的一个组成部分,工人自身被异化了。引自奈格里:《〈大纲〉:超越马克思的马克思》,张梧等译,北京师范大学出版社 2011 年版,第 101 页。

力，使得人与人之间沦为贫乏的交换关系。基于剩余价值二重性基础上的可变与不变资本的划分使马克思得出了与经济学家截然不同的结论，这对于揭示资本主义的存在方式、本质、发展限度和人的状态具有深远意义。恩格斯对此高度赞誉：马克思在经济学史上首次对资本所作的两种区分不但"详尽地阐述了剩余价值形成的实际过程"，而且"提供了一把解决经济学上最复杂的问题的钥匙"。[①]

（二）两种剩余价值生产方式及其对工人的伤害

马克思还分析了剩余价值的两种生产方式，即生产绝对剩余价值和相对剩余价值。工人为生产自身所必需的生活资料而耗费的劳动称为"必要劳动"（也叫作进行再生产所耗费的劳动），这段工作时长叫作"必要劳动时间"[②]，而超出这部分时间之外的工作时间就叫作剩余劳动时间。进行必要劳动和剩余劳动的时间之和就是工作日。[③]通过绝对延长剩余劳动时间，即"把工作日一直延长到自然所允许的界限"[④]所进行的生产就是绝对剩余价值的生产。它作为资本主义的最初生产形式，是野蛮而血腥的，既导致工人因缺乏必需的休息而大量早衰和死亡的惨状，也见证了工人阶级为争取合理工作日长度而不懈斗争的胜利。从资本主义发展史来看，绝对剩余价值的压榨并不占据生产方式的主流，因为它

---

① 马克思、恩格斯：《马克思恩格斯文集》第 6 卷，人民出版社 2009 年版，第 22 页。
② 参见马克思、恩格斯：《马克思恩格斯文集》第 5 卷，人民出版社 2009 年版，第 250 页。
③ 参见马克思、恩格斯：《马克思恩格斯文集》第 5 卷，人民出版社 2009 年版，第 266 页。
④ 马克思、恩格斯：《马克思恩格斯文集》第 8 卷，人民出版社 2009 年版，第 84 页。

既不能凸显资本主义生产的"优越性"，又不能代表资本主义文明的"先进性"，而相对剩余价值的生产恰恰能够弥补前者的缺陷，客观上使得直接的阶级冲突逐渐减少，资产阶级的统治继而稳固。根据公式"剩余价值率＝剩余价值／劳动力价值"可知，要提高剩余价值率，既可以在劳动力价值不变的前提下，以延长劳动时间来增加剩余价值外，还可以在不依赖劳动时间延长的前提下通过降低劳动力价值来实现。后一种方法就是相对剩余价值的生产，"就工作日来说，表现为必要劳动时间的缩短"。[①] 工人生产力的必要劳动时间缩短有赖于生产效率的提高，只要生活资料必需品的价值随生产效率的提高而降低，资本家必须支付的工资也会随之降低，他最终获得的剩余价值就相应地提高了。"资本的趋势是把绝对剩余价值和相对剩余价值结合起来；就是说，要使工作日得到最大程度的延长，并使同时并存的工作日达到最大数量，同时一方面又要使必要劳动时间减到最小限度，另一方面也要使必要工人人数减少到最小限度。"[②]

正是出于无限贪欲，各资本家争相提高个别劳动生产率，马克思在《资本论》第一卷中总结了资本为增加绝对和相对剩余价值的两种方式——加强分工协作和扩大科技运用。这两种方式是一把双刃剑，一方面，在雇佣工人数量一定的情况下，协同劳动不但可以"引起竞争心和特有的精力"[③]、提高整体工作效率，还能使大家相对聚集，减少厂房等生产资料的投入成本，从而达到让一定数量的劳动力生产出更多超额使用价值的目的。另一方面，

---

① 马克思、恩格斯:《马克思恩格斯全集》第 31 卷，人民出版社 1998 年版，第 172 页。
② 马克思、恩格斯:《马克思恩格斯全集》第 31 卷，人民出版社 1998 年版，第 173 页。
③ 马克思、恩格斯:《马克思恩格斯文集》第 5 卷，人民出版社 2009 年版，第 379 页。

资本主义生产方式下的分工协作使人畸形发展、完全物化。现代分工不是人自愿的主观创造性活动，而是为了达成异己的增殖目标而被迫进行的简单重复工作。同样，资本家也变得片面和异化，体现在他作为资本的人格化而忠实地履行剩余价值的增殖使命，并将自己所有的情感、潜力、财产和社会关系等都倾注其中，彻底沦为金钱的奴隶。以机器为典型的科学技术亦具有双重属性。马克思认为科技和机器的使用让生产率提高的同时也极大促进生产力的发展，但它建立在对剩余价值无限贪欲的基础之上，因此"成了把工作日延长到超过一切自然界限的最有力的手段"。[①]"机器的资本主义运用"的另一个危害就是制造了庞大的过剩人口，从而无法逃脱"资本强加给他们的规律"。[②] 在马克思看来，使现代人异化的不是这种科技本身，而是科技背后起支配作用的资本主义生产方式，剩余价值以及对剩余价值的贪欲是随着资本统治地位的确立而诞生的。在一个以产品的使用价值为导向的社会形态中，人们不会刻意追求生产过程中的剩余价值，产品于他们而言是用来满足自身需求而非增殖的。若是在以产品的交换价值为目标的社会中，对货币财富的追求才会催生"骇人听闻的过度劳动"。[③] 因此，资本和剩余价值本身就是历史性的范畴，理应在历史中被扬弃。

（三）广义的剩余价值论与剩余价值的分割

马克思在《1857—1858 手稿》中以科学的劳动价值论为前

---

① 马克思、恩格斯：《马克思恩格斯文集》第 5 卷，人民出版社 2009 年版，第 463 页。
② 马克思、恩格斯：《马克思恩格斯文集》第 5 卷，人民出版社 2009 年版，第 469 页。
③ 马克思、恩格斯：《马克思恩格斯文集》第 5 卷，人民出版社 2009 年版，第 272 页。

提基本建立了狭义的剩余价值论，解决了古典学派的两大矛盾之
一——价值规律同劳动与资本相交换的矛盾。而在《1861—1863
手稿》中，马克思继续对古典学派进行全面驳斥，建立了广义的
剩余价值论，也即论述了剩余价值与其具体表现形式（平均利
润、地租和利息）之间的关系，解决了古典学派另一个悬而未决
的矛盾——价值规律同等量资本得到等量利润的矛盾。首先，马
克思批判了古典学派的剩余价值论，指出斯密和李嘉图虽了解剩
余价值的真正起源、触及了剥削本质，但却混淆了剩余价值和利
润，不理解这两者其实是抽象一般和具体形式的关系，因此马克
思首要做的就是把剩余价值的表现形式进行抽象，并指出"各种
不同形式的收入（撇开工资不谈），如利润、利息、地租等（还有
赋税）只是剩余价值在各阶级中进行分配而分解成的不同组成部
分"。① 此外，马克思认为，斯密的错误还在于从事物在竞争中的
表现形式去考察内部联系，这是一种颠倒，而李嘉图则是为了把
握规律本身，对竞争进行了过度抽象，所以上述两人都未能揭示
纯粹形式的剩余价值，而马克思则坚持遵循从抽象上升到具体的
原则，严格地对竞争的表现形式进行抽象，从而在纯粹剩余价值
形式的基础上清晰阐明市场价值、平均利润和生产价格同剩余价
值之间的联系和区别，建立广义剩余价值论，进一步揭示了劳资
对立的无法调和性，为无产阶级摆脱贫困和实现人类解放提供了
科学依据。

通过广义剩余价值论，马克思在《工资、价格和利润》中还揭
示剩余价值是维持资本统治的源泉。无论是拥有土地垄断权的地主，

---

① 马克思、恩格斯:《马克思恩格斯全集》第 32 卷，人民出版社 1998 年版，第 180 页。

还是靠利息过活的放贷债权人，抑或是直接管理生产经营的资本家，他们所获得的收入根本上都来自"资本家压榨工人所得来的剩余价值"。① 正是因为商品中剩余价值的存在，在买卖交易成功后，资本家顺利获得剩余价值，并将其用来支付地租和利息（除非厂房土地和生产资料都是资本家自己所有），剩下的就留给自己作为产业利润。由此可知，包括利润、地租和利息在内的整个资本主义生产制度，都是由工人的无偿劳动转换成剩余价值，并经各类资产阶级手中瓜分而成的。马克思之所以作这样的渊源性澄清，就是为了驳斥当时将上述三种独立价值和剩余价值因果关系颠倒的荒谬观点。

总之，剩余价值论一方面将资本主义私有制"损人利己"的本质揭露得淋漓尽致，就像马克思所说的：在这样的社会中，"一个阶级享有自由时间，是由于群众的全部生活时间都转化为劳动时间了"②；另一方面也深刻论证了无产阶级与资产阶级间尖锐矛盾的不可调和性，为无产阶级消灭贫困、阶级与剥削直至完成全人类解放的历史使命提供了科学依据。剩余价值论拥有庞大的内容体系，体现了马克思对资本主义经济运行规律的透彻把握，从这之后，以此为根基的政治经济学研究巨著《资本论》"就像电闪雷鸣，完全驳倒了全部官方的资产阶级经济学"。③

三、剩余价值的剥削何以合法——工资的掩盖

马克思的工资理论建立在科学的劳动价值论和劳动力商品学

说的基础之上。通过彻底超越古典学派关于资本主义工资问题上的错误观点，得以正确解释工资内在的劳动力价值组成、工资的结算类型和国民工资差异，帮助无产阶级认清工资这个"平等"谎言下所掩盖的剥削本质与劳动力价格越来越低的趋势。

（一）马克思对古典学派工资理论的批判性超越

马克思的工资理论在根本上不同于古典学派的原因在于对劳动与劳动力区分的基础上，以完全不同的立场和方法研究工资背后的资本主义关系，并明确了工资的阶级性和历史性。

首先，马克思科学区分劳动与劳动力，否定了经济学家将工资视为"劳动的价格"的笼统观点。马克思对工资本质认识的突破性进展在于《1857—1858 手稿》中"劳动能力"概念的提出与同时期基本确立的劳动力商品学说，他认为，在劳动价值论的基础上，劳动是价值的内在尺度和实体，它作为一种职能，本身并无价值，但劳动力却有价值，它是一种特殊的商品，这种特殊性表现为其消耗过程就是价值增殖的过程。工资实质上是劳动力的价值，但工资所展现的形式却好似工人的全部劳动都是有酬的，这就是工资虚假的外表。然而，经济学家却把劳动视为商品，在讨论工资问题时，"从劳动的市场价格推移到它的假想的价值，而且又把这个劳动价值本身化为劳动力的价值"[1]，不懂得将劳动力价值从"劳动的价格"中剥离出来，认为劳动的价值（也和所有商品一样）是由其中的劳动量决定的，造成了论证上的同义反复，形成了资本与劳动的交换不符合价值规律的矛盾，古典学派体系

---

[1] 马克思、恩格斯：《马克思恩格斯文集》第 5 卷，人民出版社 2009 年版，第 617 页。

因此而遭到破产。马克思的区分有力地论证了工资是劳动力价值的本质，并揭示了工资对资产阶级剥削剩余价值的掩盖作用。

其次，马克思于《1861—1863 手稿》中提出工资是"资本家为劳动能力而支付的价格"的标准，驳斥了古典学派以市场竞争来决定工资标准的做法。经济学家们认为劳动分为自然价格和市场价格，却混淆了二者关系，认为劳动的市场价格受供求的影响而上下波动，而波动的中心就是劳动的自然价格，即工资的平均数。马克思认为该观点是一种本末倒置，工资应先有劳动力价值这个核心后，才会受供求关系的影响而发生变化，劳动力价值是工资的真正决定因素，而劳动力的价值是由再生产工人本身的费用决定的，由此批驳了前人"劳动市场价格"决定"劳动自然价格"的倒因为果的观点。

最后，随着对工资标准即"劳动力价值构成"问题研究的深入，马克思批判了古典学派认为工人仅能获得维持生存的最低工资的观点。在以配第为代表的经济学家看来，工人的工资存在一个界限，他们拿到的法定最高工资理应仅够维持生存，且不能超出这个界限，这是符合社会生产要求的。由于经济学家认识不到劳动力价值的构成因素及其弹性范围，也无法科学地看待工资的决定因素。虽然马克思在早期的著作中也只谈到了决定劳动力价值的生理因素，但在中后期，尤其是《工资、价格和利润》及《资本论》中都拓展了决定工资的社会因素。在马克思看来，决定劳动力价值的因素不仅仅是工人维持生活的必需品成本，还有教育支出和后代抚养的费用，仅达到身体的生理界限并不能发挥劳动力的全部价值，还会导致其不断衰退，因此要考虑工人应有的舒适性和发展性，满足人们生息教养的社会需要。对于劳动力价值构成范围的界定差异体现了马克思和古典学派在工资问题上的不同阶级立场。

综上，马克思通过在劳动价值论前提下对工资的明确定义，总结了工资与人价值的内在关联，不仅进一步克服了古典学派的内在缺陷，还为工人打造了属于本阶级争取合法权益的斗争理论武器。

（二）工资的两种具体形态

马克思在对工资的考察中还分析了工资的两种具体形态，进一步揭露了工资掩盖资本主义剥削本质的虚假表象。在《资本论》中，马克思将工资分为计时工资和计件工资两种类型。计时工资是资本家惯常采用的重要形式，是指将劳动力"按一定时期来出卖"[①]，具体表现为日工资、周工资等。通过公式"平均劳动价格＝劳动力的日价值／工作日的小时数"可知，这种工资结算方式能够有效掩饰劳动力价格的下降。具体表现为使劳动力日价值的提高幅度小于工作日小时数的提高幅度，如此一来，虽然从表面上看工资是提高了，但劳动强度提高得更多，所以实际上工人的劳动价格是降低了，哪怕"名义上的日工资或周工资提高"[②]，也不会等于工人劳动收益的提高。第二种类型的工资是以计件方式来结算的，马克思认为它"无非是计时工资的转化形式"且"丝毫没有改变工资的本质"。[③]计件工资的特点是工人必须要保证生产出来的产品达到平均水平，否则要承担产品破损或不合格的成本，该

---

① 马克思、恩格斯：《马克思恩格斯文集》第 5 卷，人民出版社 2009 年版，第 623 页。
② 马克思、恩格斯：《马克思恩格斯文集》第 5 卷，人民出版社 2009 年版，第 625 页。
③ 马克思、恩格斯：《马克思恩格斯文集》第 5 卷，人民出版社 2009 年版，第 633—634 页。

方式因此成为资本家"克扣工资和进行资本主义欺诈"的最佳手段。[1] 在平均劳动价格一致的情况下，计时工资总额"由劳动的直接的持续时间来计量"，而计件工资总额"由在一定时间内劳动所凝结成的产品的数量来计量"[2]，虽然两种计量方式看起来不同，但归根结底都以劳动的具体时间为依据。此外，不管采用哪种方式，工人们为了生存都不得不拼命延长劳动时间或是提高劳动强度来换取哪怕多一点的工资，这样不仅会有害健康，还会造成劳动力市场竞争激烈，继而引发劳动力价格的再次下降，陷入"越劳越穷"和"越劳越累"的恶性循环。因此，马克思指出，正是有了工资制度的巧妙掩盖，"工人的无酬劳动"才得以成为资产阶级"进行竞争的基础"[3]，这种血汗制度（sweating-system）下的劳动正常价格其实是有酬劳动和无酬劳动的混合，哪怕是在资本家看来已经以日工资支付了的"正常的工作日之内"，也都包含着"利润的正常源泉"，即剩余劳动。[4]

（三）工资变动的因素及收入分配关系的考察

马克思分析了影响国民工资差异的内在原因，指出工资的一切差异在本质上反映了劳动力价值构成的差异，为人们辩证看待收入差异问题提供了全新的视角。除了劳动力价值的决定因素外，不同国家和地区之间的劳动生产率、劳动力的供求关系、劳动强度等的区别也在很大程度上影响劳动者的工资收入。劳动力的价

---

[1] 马克思、恩格斯：《马克思恩格斯文集》第 5 卷，人民出版社 2009 年版，第 636 页。
[2] 马克思、恩格斯：《马克思恩格斯文集》第 5 卷，人民出版社 2009 年版，第 635 页。
[3] 马克思、恩格斯：《马克思恩格斯文集》第 5 卷，人民出版社 2009 年版，第 290 页。
[4] 马克思、恩格斯：《马克思恩格斯文集》第 5 卷，人民出版社 2009 年版，第 632 页。

值构成在各国的差异决定了人们收入的不同，但在进行工资比较时还应区分名义工资与实际工资。一般来说，资本主义生产发达的国家由于拥有较高的生产率和较大的劳动强度，会较欠发达国家而言产出更多的价值，"从而表现为更多的货币"①，即更高的名义工资。但是，这些国家的生活资料、教育及税收等相关生活成本也比国际平均水平高得多，因此就实际所得而言，这些发达国家居民可支配的收入也许还不如名义工资相对较低的国家的居民。总之，影响劳动力价值的自然和历史因素，以及劳动者在价值生产中的收支实际占比都是研究工资时应考量的方面，但不管工资如何变化，都无法改变资本主义私有制下劳资对立、剩余价值被剥削的实质。

　　同时，马克思通过对收入和分配关系的考察，指出工资背后的资本主义生产与分配方式是无产阶级致贫的内在动力机制。私有制下劳动者与生产资料的分离使得无产阶级的绝对贫困从一开始就是注定的，而实际生产中，由于剩余价值剥削和资本积累规律的双重作用，无产阶级所获得的工资仅仅是满足再生产自身的限度，甚至还经常被压低到身体极限以下，因此无产阶级也没有摆脱贫困的任何机会，反而还陷入了相对贫困的境地。按资本的本性而言是要求工人持续提供一定量的无酬劳动，工资的提高也不过说明工人提供的无酬劳动量减少，但这种减少不会对制度本身造成任何威胁，工资收入的高低只是外部的表象，工资理论背后的资本主义私有制才是悖论性贫困的根本。对于工资的工具性作用，马克思在研究资本的积累时也有相应的论述：为了使更多

---

① 马克思、恩格斯：《马克思恩格斯文集》第 5 卷，人民出版社 2009 年版，第 645 页。

的剩余价值转化为资本，资本家"把工资强行降低到绝对的最低限度"[1]，企图"工人能靠空气过活"，由此把"工人的必要消费基金转化为资本的积累基金"。[2] 这种工具性还在经济危机来临时尤为显著，工人在失业人口激增以及温饱无法满足的压力下，不得不接受资本家大幅减薪以及过度劳动等无理要求。不言而喻，资本主义的生产和分配方式对工人的压迫是双重的：一方面，劳资分离的前提条件不仅在一开始就被确立，工人的劳动力价值还会随着生产力的发展而必然贬值；另一方面，资产阶级还不断加大剥削程度，在资本积累过程中不断将工资降到劳动力价值以下。从这个方面而言，马克思批判了韦斯顿关于"工资的提高会使商品价格上涨"的观点，指出工资和利润率其实是一对反比关系，工资的持续提高对工人生活改善虽有利，但会使利润率普遍下降，导致资本家力图把工资压到劳动力价值以下，形成资本与工资对立的固有矛盾。在如此的重压下，必然激起工人争取劳动报酬的斗争。然而，劳资斗争始终不是影响工资的决定因素，对工资起支配作用的终归还是资本对劳动的需求程度。要想完全摆脱工资的约束，唯有消灭资本支配下的劳动力商品化，当人人都是自己劳动产品的支配者和享用者时，工资才不复存在。

四、贫富分化为何加剧——资本积累和原始积累

资本积累学说是在经过《1861—1863 手稿》的发展，于《资本论》第一卷中完成的。马克思指出，一切积累的方法就是剩余

---

[1] 马克思、恩格斯：《马克思恩格斯文集》第 5 卷，人民出版社 2009 年版，第 694 页。
[2] 马克思、恩格斯：《马克思恩格斯文集》第 5 卷，人民出版社 2009 年版，第 692 页。

价值生产的方法，资产阶级利用最肮脏残酷的卑鄙手段，把工人变为机器附属品，使他们及其妻儿都畸形发展，让饥饿困苦永久化，并成为自身财富积累的前提条件。充满私利的资本积累是工人地位低下、生活极端贫困、贫富差距加剧的幕后推手。

（一）资本积累的过程及规律

马克思在《1857—1858 手稿》中阐明资本概念的形成和资本积累时，有意区分了资本的原始积累和资本积累，这种区分在后来《资本论》第一卷中得到了充实和完善。

资本积累需要有一定的前提条件，并有自身运动的规律和结果，这种规律揭示了工人对资本的从属地位和悲惨命运。首先，马克思提出了资本积累的前提。第一，要以"劳动产品和劳动本身的分离"为前提，① 这也是资本主义生产过程的起点。这个起点又在一部分产品转为生产资料的生产中成为结果，这样，它就使剥削工人的条件永久固化。资本积累的第二个前提是"把一部分剩余产品转化为资本"②，即通过售出产品而得的总货币额中的绝大部分购买生产资料和劳动力，使之重新转化为新一轮的资本，以不断扩大的规模进行再生产。在论证了两大前提后，马克思指出，由于资本积累需要不断追加剩余价值的特性，使得商品生产所有权规律转变为资本主义占有规律。在以前，"所有权"表现为对自身劳动和劳动产品的支配权，而现在则表现为资本家对他人无酬劳动和产品的占有支配权，因此，这种情况必然会形成两大阶级间不平等的剥削与被剥削关系，以及以雇佣劳动为基础的商品生

---

① 马克思、恩格斯：《马克思恩格斯文集》第 5 卷，人民出版社 2009 年版，第 658 页。
② 马克思、恩格斯：《马克思恩格斯文集》第 5 卷，人民出版社 2009 年版，第 670 页。

产普遍化。其次，为了弄清"资本的增长对工人阶级的命运产生的影响"①，在不变资本和可变资本这一划分的基础上，马克思从资本的"有机构成"②角度总结了资本积累的一般规律——如果两个等量资本用在不变资本和可变资本之间的比例不相同，那么生产率较高的资本必然有较大部分用于不变资本，生产率较低的资本必然有较大部分用于可变资本。从该规律可以看出，当生产力不够发达且生产效率较低时，虽然可变资本的比例较大，对劳动需求和工人待遇的提高都有利，但这种提高不但不会对资产阶级的根本利益构成任何威胁，反而还会进一步固化了工人对资本的从属地位，结果只是增加"勤劳贫民"的数量而已；当生产率随着生产力发展而必然提高后，资本的可变部分相对减少，资本不断将其减少的可变部分用来增加不变部分，造成其有机构成提高，可吸纳的劳动力越来越少，产生的失业贫民也就越来越多。不言而喻，无论资本有机构成怎么变化，工人的命运始终是受资本摆布的，而且这种依附地位还会随着资本积累的扩大日益稳固，诚如马克思所言："资本主义制度内部，一切提高社会劳动生产力的方法都是靠牺牲工人个人来实现的，一切发展生产的手段都转变为统治和剥削生产者的手段……不管工人的报酬高低如何，工人

---

① 马克思、恩格斯：《马克思恩格斯文集》第 5 卷，人民出版社 2009 年版，第 707 页。

② 资本有机构成学说在《1857—1858 手稿》中初步提出，于《资本论》第一卷最终形成。从价值方面来看，资本的构成是由资本分为不变资本和可变资本的比率，或者说，分为生产资料的价值和劳动力的价值即工资总额的比率来决定的。这就是资本的"价值构成"。从在生产过程中发挥作用的物质方面来看，每一个资本都分为生产资料和活的劳动力；这种构成是由所使用的生产资料量和为使用这些生产资料而必需的劳动量之间的比率来决定的。这就是资本的"技术构成"。上述两个方面之间有密切的相互关系。由资本技术构成决定并且反映技术构成变化的资本价值构成，就是资本的"有机构成"。引自《马克思恩格斯文集》第 5 卷，人民出版社 2009 年版，第 707 页。

的状况必然随着资本的积累而恶化。"①

资本积累离不开对剩余价值的占有，而要生产剩余价值又离不开生产资料和劳动力等资本，但如果一直以这样的方式溯源，似乎就陷入了循环论证，无法回答第一个劳动力和第一笔资本如何产生的这个"亚当问题"。因此，要想探清资本积累的起源，就要研究"原始积累"的秘密。资本积累并不像资产阶级经济学家们美化的那样是由勤劳聪明的精英与好吃懒做的无赖两种人缔造的"田园诗式的东西"，而是一部充满"征服、奴役、劫掠和杀戮"的剥削史。② 它是资产阶级战胜封建势力的结果，前者以剥夺农民土地和教会地产、盗窃"国有土地"、强行圈地占地等残忍的暴力方式将封建地产转化为私有财产，使劳资分离并在日后的积累中以不断扩大的规模保持这种分离。与此同时，他们还通过血腥立法惩治大量封建家臣与过渡流民，利用圈地运动成为历史上第一批资产阶级——资本主义租地农场主，为工业资本的积累奠定了基础。随着生产力不断进步，农业人口不断涌入城市，城乡二元对立形成，工业资本在建立机器大工业后征服整个国内市场并向海外殖民地拓展，原始积累的结果是真正确立了工业资本的统治地位。作为资本的历史起源，原始积累意味着"以自己劳动为基础的私有制的解体"，也即劳动者的被剥夺。③ 如果没有原始积累，也就不会有资本主义生产方式的诞生。

（二）过剩人口是资本积累的必然产物

资本积累在最初表现为"简单的积累"，即对劳动力的需求随

① 马克思、恩格斯：《马克思恩格斯文集》第5卷，人民出版社2009年版，第743页。
② 马克思、恩格斯：《马克思恩格斯文集》第5卷，人民出版社2009年版，第821页。
③ 马克思、恩格斯：《马克思恩格斯文集》第5卷，人民出版社2009年版，第872页。

资本的扩大而扩大，但随着生产力的持续发展，资本有机构成不断发生质变，对劳动力的需求随资本中可变部分占比的不断缩小而缩小，因此形成了大量过剩的工人人口。

过剩人口的生产和资本积累之间是辩证统一的关系。马克思认为，资本的积累客观上加速了生产力的发展，这就意味着一定量的剩余价值所需的活劳动会不断减少，造成用工需求的降低、工人人口过剩，由此带来了无产阶级的贫困化。一方面，过剩人口是财富积累的必然产物；另一方面，人口过剩"反过来又成为资本主义积累的杠杆，甚至成为资本主义生产方式存在的一个条件"。[①] 由此可见，过剩人口的生产和资本积累之间是相辅相成、互为存在的关系，统一于资本主义生产过程中，客观上巩固了资产阶级的统治地位。与此同时，马克思强调，工人人口的过剩是一种"相对"过剩，而非"绝对"过剩，是因现代工业突然跳跃式地膨胀或收缩导致的。在现代工业生活中，由生产技术条件、机器、运输等因素作用下，会形成生产高度活跃、停滞紧缩或经济危机等不同时期，这些时期会使过剩人口总量及其吸纳量发生变化。这是资本主义发展到一定阶段后特有的人口规律，然而那些以马尔萨斯为代表的肤浅的政治经济学家们却倒因为果地将其看作绝对的、自然的人口规律和"现代工业的生活条件"。[②] 实际上，如果把劳动安排在合理的限度内，将工人按年龄和性别等条件匹配适当的岗位，以现有规模继续进行国民生产，那么依照"人口自然增长所提供的可供支配的劳动力数量是绝对不够的"。[③] 然而

① 马克思、恩格斯：《马克思恩格斯文集》第 5 卷，人民出版社 2009 年版，第 728 页。
② 马克思、恩格斯：《马克思恩格斯文集》第 5 卷，人民出版社 2009 年版，第 730 页。
③ 马克思、恩格斯：《马克思恩格斯文集》第 5 卷，人民出版社 2009 年版，第 731 页。

资产阶级永远也不希望出现这样的安排，因为要维持自身的存续和财富的积累，就必须让"工人阶级的一部分从事过度劳动"从而"使它的另一部分无事可做"。① 在确证了人口相对过剩是资本积累的必然结果的基础上，马克思还批判了国民经济学用劳动供求关系解释人口和工资变化的错误做法，后者以偏概全，将某一特殊生产领域的劳动力局部波动视为自然的劳动供需变化，马克思则揭露这只是资本专制下虚假的"规律"，而这个规律被完美地"限制在绝对符合资本的剥削欲和统治欲的界限之内"。②

最后，马克思通过划分过剩人口的几种存在形式，进一步揭示了贫苦大众悲惨的命运，痛斥了资本主义牺牲他人以造福自己的自私本性和残酷专制。第一种是流动过剩人口，由于资本家喜欢雇佣更廉价的"童工"，因而男工在"少年期一过"就要被解雇，成为流动人口的一分子。③ 资本家对劳动力的消费毫无节制，以致当时曼彻斯特和利物浦工人的平均寿命分别是 17 岁和 15 岁④，客观上加速了工人代际的更替和成年工人的流动比例。第二种相对过剩人口是潜在的，大部分是时常"准备着转入城市无产阶级或制造业无产阶级队伍"的农村人口，他们的工资被压到极限，往往"陷在需要救济的赤贫的泥潭里"。⑤ 第三种是停滞的相对过剩人口，他们主要从事家庭劳动⑥，劳动时间最长且工资最低，

① 马克思、恩格斯：《马克思恩格斯文集》第 5 卷，人民出版社 2009 年版，第 733 页。
② 马克思、恩格斯：《马克思恩格斯文集》第 5 卷，人民出版社 2009 年版，第 736 页。
③ 马克思、恩格斯：《马克思恩格斯文集》第 5 卷，人民出版社 2009 年版，第 738 页。
④ 参见马克思、恩格斯：《马克思恩格斯文集》第 5 卷，人民出版社 2009 年版，第 739 页。
⑤ 马克思、恩格斯：《马克思恩格斯文集》第 5 卷，人民出版社 2009 年版，第 740 页。
⑥ 这种所谓的现代家庭劳动对儿童的残忍剥削达到了骇人听闻的程度，贫困堕落的双亲对自己几岁大的子女的无情压榨也在这个"吸血的场所"体现得淋漓尽致。详见马克思、恩格斯：《马克思恩格斯文集》第 5 卷，人民出版社 2009 年版，第 536—540 页。

成为资本用之不尽的蓄水池。马克思指出，残酷的资本主义生产方式使资本的能力随规模越来越大，其产业后备军也相应扩大，他们所受的折磨与其增速成正比，官方因此认为需要被救济的贫民也越多，即"过剩人口同赤贫是一回事"。[①] 资本的积累同时也是贫困的积累，如此一来，资本主义生产造就了迄今为止最异化的共同体和最剧烈的阶级对抗。

由此可见，资本积累不仅加剧了两极分化，还产生大量相对过剩人口，致使贫困在工人群体中固化。它以牺牲工人的生命来延长自己的寿命，也必将会在不断剥夺他人的进程中走向完全被消灭的未来。

第三节　摆脱贫困的共产主义路径探索与完善

共产主义作为现实的人摆脱贫困、实现解放的根本途径和最终目标，是马克思一直不断研究和致力于推进的运动。共产主义思想的建立经历了早期唯物史观创立时的理论奠基，中期通过政治经济学批判论证共产主义必然性的理论发展，以及晚期基于社会发展多样化再思考的理论成熟，整个理论体系的架构逐渐变得清晰而完整。在马克思看来，只有正确把握无产阶级革命和资本主义社会的最新变化，才能对未来社会的发展方向做出科学的预判。

马克思对共产主义路径的探索和再完善，以及对工人政党内部各错误观点的驳斥和清算，标志着马克思反贫困思想的成熟，代表著作有《哥达纲领批判》(以下本章简称《批判》)、《给维·伊·查苏利奇的信》和《人类学笔记》等。

---

① 马克思、恩格斯：《马克思恩格斯全集》第 30 卷，人民出版社 1995 年版，第 607 页。

一、共产主义"分两步走"的设想

马克思主义关于共产主义发展阶段的思想在《哥达纲领批判》（以下本章简称《批判》）和《反杜林论》等著作中都有阐发，基于对人类社会历史发展规律的清晰把握，马克思、恩格斯及时批驳工人内部极其错误的观点，为当时的工人组织开展反贫运动扫清障碍和指明方向。1875 年马克思创作的《批判》则充分体现对人权的重视、对以拉萨尔派为代表的机会主义的批判，以及对共产主义发展阶段两种分配问题的思考。

（一）对错误分配原则的批判与澄清

马克思首先对分配问题进行厘清，强调生产对分配的决定作用，驳斥了拉萨尔机会主义兼具抽象性与妥协性的"分配决定论"。一方面，拉萨尔派所宣扬的"公平分配劳动所得"其实只是超越经济基础的抽象幻想而已。在马克思看来，分配作为一种社会历史的产物，本质上都是由一定的生产方式和经济关系所决定的，并非人的主观意愿来掌控"公平"，任何一种分配方案都是生产方式性质的反映。要评价分配的公平与否，就必须放在特定的社会制度下来讨论。在劳资分离的生产方式下，工人通过出卖劳动力而得到再生产自身劳动力价值的工资，资本家则通过掌握资本而无偿占有工人的剩余价值来获得利润，这已是"现今的生产方式基础上唯一'公平的'分配"[①]，此外也不可能有什么别的分配方式。由此可见，适用于所有社会阶段、超制度和永恒的分

[①] 马克思、恩格斯：《马克思恩格斯文集》第 3 卷，人民出版社 2009 年版，第 432 页。

配形式是不存在的，不触及生产资料所有制，不谈生产条件的分配，就只顾调整一些消费资料的分配政策，企图借此缓和阶级矛盾，实质上就是资产阶级的改良手段，根本谈不上社会主义。这种脱离制度因素和经济基础的分配观，不但会阻碍历史变革的推进，还会把无产阶级引入歧途、使之沦为资本的牺牲品。另一方面，拉萨尔派的分配观还暴露了其小资产阶级的软弱性和妥协性。他虽然充分关注到工人待遇极低，常常食不果腹的悲惨生活状况，却以"废除工资制度连同铁的工资规律"①为口号，提出"与统治阶级建立合作社，和平过渡到社会主义国家"的不切实际的幻想。对此，马克思逐一进行了否定，首先他批判拉萨尔缺乏对工资本质的基本认知，不理解工资的本质就是"劳动力的价值或价格的隐蔽形式"。②其次，马克思指出"铁的工资规律"实际上还是资产阶级法权思想，拉萨尔派不理解分配问题归根结底就是所有制问题，过分迷恋所谓的"合法手段"，看不到工资形式背后的雇佣劳动制度所掩盖的剥削秘密和工人阶级贫困根源。贫困并不是像拉萨尔在歪曲李嘉图工资理论并嫁接到马尔萨斯人口论宣称的那样由人口过快增长而造成的，而是私有制的产物。最后，拉萨尔派在"劳动所得"定义上的含混不清和对财富源泉的泛泛而谈也充分体现出妥协性。马克思反对资产阶级笼统将劳动视为财富之源而企图掩盖剥削剩余价值的事实，认为只有当劳动者同时占有生产资料与劳动成果时，劳动才能成为真正的财富源泉。与此同时，马克思还指出，在共产主义阶段，分配给社会成员的劳动

---

① 马克思、恩格斯：《马克思恩格斯文集》第 3 卷，人民出版社 2009 年版，第 440 页。
② 马克思、恩格斯：《马克思恩格斯文集》第 3 卷，人民出版社 2009 年版，第 441 页。

所得并非"不折不扣"而是"有折有扣"的,这体现在社会总产品须扣除了维持社会生产的必要部分之后才能进行分配,且"除了个人的消费资料,没有任何东西可以转为个人的财产"。① 总之,在分配原则上,拉萨尔这种忽视生产资料所有制问题、模糊界定劳动所得的做法是小资产阶级软弱的表现,其抽象的"公平"分配也不过是一种缓兵之计而已,充分暴露了他庸俗社会主义实质。

(二)共产主义社会发展阶段论

在澄清生产方式对分配形式的决定作用后,马克思不仅指出了资本主义生产方式下工人贫困的必然性,还就分配形式的变化趋势提出了共产主义社会发展阶段论,即共产主义"分两步走"的设想:

第一个阶段是在社会主义取代资本主义后迎来的过渡期,实行"按劳分配",即以劳动量作为唯一尺度来决定消费资料的分配。该分配方案虽然克服了阶级间不平等的问题,但这种"劳"仍遵循资本主义的等价交换原则,不仅忽视了个人在天赋禀性、家庭情况、具体境遇等方面的差异,还会使人陷入为了获得更多消费品而劳动的另一种"异化"当中。尽管如此,这在刚刚由资本主义过渡而来的社会中是难以避免的,唯有物质生产力足够发达、一切财富源泉充分涌流后,这种资产阶级法权的不平等才能消失,从而迎来以"按需分配"为主的共产主义高级阶段,这便是马克思提出的第二个阶段。到这时,已经彻底摆脱前一阶段所

---

① 马克思、恩格斯:《马克思恩格斯文集》第 3 卷,人民出版社 2009 年版,第 434 页。

保留的资本主义痕迹，雇佣劳动制被消灭，"社会化的人，联合起来的生产者，将合理地调节他们和自然之间的物质变换，把它置于他们的共同控制之下，而不让它作为一种盲目的力量来统治自己"。① 生产资料归大众所有，劳动不再是控制自身的异己存在而是自由自觉的活动，每个人"自己的劳动所购买的不是一定的特殊产品，而是共同生产中的一定份额"②，人人都脱离了被迫劳动的束缚，生产积极性得到充分调动，因而更有利于生产力的解放和发展。人们的需要超越了以往被金钱支配的物质层面，走向了更高层次，真正的需要取代了异化的需要，自身个性的自由发展代替了被物驱使的非自由状态。分工与所有制的革新必将带动分配方式的变化，从这个角度来说，"按需分配"是较"按劳分配"而言质的进步，不仅避免了以劳动量为单一标准来衡量人本质及其全面性的局限，而且彻底改变人的存在状态与交往形式。早在《共产党宣言》中，马克思阐发了关于过渡时期无产阶级专政所须采取的政治手段③，而在《批判》中则继续深入论述该时期应调整的经济关系，由此也可看出其共产主义发展阶段论的日趋完善和成熟。此外，恩格斯的《反杜林论》也对公有制下的生产、消费和分配关系作了详细解释：社会主义的所有制是生产资料归社会公有，在此基础上，自由人联合体生产出的一部分产品留作社会的生产资料；另一部分则作为消费资料供联合体成员进行分配，这是社会总产品的分配原则。这种分配绝不是粗陋的平均主义，

① 马克思、恩格斯：《马克思恩格斯文集》第 7 卷，人民出版社 2009 年版，第 928 页。
② 马克思、恩格斯：《马克思恩格斯文集》第 8 卷，人民出版社 2009 年版，第 66 页。
③ 具体是指"必须对所有权和资产阶级生产关系实行强制性的干涉"和"变革全部生产方式的手段必不可少的"的 10 条措施。参见马克思、恩格斯：《马克思恩格斯选集》第 1 卷，人民出版社 2012 年版，第 421 页。

也不是两极分化，而是每个人都作为物质生产资料的管理和使用者，平等地进行生产和取用。在恩格斯看来，公有制前提下的生产、分配和消费都是统一的，如果脱离了公有制谈分配和消费，就会堕入私有制的范畴。由共产主义发展阶段论可以看出，马克思虽然以消灭贫困的目标为起点，但始终着眼于人的真正需要与本质的回归，并确立了他毕生追求人类解放的这个更高目标，可见，反贫困思想以其高远的价值立意构成了马克思主义理论的重要组成部分。

概言之，在反贫困思想的成熟阶段，马克思彻底与资本主义政治经济学、德国古典哲学和庸俗社会主义划清界限，既为当时德国工人认清形势、坚定无产阶级革命而扫清障碍，又体现了他共产主义思想的日趋完善。

二、社会主义过渡问题的探索与革新

关于无产阶级革命，马克思一直以来都认为是在发达资本主义国家，也就是阶级矛盾最尖锐的地方先爆发，然而十月革命在俄国的胜利却有别于他的一贯设想。实践证明，社会主义是可以在非发达资本主义国家实现的，而且晚年马克思在充分完善自己的世界历史观后，视野大为扩展，开始尝试从欧洲无产阶级运动的经验和东方社会的具体境况中寻求落后国家人民摆脱贫困、实现解放的新道路。

（一）"跨越卡夫丁峡谷"思想的由来

19 世纪中后期，西方工人运动随着几次重大失败而渐入低潮，加之19世纪70年代第二次工业革命催生了新兴工业，资本主义经济不仅未见衰退，反而更加繁荣，就连1873—1879年规模空前的世界性危机爆发也不足以引发无产阶级革命，欧美资本主义在国家经济干预、工业重心转移等手段下迎来和平发展时期，两大阶级似乎能够长期和谐共生。与此相反，以俄国为代表的东方民族解放运动形式高涨，革命势头的东升西落和"两个必然"的看似破灭使马克思在看到东方革命曙光的欣喜之余，又不得不重新思考共产主义革命问题。在他看来，异军突起的俄国革命形势有可能使该国在特殊条件下改变社会发展方向。于是，立足于唯物史观原则和当时的世界历史环境，马克思提出了关于缩短社会发展进程的"跨越卡夫丁峡谷"思想——后发国家可以在一定历史条件下不经资本主义发展阶段而直接实现社会主义。

除了时代因素，马克思在晚年时期对人类社会发展研究的视角逐渐东移有其自身的渊源。首先，他是为了续写《资本论》而力图理清土地所有制的历史演化。研究土地所有权的历史演变是探清资本主义生产规律及发展趋势必不可少的重要环节，而各国的农村公社就见证了土地所有制从原始到现代各阶段的变迁，在众多国家中，俄国农村公社兼具浓厚平均主义与现代私人占有的双重属性，是非发达资本主义国家中的典型案例，自然就成为马克思亟待挖掘的现实素材，用以完善《资本论》中有关地租和土地所有权的章节，正如莫里斯·布洛赫所认为的，晚年马克思之所以注重研究历史领域，"与他对资本主义的分析有关"。[①] 其次，

---

① 莫里斯·布洛克:《马克思主义与人类学》，冯利等译，华夏出版社1988年版，第104页。

与马克思对人类学（或称民族学、文化人类学）[①]的研究息息相关。
人类学是探讨人类社会起源和发展的科学，它证实了公有制存在
于原始社会时期及其向私有制转变的历史真实性，因而公有制的
生产优越性得以被马克思剖析并确证。在大量研读诸如摩尔根
《古代社会》和毛勒的人类学著作后，马克思得以填补在资本主义
史前社会理论的空白，形成历史发展"多线论"的观点，加之典
型的俄国公社被他归为"古代社会形态的最近的类型"[②]，这些都为
他深入探索社会发展道路多样化的议题奠定基础。此外，人类历
史发展的复杂性决定了新生产力与新经济基础的形成不一定按相
邻的两种社会形态由低向高递进，而是偶尔会通过跳跃发展来实
现。例如美国就是资本主义跨越式发展的典型，与老牌的英国相
比，它的崛起更为高质高效。在马克思的晚年，虽然还没出现像
美国这样实现跨越式发展的社会主义国家，但"唯物史观如何为
俄国这类后进国实现跨越提供方法论指导"驱使着马克思重新研
究人类社会历史。因此，《人类学笔记》[③]作为其唯物史观在理论和

① 人类学在发展史上被分为体质人类学和文化人类学，后者着重在人类习得的种种行为、
文化的起源、发展变迁以及各民族地区文化的差异及其演变规律的问题，是马克思人
类学研究关注的重点。文化人类学在内容上又有狭义和广义之分，广义的包括考古学、
语言学和民族学；狭义的仅指民族学，是在民族志基础上对各民族的文化进行比较研
究。19 世纪后期开始，以进化论的视角对人类社会中各种现象发展变化的研究占据文
化人类学的研究主流，较具代表性的有摩尔根的《古代社会》，该著作也对马克思《人
类学笔记》的撰写产生较大影响。由此可知，马克思对古代社会的研究就属于文化人
类学研究，也可称为人类学研究，抑或是民族学研究。

② 马克思、恩格斯：《马克思恩格斯文集》第 3 卷，人民出版社 2009 年版，第 574 页。

③ 《人类学笔记》又称"民族学笔记"，于 1972—1975 年美国人类学家劳伦斯·克拉德整
理出版，是马克思集中讨论古代社会的文化人类学问题与社会发展问题，包括史前社
会中家庭形式的演变、公有制的历史存在及其向私有制的过渡、氏族社会的内在结构
及其向政治社会的发展。《人类学笔记》的研究内容始于蒙昧时期的低级阶段，止步于
专偶制家庭确立、私有制通过继承法保障、政治社会基本形成的希腊罗马时期，与后
来的《历史学笔记》（研究内容涵盖奴隶社会、封建社会以及英国资本主义萌芽的历史
发展）和《资本论》（研究内容从英国资本主义萌芽为起点的现代西方历史，尤其是英
国资本主义发展的历史）在研究内容的历史背景在时间上正好前后衔接，共同涵盖了
马克思对史学的全部研究。

实践层面完善的成果，是"跨越卡夫丁峡谷"思想形成的理论依据。最后，也是最关键的因素在于马克思回应俄国革命者关于社会发展道路内部争论的需要。《资本论》第一卷俄文版译本于1872年问世后，俄国社会就"资本主义原始积累"的一般规律与农村公社的命运走向问题产生了两种不同看法：民粹主义认为俄国可以凭借公社组织而免遭"赤贫状况和无产阶级化"①等资本主义灾难，直接进入社会主义；而俄国自由派则认为，资本主义阶段在俄国无法避免，必须"摧毁农村公社以过渡到资本主义"②，而后才能实现社会主义。针对这两种迥异的观点，马克思在给《祖国纪事》杂志编辑部写的信中不但驳斥了以赫尔岑为代表的民粹派将一般原则硬生套用在具体道路中的教条主义，而且就俄国实现"跨越"的理论可能性和必要条件阐发了自己的看法。在他看来，俄国能否跨越资本主义卡夫丁峡谷是个极其复杂且须细致探索的问题，不能妄下定论，而民粹派不是通过革命实践而只是阅读他的著作就推断俄国公社是实现共产主义的希望所在，这种纸上谈兵的做法将历史概述当作"一般发展道路的历史哲学理论"③，是对自身理论的一种曲解与抹黑。

综上，由于资本主义经济新发展、西欧工人运动式微以及俄国革命家就《资本论》第一卷抛出的历史难题等因素促使晚年马克思格外关注东方社会，但并不意味着他就此成为一位东方主义者，"因为他始终是以超越地域性的世界主义视角"④看待整个历史

① 转引自《普列汉诺夫哲学著作选集》第1卷，人民出版社1974年版，第19页。
② 马克思、恩格斯：《马克思恩格斯文集》第3卷，人民出版社2009年版，第464页。
③ 马克思、恩格斯：《马克思恩格斯选集》第3卷，人民出版社2012年版，第730页。
④ 王莅：《求解资本主义的史前史——"人类学笔记"与"历史学笔记"的思想世界》，中国人民大学出版社2018年版，第19页。

进程，而"跨越"思想作为研究成果，体现了他对唯物主义历史观"艺术整体"性的进一步反思与完善。

（二）后发国家"跨越卡夫丁峡谷"的可能性及所需条件

马克思对俄国社会形态变革问题的看法经历了一系列转变过程，而这也是其"跨越"思想的形成历程。起初，在 1870 年前，马克思并不看好俄国农村公社的前景，曾在致恩格斯的信中明确表示"对于这种共产主义的黄金国，我从来不抱乐观的看法"。[①] 到了 1877 年《给〈祖国纪事〉杂志编辑部的信》中，马克思的态度开始转变为"有条件的否定"，并指出："如果俄国继续走它在 1861 年所开始走的道路，那它将会失去当时历史所能提供给一个民族的最好的机会。"[②] 这也表明他对俄国发展道路进行了更密切的关注和更深入的思考。然而，随着对人类学研究的不断深入，马克思的态度逐渐转变为"有条件的肯定"[③]，并在《给维·伊·查苏利奇的信》中提出："我深信：这种农村公社是俄国社会新生的支点。"[④] 但要使其正常发展，就必须消除各种力量对它的肆意破坏。对于查苏利奇向自己的提问，马克思几易其稿后才正式复信，由此可见他对俄国问题反复考察的谨慎态度。

在占有大量俄国农村公社实证材料的基础上，马克思明确其所要探究的目标，并从两个方面论证了俄国实现"跨越"的理论可能性及其现实条件。随着殖民统治的加速推进，资产阶级用暴力手段

---

① 马克思、恩格斯：《马克思恩格斯全集》第 32 卷，人民出版社 2012 年版，第 421 页。
② 马克思、恩格斯：《马克思恩格斯选集》第 3 卷，人民出版社 2012 年版，第 728 页。
③ 参见姚顺良：《马克思晚年东方社会发展道路新思想的实质——"人类学笔记"和〈历史学笔记〉再研究》，载《江海学刊》2012 年第 3 期，第 22—23 页。
④ 马克思、恩格斯：《马克思恩格斯文集》第 3 卷，人民出版社 2009 年版，第 590 页。

征服世界，迫使"东方从属于西方"①，马克思一直以来都希望人民能够幸免受苦难、获得解放，因此他非常期待欧洲无产阶级能与殖民地人民联合，发动暴力革命以彻底打击资本主义统治、摆脱奴役。而且，东西方发展差异很大，东方落后国家完全可以汲取现有的资本主义先进文明来改善自身生产和发展模式，以最小的代价缩短现代化进程，因此，马克思认为，处于前资本主义阶段的各国可以紧密结合自身的特殊条件，具有在特定情况下通过革命走上非资本主义发展的现代化道路的可能性。一方面，不仅农村公社"符合我们时代历史发展的方向"②，而且"俄国是在全国范围内把'农村公社'保存到今天的唯一的欧洲国家"③；另一方面，俄国公社虽然存在一些如公私"二重性"并存的缺陷，但其本身蕴含强大的生命力，拥有其他欧洲国家的农村公社所不具备的特殊优势，便于其从小土地经济顺利过渡到集体经济。在明确俄国实现跨越的理论可能性后，马克思就"何以跨越"进一步提出了现实条件：就内部而言，只要保留俄国公社的土地公有制，使其有正常数量的耕地作为保障，大规模的合作劳动就能应运而生，这是其进行非资本主义发展的必要物质基础。此外，鉴于俄国凸显的社会症结，马克思认为"要挽救俄国公社，就必须有俄国革命"。④ 国际工人协会的经验和资本主义矛盾的理论背景告诉他，俄国革命是唯一可能接续巴黎公社所复活的公社自治制度革命，一旦成功，就能在实现自身超越的同时，从东向西反过来促进资本主义国家的革命。就外部条件而

---

① 马克思、恩格斯：《马克思恩格斯选集》第1卷，人民出版社2012年版，第405页。
② 马克思、恩格斯：《马克思恩格斯文集》第3卷，人民出版社2009年版，第579页。
③ 马克思、恩格斯：《马克思恩格斯文集》第3卷，人民出版社2009年版，第574页。
④ 马克思、恩格斯：《马克思恩格斯文集》第3卷，人民出版社2009年版，第582页。

言，俄国革命的胜利离不开西方无产阶级革命的援助。农村公社处于新旧社会形态交替的阶段，极易借鉴先进经验与接受工业无产阶级的改造。针对落后国家进行改造的必要性，恩格斯也提出："俄国的公社进行这种改造的首创因素只能来自西方的工业无产阶级，而不是来自公社本身。"① 如果俄国公社只是孤立地存在，不吸收资本主义制度的一切有益成果，那就很容易走向失败。正如后来列宁总结十月革命胜利的结论一样：先进国家的支援和帮助是后进国家实现跨越的重要外部动力。

可以看出，"跨越"思想是马克思依据人类历史由"地域性"向"世界性"转变与阶级力量由单一阶级向工人运动与民族解放运动结合的背景下提出的，在指导无产阶级摆脱贫困的革命过程中，马克思从来没有将社会形态的演进过程绝对化，而是辩证地看待社会发展的连续性与跨越性，不仅有力揭示了东西方互补的现实可能性，而且在客观上深化了唯物史观的指导作用。诚然，马克思晚年的历史观较青年时有了一定改变和完善，与恩格斯就俄国发展的看法也因针对性不同而存在一些差异，但这并不影响他根本立场的前后一致性和整体思想的科学性，更不会违背社会发展普遍规律和具体道路的辩证统一。对社会主义过渡问题的探索与革新，既是马克思对资本主义本质的深刻揭露和尖锐批驳，又是对社会发展规律的再认识与世界革命理论的再完善。

三、科学社会主义思想的完善与捍卫

自从《1844 手稿》"异化劳动"学说的提出，《1857—1858 手

---

① 马克思、恩格斯：《马克思恩格斯全集》第 22 卷，人民出版社 1965 年版，第 500 页。

稿》作为唯物史观创立后的首个政治经济学研究硕果，在进一步深化该学说的基础上探讨了社会向共产主义过渡的必然趋势，因而是"共产主义从猜测、假说或空想转变为科学的里程碑"[①]。它标志着马克思从原来的以异化的哲学层面解释经济关系转变为以异化的经济层面阐释整体社会关系，指出资本主义生产过程就是"劳动本身的力量变成对工人来说的异己力量的必然过程"。[②] 为了脱离"异化共同体"、彻底消灭贫困，马克思晚年时期对社会主义思想加以完善和捍卫。

（一）对人类社会发展脉络的澄清

科学指导工人摆脱悖论性贫困的革命离不开对资本主义生产规律的正确认识，而通过研究政治经济学而产生的资本批判理论必须基于资本主义历史性的落脚点，从这个角度而言，资本主义是否"永恒存在"就成了探讨资本主义是否"应被扬弃"的根本出发点。马克思在对人类学和历史学充分考察的前提下，通过对人类社会发展脉络的正确把握，肯定了资本主义是历史的产物，从而展开对资本的批判过程。

一直以来，资产阶级用尽心机地在工人阶级政党内部进行思想渗透、情绪煽动和破坏团结等勾当。他们否认资本主义根本矛盾，掩盖私有制生产并固化贫困的事实，美化阶级矛盾和各种灾难性后果，宣扬资本主义天然合理且永恒存在。马克思则始终站在最广大人民的立场，通过对私有制的溯源完整揭示了人类历史发展脉络，明确了资本主义的历史性，具体有如下几个要点：第

---

① 赵洪：《〈资本论〉第一稿研究》，山东人民出版社 1993 年版，第 384 页。
② 马克思、恩格斯：《马克思恩格斯全集》第 30 卷，人民出版社 1995 年版，第 268 页。

一，资本主义阶段是暂时的。马克思去世后，晚年恩格斯为完成挚友的遗愿，即更系统地阐述原始社会史，以填补唯物史观在人类社会早期发展阶段的空白，于 1884 年出版《家庭、私有制和国家的起源》。在恩格斯看来，将唯物史观往前延伸至资本主义史前史领域是不可或缺的，因为这不仅在理论上关乎唯物史观的说服力和科学性，更是在实践上影响工人反贫困革命的凝聚力和战斗力。针对当时资产阶级散布的谬论、机会主义蓄谋的蛊惑，有必要通过著作再次向无产阶级澄清私有制和阶级产生的非永恒性、揭示国家的起源、本质和消亡的历史必然性，以及指出公有制在历史实践中被证明了的生产优越性等观点。第二，贫困是一定历史阶段的产物。在《1892 年〈英国工人阶级状况〉序言》与《政治经济学·暴力论》中，恩格斯在分析公社的土地公有制解体而带来的问题时指出，相较于阶级不明显的小农业，大农业中的阶级差别显露出来，贫困和富裕的对立也日益增长起来。由此可见，贫困是在特定生产及分配方式作用下随阶级差异出现而形成的历史产物，恩格斯的结论进一步捍卫了马克思的反贫困思想。第三，共产主义必定取代资本主义。马克思曾提出人类社会"三形态"之说：在资本主义社会之前，劳动和所有权是统一的，然而到了资本主义时代，劳动者却不占有自己的劳动产品，"劳动表现为被否定的所有权"①，社会经历了从出现私有制，到否定私有制，再到否定之否定私有制的历史发展过程，因此资本主义私有制取代粗陋的原始公有制并发展为在社会主义公有制基础上重新建立个人所有制的过程具有历史必然性。

---

① 马克思、恩格斯:《马克思恩格斯文集》第 8 卷，人民出版社 2009 年版，第 120 页。

马克思对人类社会发展脉络的研究经历了一个过程。首先是青年时期创立唯物史观的阶段。在《德意志意识形态》中，通过首次完整描述人类历史进程来驳斥唯心史观从当前时代寻找范畴的颠倒做法，马克思与信奉唯心主义哲学的青年黑格尔派及德国社会主义彻底划清界限。在这当中，他发现分工导致异化劳动以及后来对蒲鲁东所有权的批判，由此开启了以分工和所有制为线索、从现实的人及其物质生产的角度来剖析人类历史进程的唯物主义路向。其次是中年时期深入政治经济学溯源资本主义生产方式的历史和规律。在《1857—1858 年稿》中，马克思聚焦于所有制中的"土地所有制"演变并提出社会发展"五形态"之说。通过揭露"货币向资本转化的过程加速劳资分离"的事实，马克思批判了资本主义生产方式形成以及固化过程的罪恶性，打破了其永恒性的神话，这种整合政治经济学批判与无产阶级革命理论的过程体现了对唯物史观的进一步深化。最后是晚年时期再考察资本主义史前史阶段。在《资本论》第一卷问世后给工人运动带来重大影响时，其资本批判的理论也面临着现实困境，即《资本论》后续卷册中的理论可能存在与现实脱节的问题，[①] 于是，马克思重返对资本主义史前史的探究，这也彰显了其对唯物史观"显性运用"和"隐性反思"的兼顾。

---

① 即马克思在 1870 年后关于《资本论》的后续研究工作集中在两个层面：一方面，修改、翻译和校订仅以第一册形式出版的《资本论》第一卷；另一方面，进一步整理和补充《资本论》第二和第三册。在这过程中，东方和古代社会的发现使马克思看到革命的新曙光和跨越资本主义社会阶段的发展新路径，预示着其在第一卷中揭示的唯物史观原则下的一般社会发展理论面临被反思和被修改的危险。其中，以溯源资本主义生产方式的形式过程来规定人类社会演变方向的理论就成为最大的争议。参见王莅：《求解资本主义的史前史——"人类学笔记"与"历史学笔记"的思想世界》，中国人民大学出版社 2018 年版，第 59—62 页。

其实，晚年马克思之所以注重社会历史的深究，是为进一步反思唯物主义历史观和政治经济学批判两大理论成果，使其能够更准确揭示人类社会运动规律和更科学指导工人的反贫解放事业。对于这一点，布洛赫讲得很明白："他的所有著作实际上是在力图证明：资本主义大厦赖以建立的那些概念……这些看起来似乎具有永恒性的概念，实际上是它们所维持的那种制度的历史产物。"①

（二）对社会主义必然性的确证与深化

对于科学社会主义思想的完善与捍卫除了再次澄清人类社会发展规律外，还离不开对资本主义当前境况和历史地位的正确认识，这在恩格斯晚年与无产阶级运动的关注者、支持者、亲友和同事的书信集里都有体现。

第一，经济发展阶段虽不断变化，但资本统治的本质未变。19世纪下半叶，电力的发现和内燃机的广泛运用拉开了"电气时代"的序幕，资本主义世界呈现众多新变化。越来越多资本家向更大的海外市场扩张，由此出现了频繁的企业吞并与联合，在生产资本和银行的共同结合下，资本逐渐集中在极少数人手中，加之生产社会化的要求的日益提高，催生了垄断组织。虽然垄断阶段比以往的分散经营更为优化，客观上更利于生产社会化，但社会化生产和资本主义私人占有的不相容性却没有丝毫缓解，反而更加突出。垄断组织的利益冲突不仅引发它们之间激烈斗争，还将地域性的阶级矛盾扩展至全球。矛盾的激化在马克思去世后更为凸显，恩格斯对此指出："资产阶级对生产力的管理愈来愈不能

① 莫里斯·布洛克：《马克思主义与人类学》，冯利等译，华夏出版社1988年版，第104—105页。

胜任。"①第二，国际形势发生新变化，资产阶级侵蚀思潮出现。随着各类思潮的不断涌现，改良主义以其巨大影响使英国工人运动长期停滞，较为典型的有 1884 年自称为"社会主义"的费边社和 1887 年的英国北方社会联盟，都以小资产阶级为主。除英国外，法国也因 19 世纪末的文艺运动造成内部斗争加剧，但与形形色色的思潮同时产生的，是分散于各国的社会主义思潮，主要分布在俄、法、英、德等国，直到 1889 年第二国际成立，才有效推动了社会主义运动。然而它内部也犯过一些和马克思主义基本原则相悖的错误，晚年恩格斯也就诸如伯恩施坦的改良主义及修正主义"经济决定论"等予以批评，并强调阶级革命和斗争的重要性。第三，资产阶级统治手段大为调整，斗争形势发生改变。由于资本家采取一些具有"社会主义架构"特点的生产方式以及适时调整生产关系，阶级矛盾不断缓和，劳资关系从对立转向共处。此外，从军事实力和后援组织看，两大阶级差距巨大，盲目追求暴力革命反而酿制过多不必要的牺牲，这在恩格斯致奥古斯特·倍倍尔的信中体现：由于"在目前的军事情况下，当武装力量还在反对我们的时候，我们不会去同军队发生战斗。我们可以等待"②，加之 19 世纪 70 年代后，德国社会民主党利用普选权争得议会选举中的一席之地后，各国先进工人领袖开始思考以更加智慧的灵活策略引领革命发展。恩格斯认为，工人斗争在资产阶级法规的完善下陷入被动，那么就应因势利导，在政府不干预且社会稳定时期采取和平手段，并随时为必要时期的暴力手段积蓄力量。换言之，针对无产阶级摆脱贫困的目标，恩格斯从未放弃革命手段，而是

① 《恩格斯与伯恩施坦通信集（1879—1895）》，人民出版社 1982 年版，第 246 页。
② 马克思、恩格斯：《马克思恩格斯文集》第 10 卷，人民出版社 2009 年版，第 529 页。

辩证地强调合适的时机和方式。

总之，随着唯物史观的不断完善，实现共产主义的具体反贫路径也在与时俱进。马克思曾在多部著作及公开场合强调共产主义的实质，以驳斥各类思潮对其的曲解，捍卫科学社会主义的理论体系。对他而言，共产主义从来都不是成文的、具体的和落地的教条，而是不断消灭与现存状况不相适应的旧关系及条件的运动。马克思对未来的状况描述只是在人们的反贫困斗争和革命中起到原则和价值层面的引领和启发作用，并未构想出任何规范性的社会制度体系，因此共产主义只具有方向上的指导作用，不能成为现实的具体规范。而且，马克思并不打算以教条式的未来图景来作为救世之道，只是希望基于生产力和生产关系的运动规律在对未来的发展趋势作科学的预测，即在对旧世界批判中发现新世界。未来的制度是无法构建的，如果执意要提出操作指南和具体方案，或是将共产主义等同为经济学语境的另一种所有制形式，就是片面和抽象地理解马克思的思想，断章取义地套用他的话语以迎合现实，这与空想社会主义者所犯的错误一样，必然会歪曲科学社会主义实质及违背唯物史观和辩证法的根本立场。例如：中国社会主义的具体发展道路和十月革命胜利后俄国的发展模式与《哥达纲领批判》《德意志意识形态》中的一般社会概论就不尽相同，这就更印证了马克思主义不是刻板的教条而是随客观条件不断变化发展的价值引领。

本章小结

继前期探索时期对资本主义永恒存在、政治解放、制度改良和所有权致贫等观点的逐一批判后，马克思深入资本主义内在机制和运行规律，阐发了剩余价值论、劳动价值论、劳动力商品学说和资本积累等一系列政治经济学成果，使得贫困现象背后的制度根源和共产主义解决路径得以逐渐明晰。全面深入系统地进行政治经济学批判就成为马克思建构反贫困思想的后期思考，也是其倾注大半生心血的重心所在。在科学的劳动价值论基础上，马克思通过几度更改《资本论》的叙述计划、反复打磨体系架构，最终完整而全面地揭露了资本家无偿榨取工人剩余价值的黑暗现实：劳动力商品学说解释了资本将农民和手工业者变为一无所有却能自由交换的无产者的过程；剩余价值论揭露了资本主义残酷的剥削本质；资本及其原始积累探清了资本源源不断地积累扩大与统治巩固的机制；工资理论掩盖了在生产过程中资本家如何剥削工人的剩余劳动，且无限压缩其必要劳动的事实。简言之，以剩余价值为总体核心，《资本论》及其手稿中丰富的政治经济学研究成果全面揭露了资本主义制度通过生产与固化贫困而维持自身统治的"吃人"本质。

与此同时，在 19 世纪下半叶资本主义世界发生新变化、东方革命形势高涨的背景下，马克思结合新条件提出落后国家可能实现的新发展道路，并对当时以拉萨尔为代表的机会主义和庸俗社会主义等各种思潮予以批驳，有力地肃清了无产阶级政党内的错误思潮，为工人摆脱贫困的解放革命指明了具体方向。虽然资本主义经济形势和阶级具体状况在不断改变，但资本主义生产方式的内在矛盾和共产主义必然实现的历史趋势终归不变，对此，晚年恩格斯特别强调审时度势地进行解放运动的重要性。从马克思思想的前后对比来看，他后期的思想在政治经济学批判和新形势剖析的共同因素下较前期从哲学转入经济学领域时有了一些改变，尤其是在涉足资本主义史前史的研究、填补了古代社会的知识空白之后，提出了社会的发展可以不经过资本主义阶段而实现跨越式进步的"跨越卡夫丁峡谷"思想，这不仅没有违背人类历史的一般规律，反倒还是对唯物史观和自身反贫困思想科学性的进一步完善，是在不断变化的时代条件与具体实践中发展自身理论，既不影响他根本思想的前后一致性，还从侧面突出了马克思主义并非固定教条而是指导原则的本质属性。

如果说马克思在《1844手稿》中从"异化劳动与私有财产关系"层面为工人贫困提供了哲学批判，那么从《共产党宣言》到《资本论》时期则将重点放在私有财产运动的政治经济学批判中，为无产阶级剖析了贫困的现实根源，也构成了马克思反贫困议题的后期思考。从一开始遭遇"物质利益难题"转而怀疑黑格尔的理性国家解决方案，到明确否定思辨哲学的唯心主义进而深入对市民社会和现实经济的研究，才发现原来政治经济学领域才是贫困问题的策源地和主战场。于是，在这部政治经济学批判的恢弘巨著中，马克思通过分析政治经济学术语背后的社会关系，驳斥了前人将资本主义社会看成"永恒的、最终的阶段"的错误观点，[1] 彰显了其写作《资本论》的"最终目的就是揭示现代社会的经济运动规律"。[2] 这也是其反贫困路径基于经济基础而具有现实指导性的根本因素。

---

[1] 马克思、恩格斯：《马克思恩格斯文集》第5卷，人民出版社2009年版，第33页。
[2] 马克思、恩格斯：《马克思恩格斯文集》第5卷，人民出版社2009年版，第10页。

第四章 马克思反贫困思想的全景审视

与西方社会诸多学派从外部反思或纯粹理论批判的方式不同，马克思是在唯物辩证法和历史唯物主义的哲学基础上，以人的需要为着眼点，从制度根源剖析贫困，从社会变革的角度提出切实可行的反贫路径，因此构建了更为科学和彻底的无产阶级反贫困学说，为反贫困思想史做出了科学的独创性贡献。通过对比前人与马克思反贫困思想的差异，我们得以明晰马克思的过人之处。

第一节 马克思看待贫困的基本视角

马克思站在最广大劳动人民即无产阶级的立场，从唯物史观出发，清晰指出结构性贫困是资本主义时代特有的产物，工人"越劳动越贫穷"的悖论根源在于制度，是资本主义私有制导致工人失去生产资料、生活来源匮乏、身心被奴役的悲惨状况。他对贫困的剖析和解决为何能优于过去思想家们提出的贫困解决方案，并给未来包括中国在内的世界各国提供科学指导？这首先就要归功于他看待贫困的透彻性和独特性。

一、从制度根源阐发贫困类型

贫困包含绝对贫困和相对贫困两种类型，事实上，马克思并没有将这两种贫困类型分开讨论，而是将它们统一于无产阶级贫困化理论当中系统阐述。之所以说工人贫困是绝对存在且必然的，是因为在"活劳动与劳动资料相分离"的前提下，无产阶级唯一的谋生手段就是自愿接受雇佣劳动，这种"不工作就无法活下去"的依附状态恰恰反映其贫困是绝对的。同时，与资本家占有不断扩大的剩余价值相比，工人那仅够糊口的工资永远是相对贫乏的。马克思以研究资本主义生产方式的独特视角，发现了资本主义私有制下工人贫困的两种类型。

（一）绝对贫困

关于"绝对贫困"问题，美国经济学家保罗·萨缪尔森通过实证分析法，将其定义为工人实际工资或物质生活水平的下降。[①]支持该观点的经济学家还认为，工人的绝对贫困也体现在工资低于劳动力商品的价值上。有学者予以反驳，认为以上观点都只是在描述"绝对贫困"的具体表现形式，并非马克思所真正表达的绝对贫困的内涵，有曲解马克思关于无产阶级贫困化理论的嫌疑。在马克思那里，绝对贫困的实质是无产阶级的生产资料完全丧失，劳动力成为唯一可出售的商品，特点是从属性和被剥削性。[②] 无产

---

① 参见萨缪尔森：《经济学》下册，高鸿业译，商务印书馆 1982 年版，第 311 页。
② 参见胡莹：《当代资本主义社会还存在"绝对贫困"吗？》，载《马克思主义研究》2011年第 6 期，第 78—79 页。

阶级的绝对贫困是资本主义私有制的产物，通过对资本原始积累的考察，马克思科学地揭示了绝对贫困的来源和历史。

就绝对贫困的起源而言，它是随着原始积累导致的劳资分离而出现的。资本主义生产方式不是一开始就形成的，在奴隶制和农奴制社会，奴隶和农奴完全没有人身自由，但他们本身就属于生产资料行列。到了从封建主义向资本主义的过渡阶段，劳动者从行会或奴隶身份中逐渐脱离出来，离开生产资料行列，成为自由支配自身劳动的直接生产者。然而，这种自由却有一个根本前提——劳动者自身和劳动现实条件的所有权相分离。这种分离剥夺了旧封建制和生产资料给劳动者生存的全部保障，使得他们在资本发展壮大中受到的奴役越来越深，成为自由的"劳动贫民"，并在"生产资料转化为资本"和"生产者转化为雇佣工人"的两个已然固化的极端中陷入绝对贫困的境地。① 为何会出现这样的分离？在马克思看来，14 世纪末至 15 世纪初资本主义在欧洲的萌芽以及英国的土地变革运动起到了重要的作用。虽然意大利是世界上最早出现资本主义萌芽的国家，那里的农奴成为第一批获得人身自由的无产者，但 15 世纪末的地理大发现使意大利渐渐失去了过境贸易中心国的地位，被荷兰、葡萄牙和英国等国的崛起所取代。英国作为典型的资本主义国家，较为完整地经历了这一分离过程。在那时，绝大多数的英国人口是自耕农，农户都在各自领主的公有领地上辛勤耕作、自给自足，从而造就了较为发达的小农经济。然而在 16 世纪初，以蔷薇战争对封建家族的大量摧毁为基础，绝大多数以在封建领地耕作为生的农民被赶出他们的公

---

① 马克思、恩格斯：《马克思恩格斯文集》第 5 卷，人民出版社 2009 年版，第 822 页。

有地、抛入市场，与此同时，英国纺织业的繁荣和羊毛价格的上涨直接推动了资产阶级的发展。少数人的牧羊场逐渐取代了多数人的耕地，封建主的垂死挣扎和新兴大牧场主的蓬勃壮大形成鲜明对比，在这场持久的较量中，资本主义采取一系列非法手段如"公有地的圈围"①、强抢教会地产、要求国有土地私有化、"清扫领地"（Clearing of Estates）②等，使得自耕农连同公有地在 18 世纪中叶完全消失，原始积累也得以完成，资本主义私有制的统治正式确立。通过对原始积累的研究，劳资分离的原因得以明晰，马克思毅然撕下资产阶级刻画的"田园诗"般的虚伪面具，揭露他们的罪行：资产阶级正是运用血腥杀戮与暴力掠夺等恐怖手段加速了土地与资本的结合，导致劳动者与一切生产资料分离，使一大批失去土地的劳动者不得不出卖自己劳动力而存活，客观上为城市工业提供了除自身外一无所有的流浪者。

　　一旦资本主义生产站稳了脚跟，就会进一步增大商品市场的两极分化，因而原始积累的过程也是工人绝对贫困固化的过程。资本主义私有制的统治地位离不开持续的劳资分离，资本"不仅保持这种分离，而且以不断扩大的规模再生产这种分离"。③只有这样，才能使资本这个"吸血鬼"靠吮吸工人的活劳动永世长存，与之相应，作为资本绝对附庸的工人只能一直靠出卖活劳动为生，

---

① 即对公有地的暴力掠夺，将绝大部分公有耕地强行变为牧场，"地主借以把人民的土地当做私有财产赠送给自己"，体现了对人民的剥夺。引自马克思、恩格斯：《马克思恩格斯文集》第 5 卷，人民出版社 2009 年版，第 832 页。

② 清除农民的所有住所和村庄，让农民在"耕种的土地上甚至再也找不到必要的栖身之所"，这是最后一次对农民土地的大规模剥夺，也代表着英国的剥夺顶峰。引自马克思、恩格斯：《马克思恩格斯文集》第 5 卷，人民出版社 2009 年版，第 837 页。

③ 马克思、恩格斯：《马克思恩格斯文集》第 5 卷，人民出版社 2009 年版，第 821—822 页。

资本关系的创造过程也才能一直维系。资本家的诞生也可追溯到介于地主和雇佣农民之间的租地农场主身上，这一群体靠剥削农民的剩余产品，并将这些产品价值的其中一部分上缴给地主为生，然而 16 世纪货币贬值，他们通过坐享农产品价格上涨和缴纳长期固定低廉地租的时代红利而致富，成为最先富起来的一批大资本家。他们不仅驱赶农民和掠夺土地，还通过血腥立法惩治无产者群体。这种惩罚在最初封建家臣解散、无产者大批转化为乞丐和流浪汉时尤为残酷，由于环境所迫，那些被从家园驱逐且无法被新兴工业迅速吸收的人暂时无人雇佣、无法成为奴隶，就要无端遭受鞭打、烙印、割耳和处死等各种酷刑。[①] 类似这样的法律在整个 16 世纪的英国和法国都存在，且立法的依据竟然是"只要他们愿意，是可以继续在已经不存在的旧的条件下劳动的"。[②] 到后来，随着城市工业的进一步发展和机器运用的推广、手工业和农业向机械化工业的转变进程加速，农民不断减少，城市工人日益增多，工业资本家的出现取代了租地农场主在剥削阶级中的主要地位，"成为了不折不扣的资本家"。[③] 工业资本从国内发展到了世界市场，殖民统治、关税保护、国债和商业贸易战等在大工业时代逐渐成熟，这些都进一步加速了贸易的发展，为资本的持续积聚形成强有力的保护屏障。原始积累的过程就是形成并固化劳资分离的过程，它向世界宣告赚钱是人类唯一目的，并使资本这一极的力量越来越大，离劳动人民越来越远，从而统治的地位就越稳定。

---

① 参见马克思、恩格斯：《马克思恩格斯文集》第 5 卷，人民出版社 2009 年版，第 843—846 页。

② 马克思、恩格斯：《马克思恩格斯文集》第 5 卷，人民出版社 2009 年版，第 843 页。

③ 马克思、恩格斯：《马克思恩格斯文集》第 5 卷，人民出版社 2009 年版，第 859 页。

　　国家在原始积累的整个过程中起到了推波助澜的作用。作为统治阶级奴役人民的工具，国家通过立法使这种剥削合法化，同时利用警察、军队等暴力机器强迫贫民劳动且剥夺他们反抗的权利。立法机关与雇主相互勾结制定的雇佣劳动法自始至终与工人为敌，如规定城乡之间的雇佣时长比、划定工资上限、将工资涨幅控制在物价上涨的范围内、区别判罚违约的雇主和工人、颁布禁止结社法，等等。有了国家暴力机器的辅助，这些统治阶级利用法律"硬是把资本和劳动之间的斗争限制在对资本有利的范围内"，且年复一年地自我强化与加固。[①]尼·兰盖也由此感叹：法的精神就是所有权。[②]为了加速毁灭乡村的小农经济及城市的行会组织对劳动者的有力保护，资产阶级用尽一切办法来保证对工人的统治，如相对过剩人口规律和武力镇压工人的罢工等。随着资本的力量逐渐壮大，经济的无声规律开始支配工人，并在工人脑海中形成固定的习惯和传统，即让他们认为自己对资本的依附是与生俱来且不可违抗的。这种从属和依附性随资本主义的生产条件即劳资分离而来，并在这种分离中得到巩固和延续，由此奠定了工人一直被剥削的绝对贫困处境。

　　可见，贫困作为一种历史现象，从农民土地被剥夺的原始积累而起，随着资产阶级通过立法和国家机器对广大人民进一步血腥掠夺而固化，并在机器大工业的全面剥削成熟时达到了顶峰。绝对贫困的实质与必然性，就是指工人与生产生活资料相分离，劳动力成为他们能出售的唯一商品，除此便一无所有的境况。只

---

① 马克思、恩格斯：《马克思恩格斯文集》第 5 卷，人民出版社 2009 年版，第 851 页。

② 转引自马克思、恩格斯：《马克思恩格斯文集》第 5 卷，人民出版社 2009 年版，第 948 页。

要工人一直处于对资本"绝对的、几乎是奴隶般的依赖状态"①，那么资本的主导地位和生产方式就能不断延续。

（二）相对贫困

马克思认为，无产阶级因被无偿攫取自身劳动力所生产的剩余价值，并在这过程中只得到比剩余价值少得多的低廉工资，且这种只够维持生存的工资与资产阶级不断占有的财富对比起来差距越来越大，形成工人和资本家之间无法逾越的贫富鸿沟，这便是无产阶级的相对贫困。由于劳资分离，无产阶级只能服从资本家的安排，而资本家绝不会让工资的涨幅超出资本的增幅，因此，与拥有巨额财富的资本家相比，工人的所得永远是匮乏的。

首先，相对贫困的致因在于固定工资和剩余价值间的差额。由于工人的唯一收入就是工资，但资本家却能通过剥削剩余价值和扩大再生产不断积累财富，于是，在被剥削的固定工资和最大限度吮吸活劳动而增殖的资本之间，必定出现日益扩大的差额，这便是两大阶级相对贫困产生的直接原因。事实上，劳动作为价值的"内在尺度"，"本身没有价值"。②资本家所支付的工资只是维持劳动力的"交换价值"，即作为劳动力的工人为生存繁衍所必需的生活资料的总开销，并非在生产过程中劳动力的"使用价值"，这部分"使用价值"所创造的剩余价值部分则全被资本家无偿占有。由于工人生产劳动力"交换价值"的必要劳动和额外创造的剩余劳动都融合在了一天的工作量里，难以区分，在客观上就使得剥削形式更为隐匿，资本家便是如此利用货币关系掩盖了

① 马克思、恩格斯：《马克思恩格斯文集》第 5 卷，人民出版社 2009 年版，第 851 页。
② 马克思、恩格斯：《马克思恩格斯文集》第 5 卷，人民出版社 2009 年版，第 615 页。

无产阶级生产的无酬劳动。而且，工人劳动力的使用价值一旦归属于资本家，就被要求无限制地延长工作时间，在尽可能长的劳动时间内创造比交换价值多得多的剩余价值。这种延长大大超过了工人身体可承受的界限，严重损害健康、缩短寿命。延长工作日和固定工资制作为扩大劳动力交换价值和剩余价值间差额的卑鄙手段，充分体现了资本家刻在脸上、印在内心的无尽贪欲。与此同时，庸俗的资本家为了缓和阶级矛盾，表面上大张旗鼓地向工人们彰显为其提高工资的"善举"，背地里却狡猾地将工资涨幅限定在有利于剩余价值不断扩大的范围内：即一方面"把劳动力的价值限制在必要的生活资料的价格上"，另一方面"把劳动力的平均价格照例降低到这种生活资料的最低限度上"。[①] 由此给工人造成"只有无休止地工作赚钱才能活下去"的假象，可见，不管工人的待遇如何得到提高，其所得永远都是相对较低和贫乏的。

其次，相对贫困的核心在于不同阶层的对比。资产阶级和无产阶级作为资本主义生产方式的产物，在社会关系网中彼此交集，自然就会因贫富悬殊而引发对比，因此不同群体之间的比较就产生了贫富的相对性。马克思对此也曾提出相对贫困的比较范围，即与资本家相比，工人的"相对工资以及他的相对社会地位"呈下降趋势。[②] 具体而言，随着生产力的发展和社会财富的增加，工人本应是能够享有同资本家之间相对公平的分配与相应的社会地位，然而现实却是，工人生活资料的总量整体上较过去有所增多，但远少于资本家所拥有的生活资料；工人福利体系完善且受到的医疗、教育、生态等资源虽比以往要好，得到了一些人之为人的

① 马克思、恩格斯：《马克思恩格斯选集》第1卷，人民出版社2012年版，第75页。
② 马克思、恩格斯：《马克思恩格斯文集》第3卷，人民出版社2009年版，第67页。

尊重和支配的自由时间，但也远不及上流阶层所能享受的"优质稀缺"的资源和"尊贵显赫"的社会地位，在这样的情况下，很容易使工人阶层因生活水平跟不上时代步伐及贫富差距过大而产生心理落差。一方面，人的物质需求会随社会发展而不断提高，并非一成不变，况且，当人的基本温饱得到保障后，就会去追求更高水平的精神文化和物质生活。正如马克思所举的生动例子："一座房子不管怎样小，在周围的房屋都是这样小的时候，它是能满足社会对住房的一切要求的。但是，一旦在这座小房子近旁耸立起一座宫殿，这座小房子就缩成茅舍模样了。"①不难看出，只要一有对比，所占资源较少或地位较低的阶层就会自然产生"不舒适""不满意"和"压抑"的感受，相对剥夺感由此产生。另一方面，在过去和现在的生产条件对比下，工人的安全感也相对降低。随着资本家利润率的普遍下降引发资本有机构成提高，可雇佣的工人总量在减少，再加上机器设备的大规模使用增加了工人的可替代性，广大劳动人民不得不面临失业的威胁，相比工业革命上升期时的"用工荒"，现在的"就业难"使他们终日过着提心吊胆、焦心忧虑的生活，这在大为降低他们的获得感和安全感的同时也必然加剧贫富差距和相对贫困。

最后，相对贫困还会随着资本主义私有制的发展而走向更为隐蔽和固化的趋势。我们还要时刻警惕与避免陷入资产阶级的"烟雾弹"误区中——相对贫困随着工人待遇和地位的提升已逐渐消失。恩格斯指出："资本主义生产越发展，它就越不能采用作为它早期阶段的特征的那些小的哄骗和欺诈手段。"②该论述既揭示了

① 马克思、恩格斯：《马克思恩格斯选集》第 1 卷，人民出版社 2012 年版，第 345 页。
② 马克思、恩格斯：《马克思恩格斯文集》第 1 卷，人民出版社 2009 年版，第 366 页。

现代政治经济学的规律之一，又体现出了资产阶级采取调和方式的变化。在当代资本主义社会里，世界市场迎来空前的巨大繁荣，商业道德发展到一定水平、罢工与冲突的经济损失越来越大，靠对工人使用低劣细碎的窃取手段来致富早已不合时宜，为在与同条件的同行竞争中更有优势，大厂主们学会了缓和与工人的关系、避免不必要的纷争，如主动改善城市卫生以抑制流行病爆发、默许工联的存在和适时的罢工、取消实物工资制及通过工作日法案等等。相较于过去穷凶极恶的血腥杀戮和暴力掠夺，现在的他们反倒表现得极具人文关怀，不仅带头"呼吁和平与和谐"[1]，还穿上了社会主义的"燕尾服"，有模有样地替工人群体伸张正义，引领他们的舆论高地。殊不知，这一切看似正义且仁爱的举动，都只是为掩饰对无产阶级剥削、加速资本在更少数人手里集中的手段而已。哪怕现代劳资关系通过企业利润分享、职工参股等分配制度的改革而得到了一定程度的改善，哪怕工人经济收入大为提高、社会地位逐步上升、权利范围更加广泛，也不能改变资本主义私有制带来的劳动和生产资料分离、资本绝对主导雇佣劳动这两大现实，外在物质的"可变数量"永远也无法掩盖内在剥削的"不变本质"。[2]因此，不能因工人的绝对贫困或相对贫困状况有所缓解，就草率地认为工人脱离了贫困，只要资本主义生产方式一直存在，工人的相对贫困问题也就一直存在，并会因资产阶级的调和手段逐渐成熟而变得更为隐蔽、更加固化。

就相对贫困与绝对贫困的关系而言，两种贫困类型互为存在、

---

[1] 马克思、恩格斯：《马克思恩格斯选集》第1卷，人民出版社2012年版，第67页。

[2] 参见任艳：《资本主义悖论性贫困：马克思的批判与扬弃》，载《湖北社会科学》2020年第1期，第20页。

辩证统一。一方面，绝对贫困是相对贫困的基础，有了劳资分离这个前提，两人阶级间的贫富差距越拉越大，相对贫困呈逐渐扩大趋势；另一方面，就巩固资本的统治地位而言，相对贫困是绝对贫困的保障，只要资产阶级持续加大雇佣成本和的剩余价值之间的差额，资本的集中程度就会愈来愈高，从而进一步固化劳资分离的绝对贫困。两种贫困类型相辅相成、有机统一于资本主义生产方式之中，并都以商品市场两极分化为前提，时刻调节剩余价值的生产情况与实现程度，为资本的统治提供持续的养料。绝对贫困侧重的是资本生产过程，资本要靠一直吮吸工人的剩余价值来发展壮大，工人也始终处在被剥削的从属地位；相对贫困侧重的是资本流通过程，作为生活资料的资本需要工人进行消费，才能实现剩余价值从待售商品到利润的转化，所以工人的工资不至于太低且被控制在利于资本增殖的范围内。简言之，"绝对贫困指向的是资本主义的生产关系，而相对贫困指向的是资本主义的分配关系"。①绝对贫困决定了相对贫困，而相对贫困反过来又强化了绝对贫困。

二、从人的需要分析贫困表现

马克思认为，在资本主义时代，人的需要在货币主导下是利己的、畸形的，直到实现了共产主义，人的生活复归于人本身，人的需要才真正具有自主性和丰富性。在对底层人民的关照中，马克思始终重视人的真正需要和自由的实现，而他发现贫困恰恰

---

① 胡莹：《当代资本主义社会还存在"绝对贫困"吗?》，载《马克思主义研究》2011年第6期，第77页。

制约了人的生存和发展，由于生产资料被剥夺，工人不仅深陷物质贫困当中，精神也陷入了赤贫状态，经济和政治地位更是低下。基于此，马克思发起对私有制的猛烈批判。

（一）工人的物质贫困

工人的物质贫困具体体现在经济收入极低，只能勉强维持在不致饿死的水平；居住环境肮脏潮湿、密不透风，是流行病肆虐的根源；工作条件尤其严苛、被迫无休止工作直至早衰或死亡等方面。

第一，工人的经济收入与生活必需品匮乏。作为一个人，如果连最基本的生活必需品都得不到满足，那他就无法保持健康，也无法长久存活。在衣食住行上，工人们不仅穿的是最破烂的衣服、还吃最"劣质的、掺假的和难消化的"食物，且还被社会排挤和唾弃，得不到任何精神寄托，只能沉沦于不加节制的酗酒和纵欲之中。① 除了基本温饱得不到保障，最多维持几周的积蓄也根本无法抵御凶猛的商业危机，悲惨的工人在危机来临时大都被迫失业，由此彻底失去物质上的唯一来源。他们连最基本的生活需要、卫生条件都无法被满足，因此容易感染流行病，一旦患病，无力支付昂贵医疗费用的他们只能"求助于收费低廉的江湖医生"，大量服用谎称能治好"一切疾病"的假药，殊不知这只会加速生命的消耗。② 与此同时，缺衣少食导致他们身体严重发育不良、缺乏营养、先天免疫力极差，普遍患上骨头软化的佝偻病。尤其是工人的孩子，他们无法抵抗这些恶劣的生活条件，很多不到两

---

① 马克思、恩格斯：《马克思恩格斯文集》第 1 卷，人民出版社 2009 年版，第 411 页。
② 马克思、恩格斯：《马克思恩格斯文集》第 1 卷，人民出版社 2009 年版，第 17 页。

岁就死了，根据统计，当时仅曼彻斯特的工业区孩子"57%以上不到五岁就死亡"了。^①极弱的经济基础直接决定了工人及其后代吃不饱、穿不暖、患重疾，患病期间又不得不停止工作，结果就是失去收入并加剧整个家庭的贫困，这种恶性循环造成了工人阶级在身体素质和健康状况上不可逆转的代际衰退。

　　第二，工人居住环境恶劣。农民因土地被掠夺而失去家园、流离失所，被迫成为寄居城市的雇佣工人，而这些被钢筋水泥填满的工业城市处处都是令人触目惊心的恶劣景象。首先，过度的人口集中使空气质量严重下降。几百万人和几十万口锅炉过度消耗着狭窄街区的氧气，碳酸气及二氧化硫等废气物的排放使得城市臭气熏天，居民大都患上慢性病、精神不振。城市整体情况尚且如此，工人居住区的环境则更为污秽不堪。在原本就通风不畅、密闭狭窄的空间里，满是"腐烂的肉类和蔬菜""垃圾和死水洼"以及随意倾倒"污物和粪便"^②……这些东西在产生毒气的同时也污染了河流。与此同时，工人住的地方不是潮湿的地下窒，就是漏水的小阁楼，标准还出奇地一致——防止恶臭的气味散开。由于恶劣的卫生和污浊的空气，工人们长期患有肺结核等各种肺病，此外，满是污物的大杂院和密闭的死胡同散发着腐烂的恶臭，使得猩红热、伤寒和热病成为致死率极高的流行疾病。流行病蔓延最严重的地方是贫民窟，以热病为例，在苏格兰沃特福德贫民窟就有高达二十分之十九的患病人数。^③

① 马克思、恩格斯:《马克思恩格斯文集》第1卷，人民出版社2009年版，第420—421页。
② 马克思、恩格斯:《马克思恩格斯文集》第1卷，人民出版社2009年版，第410页。
③ 参见马克思、恩格斯:《马克思恩格斯文集》第1卷，人民出版社2009年版，第413页。

第三，工人工作条件严苛。工人不仅被无限延长劳动时间，而且工作环境也是破败不堪。工厂主制定极为严苛甚至毫无人性的规则来限制与监视工人，如安排哨工故意提前报工时，晚于吹哨声一步的工人就要被扣除当天四分之一甚至更多的工资；又如，工人在吃饭、喝水和休息的时间只有短短几分钟，若稍晚于规定结束时间一秒，都要受到处罚。针对这样的不公，司法部门显然与厂主同一立场，法院因此扮演了最佳"帮凶"的角色，并以自愿签订合同为由让工人完全服从要求。此外，规律得如四季更替的工业伤亡公报从侧面反映工厂对工人健康和生命的威胁。机械齿轮的高速转动下，稍有不慎工人的"手指就会被轧断"，但厂主们全都惨无人道地认为"损失一个手指不过是一件小事"，[1] 然而却又在选择雇工时将其作为身体瑕疵予以淘汰，肆无忌惮地践踏工人尊严。除了厂主的压迫，"人为的高温，充满原料碎屑的空气，震耳欲聋的喧嚣"充斥在密集的生产车间当中，整个工厂宛如温和的人间地狱。[2] 工人不仅要忍受工作环境的乌烟瘴气，还被迫无限延长劳动时间。1860 年的《工厂视察员》报告显示：那些不满 15 岁的儿童被迫从早上 6 点一直工作到第二天下午 4 点，连续劳动 30 小时，"除了吃饭和半夜一小时睡眠外，不让有任何休息"。[3] 在英国现代工业区，许多对健康有害的行业雇佣儿童的数量比雇佣妇女的大得多，一些耗费体能和危险的制造业则要求未成年人不仅担负繁重的体力劳动，还要比成年人连续工作更长的时间，

---

[1] 马克思、恩格斯：《马克思恩格斯文集》第 5 卷，人民出版社 2009 年版，第 491 页下注。

[2] 马克思、恩格斯：《马克思恩格斯文集》第 5 卷，人民出版社 2009 年版，第 490 页。

[3] 马克思、恩格斯：《马克思恩格斯文集》第 5 卷，人民出版社 2009 年版，第 280 页。

他们大部分在 6 岁甚至 4 岁起就被雇佣，一天要工作超过 18 个小时，因此，这些"人肉工场"都因过度劳动而被冠名为"屠宰场"。[①] 过度劳动和繁重剥削让工人及其后代受尽种种折磨，"四肢瘦弱、身体萎缩、神态痴呆"[②]，"未老先衰和过早死亡"[③]。恩格斯因此痛斥，丧心病狂的统治阶级夺去"成千上万人的必要的生活条件"，并对这些人"过早的、非自然的死亡"不加治理甚至视而不见，无异于一种"隐蔽的、阴险的谋杀"。[④]

（二）工人的精神贫困

首先，资本主义分工和单调重复的劳动不仅使人均质化和碎片化，还极大抑制个性自由，使智力畸形发展。在资本主义生产方式下，价值增殖是生产的唯一目的，生产资料和科学技术作为赋能服务于资本、凌驾于工人之上，它们不再是生产活动的物质要素，而是反过来把工人当作生产酵母。劳动本质完全异化的大工业生产模式是资本主义时代特有的产物，在体力和智力劳动相分离的前提下，智力转化为资本支配劳动的权力并同工人相对立，工人因此成为生产链条上的一颗螺丝钉，只需将注意力集中于某个局部并不断重复同一简单的操作。这种将人"工具化"的生产模式使得他们的智力完全被"阉割"，极大阻碍其兴趣的培育和创造力的迸发。在完全出于资本积累的需要而非个人意愿的条件下，日复一日的单调工作是一种折磨，长此以往，再强大的个人意志

[①] 参见马克思、恩格斯：《马克思恩格斯文集》第 5 卷，人民出版社 2009 年版，第 532—534 页。

[②] 马克思、恩格斯：《马克思恩格斯文集》第 5 卷，人民出版社 2009 年版，第 282 页。

[③] 马克思、恩格斯：《马克思恩格斯文集》第 5 卷，人民出版社 2009 年版，第 307 页。

[④] 马克思、恩格斯：《马克思恩格斯文集》第 1 卷，人民出版社 2009 年版，第 409 页。

也会被消磨殆尽，劳动降为痛苦的谋生手段与工人相对立，从根本上破坏和毁灭创造性。资本主义的分工将工人肢解为碎片化的工具，使他们沦为均质化和单向度的人。此外，资本家还大肆宣扬"无知"是"工业之母"，提倡"工厂手工业繁荣的地方"也就是"最少用脑筋的地方"①，甚至雇佣"半白痴"来从事简单却又构成商业机密的操作。②作为附属品的工人被严重束缚、生产技能单一，呈智力畸形化和精神扁平化发展趋势，并随时面临着被替代的威胁，资本主义生产力的空前发达是建立在工人生产力极度贫乏之上的。

其次，无产阶级出现个人思想滑坡，家庭与社会道德沦丧等问题。资本的奴役把工人贬为牲口，使他们内心本应有的幸福渴望和兴趣追求统统都被劳役苦痛和不满情绪所填满。强制性的机器劳动作为锁链，将他们牢牢地束缚在了机械化的车间，除了吃饭睡觉外没有任何可支配的时间，超负荷的工作强度严重损害他们的神经系统，压抑肌体的延展和代谢，更不用说心灵的放松和精神的自由了。常年从事这些没有一丝愉悦感的工作，碰上周末偶有的提前收工，他们就像逃离瘟疫一般地逃离劳动，跑到酒馆酗酒，躲到晦暗角落纵欲，混入街头巷尾任意施暴。他们由于痛苦和愤怒导致心灵扭曲，只能靠低俗的恶习和过度的纵欲暂时忘记所受的折磨，在处处受到敌视和排挤的重压下，他们以最极端的犯罪行为来表达对资产阶级社会秩序的仇恨和藐视。在英国，犯罪率和犯罪数量在 19 世纪上半叶呈指数型增长，自杀、盗窃、

---

① 马克思、恩格斯：《马克思恩格斯文集》第 5 卷，人民出版社 2009 年版，第 418 页下注。

② 马克思、恩格斯：《马克思恩格斯文集》第 5 卷，人民出版社 2009 年版，第 419 页。

诈骗、毒死孩子、勒死丈夫等骇人听闻的事件比比皆是。"贫穷对精神所起的毁灭性的影响"[1] 在他们身上体现得淋漓尽致，除了缓慢饿死、立刻自杀或偷抢盗窃之外别无他选。工人的一生都在遭受各种偶然事件支配，无人关心、颠沛流离且毫无保障，他们创造的全部财富都被资产阶级夺走，还被扣上懒惰无知、贪图享乐、道德败坏、没有远见以及威胁社会秩序等所有罪名，是自私自利的社会制度将他们边缘化并沦为颓废堕落的牺牲品。

最后，在价值观建构上，现代人除信奉"利益至上"外再无任何高尚的信仰。金钱凌驾于人之上，人的尊严遭到任意践踏，道德伦理和公平正义有限地存在，沦为维护阶级统治的谎言。整个资本主义社会商品拜物教和货币拜物教盛行，突出表现为对资本的全面依赖，因此，不仅仅是贫穷的工人无法摆脱对金钱的依赖，资本家之间更是要通过财富来赢得竞争、彰显自我。在这样的前提下，尔虞我诈代替了手足情谊、金钱利益取代了真挚友情，没有什么比赚更多的钱还快乐，也没有钱所买不来的一切。由于金钱的主导，所有人都唯利是图，人的精神世界极度空虚和匮乏。也正是如此，"人的需要"变得畸形，正如肖恩·塞耶斯所言："这是一种'虚假的'和'人为的'需求，而不是自然的：它是一种社会和历史的产物。"[2] 这样的社会中，人无法得到真正的自由，富人的精神贫困表现在利益至上、人情淡薄、内心空虚、价值观扭曲等方面，穷人则陷入物质和精神双重贫困，具体包括温饱难以维系、工作环境恶劣、创造力丧失、尊严被贬、社会权利和保障缺乏等问题。

---

[1]　马克思、恩格斯：《马克思恩格斯文集》第 1 卷，人民出版社 2009 年版，第 429 页。
[2]　Sean Sayers, *Marxism and Human Nature*, London: Routledge, 1998, 48.

（三）工人的地位低下

工人的地位低下首要表现为经济地位的从属和政治权利的丧失。资本被赋予人格后就成为资本家，他们通过压榨剩余价值实现增殖，而死的资本必须靠吮吸活劳动来赚取源源不断的生命养料，于是，只要工人有短暂休息和喘息的机会，就会被认为是对资本家的偷窃，在资本家看来，工人的劳动时间已经被自己购买，不容给自己的生产造成一丁点损失，这种损失对利润增加是极其有害的。由此可见，在资本面前，工人如牲畜一般，没有一丝人的平等与尊严可言，永远处于依附和从属地位。对资本家来说，所谓的人权只是在于能够"平等地剥削劳动力"。[1] 由于没有经济基础，工人也就丧失了政治和社会生活的话语权，例如：用生命争取而来的工作日及工厂法，在法规的执行上却举步维艰、处处碰壁；政府对工人极端贫困和窘迫的生活境地从未改善；工人被排除在医疗和教育等社会公共福利体系之外；在议会上几乎得不到参政议政的席位；结社和罢工运动被血腥镇压等。

此外，工人阶级的女性比男性遭受更多的贫困，具体表现在男性缺位于家庭事务和私有制起源带来的性别不平等。恩格斯指出，在野蛮时代的中级阶段，随着财产开始由氏族公有转为家庭私有，以家庭为单位的财产私有制和分工的发展对以"母权制氏族为基础的社会"形成强有力的冲击，社会由此经历了父权制取代母权制，"对偶婚向专偶婚的过渡"。[2] 专偶制家庭既以私有化财产在父子间的继承关系为根本动力，又是阶级分化和私有制演化

---

① 马克思、恩格斯：《马克思恩格斯文集》第 5 卷，人民出版社 2009 年版，第 338 页。

② 马克思、恩格斯：《马克思恩格斯文集》第 4 卷，人民出版社 2009 年版，第 66—70 页。

的产物。在资本主义社会中，对女性的物化达到了顶峰，她们除了作为单纯繁衍后代的生产工具，还要充当苦力来补贴家用，既要从事长时间的工厂劳动，不少妇女还被迫走上街头出卖自己的肉体，正如《英国工人阶级状况》所描述的：英国的卖淫之风一度盛行，每天晚上充斥于伦敦街头的妓女就超过了四万人。①建立在性别不平等基础上的人口生产势必会制约社会的进一步发展，导致女性的工具化趋势加剧。

最后，工人及其后代的教育资源匮乏且境遇更为悲惨。马克思在《资本论》中提道："把未成年人变成单纯制造剩余价值的机器，就人为地造成了智力的荒废。"②工人能得到的教育水平与他们能得到的物质水平是一样少的。对于政府规定的所谓初等"义务教育"，厂主通常只是把三岁以上年龄不等的儿童聚集在拥挤的四壁内，雇佣几个连自己姓氏也读不清楚的"老师"，草草应付法律所规定的教育任务即可。这些所谓的老师往往只是失去劳动能力的工人，所授的课程不是关于理性和道德的公共教育，而是会激起教派仇恨的神学教条和无法理解的迷信谬论。几年下来，除了硬生生灌进的宗教"毒素"，孩子们什么也没学到，但这恰恰达到了统治阶级的奴化目的。由于不适当的劳动和管教的缺乏，这些野蛮无知的孩子从幼年起就住在拥挤不堪的棚舍里，与堕落卑劣的人接触，听着最肮脏下流的话语，自然形成了放荡成性的品行。资本不仅剥削家庭中的男性劳动力，随着男性工人因机器贬值，还将他的妻子也捆绑在了流水生产线上，一家老小都进入了劳动市场。这样一来，妇女花在家庭日常的自由劳动时间大大减

---

① 参见马克思、恩格斯：《马克思恩格斯文集》第 1 卷，人民出版社 2009 年版，第 442 页。
② 马克思、恩格斯：《马克思恩格斯文集》第 5 卷，人民出版社 2009 年版，第 460 页。

少，久而久之还会出现违反母性地喂食鸦片、对婴儿灌酒、故意饿死和毒死自己孩子的现象。此外，为了多赚一点工资，工人会谎报孩子岁数以贩卖他们为合法童工，年幼的子女成为父母可以利用的商品，以及在饥荒时期被任意杀害的累赘。可见，工人的后代是极其不幸的。

总体而言，在资本主义生产方式下，由于资本积累导致的劳动与生产资料分离，资本家通过无偿占据剩余价值的工资制度支配工人命运，致使工人不仅在物质层面相对匮乏、还遭受精神贫困与政治经济地位的低下，整个社会除"金钱至上"的单一信仰外再无其他高尚的价值追求，可见，资本主义不仅出现了人类历史上最严重的贫富分化，还造就了最异化的"虚假需求"。

三、从唯物史观预测反贫趋势

马克思致力于解决的，是在资本主义社会阶段中的悖论性贫困，以及从中折射出的各种异化问题，这种贫困是制度造成的、结构性的和人为的，非同于原始社会时期的贫困。从这个层面而言，结构性贫困问题自然与共产主义问题紧密相连、不可分割。通过马克思对贫困的澄清和反贫趋势的预测，我们不难看出他鲜明的唯物史观立场。

（一）对"贫困"的理解和澄清

马克思眼中的贫困不仅是物资匮乏和收入微薄的量上表现，更是一个关乎人与人之间关系、人的本质的社会问题。他对贫困的剖析大致遵循以下的路径。首先，马克思将贫困放入社会范畴中进行分析，因为人是社会存在物，人在劳动中结成不同的社会关系，对此也曾在《关于费尔巴哈的提纲》中说过："人的本质……在其现实性上，它是一切社会关系的总和。"① 因此，分析贫困问题自然就离不开对人在实践活动中结成的社会关系进行探究。在确立了社会研究的维度后，马克思从新世界观"实践"角度出发来思考贫困。他发现大量工人生活拮据、住所简陋、丧失理想、酗酒成性等物质贫困和精神堕落的现象，也是当时工业城市中随处可见的社会现实，他除了关注工人的贫穷存在着"劳而不富"及"越劳越穷"的悖论外，还生发了关于工人劳动为何可以买卖、国家机器怎样为资本服务、大资本家如何与官员勾结购买特权等现象背后关于人与人关系的疑问。对此马尔萨斯和其他资产阶级经济学家们也有过自己的解读，但都大致上概括为：相对贫困是量上的规定，因为有了比较，穷人才会在工资和生活水平较过去提高之后仍感到自己穷，这是太贪婪的表现，因此要辅以诸如"禁欲"和道德教育等措施。无产阶级也被贴上了"失业者""没有教养的穷人"和"福利享受者"等标签，不难看出，这样的定义无疑充满了对劳动群体的蔑视。马克思则否定了这种通过数字比较定义相对贫困的方式，指出资本主义社会中人和人之间的买卖关系、阶级不平等才是贫困问题应当被关注的重点。贫困不仅在物质层面体现，更严重的在于私有制下人本质的畸形和人与人关系的不平等。很显然，马克思从基本的社会现实出发，超越了通过收入水平等数量对比来定义相对贫困的粗略方式，抛开贫穷和富裕的差别，坚持从人的本质进行考察，从而发现资本主义时代

---

① 马克思、恩格斯：《马克思恩格斯选集》第 1 卷，人民出版社 2012 年版，第 135 页。

的贫困源于剥削性，源于一个阶级对另一个阶级剩余价值的压榨，是人为的，也是制度造成的。简言之，"重视人的需要和本质"和"贫困具有社会意义"正是马克思看待贫困问题优于前人的透彻性体现。

（二）唯物史观赋予马克思反贫困思想科学性与彻底性

历史唯物主义作为马克思和恩格斯的伟大发现，是其反贫困思想的哲学基础，也是其见解具有独创性贡献的根本原因。在唯物史观的原则指导下，马克思驳斥了官方经济学静止看待人类历史、将私有制永恒化的主张，批判了黑格尔思辨的反贫困观，以及超越了空想社会主义者出于理性的美好设想。通过与历史唯心主义反贫困思想的对比，我们得以明晰马克思思想的科学性。

首先，唯物史观强调人类历史是一个不断发展的动态过程，新的阶段取代旧的社会是必然的，具有不以人的意志为转移的客观规律性。这在根本上将马克思和唯心主义国民经济学家区分开来。由于后者忽视历史研究的静止眼光无法洞见社会发展的未来趋势，于是将资本主义私有制当作天然合理的前提，在抽象的固定概念中兜圈子。"经济学家自己也不知道他在为什么服务。他不知道，他的全部利己的论辩只不过构成人类普遍进步的链条中的一环。"[1] 对此，恩格斯给予批判并提出："必须重新研究全部历史，必须详细研究各种社会形态的存在条件……在这方面……谁肯认真地工作，谁就能做出许多成绩，就能超群出众。"[2] 于是，在《英国工人阶级状况》中，他率先把自由主义经济学及其范畴置于长

---

[1] 马克思、恩格斯：《马克思恩格斯选集》第1卷，人民出版社2012年版，第24页。
[2] 马克思、恩格斯：《马克思恩格斯选集》第4卷，人民出版社2012年版，第599页。

时段的社会史中进行分析，追问其根源，并强调对人类历史的解剖才是研究生产方式运行规律和贫困问题的正确方式。这种将经济学从神坛拉入人间的考察方式也从根本上区别于伪善的古典政治经济学永恒而静止的前提设置。在马克思看来，资本主义生产方式在造成严峻劳资对立的同时，也不自觉地充当了通往下一社会阶段的中介。财富增长、资本过剩和工人贫困其实是同源事件，然而资产阶级却有意掩盖和否定这些事件的起源，执意从他们所认为天然合理的错误根源出发来设想缓解贫困的权宜之计，这只会与消灭贫困的目标背道而驰。唯有注重历史和逻辑的结合，确证资本主义社会在人类历史发展中的暂时性，从根源上否定和批判资本主义生产方式，才是反贫的科学出路。

其次，唯物史观主张从生产力和生产关系的矛盾运动出发来研究人类社会，因此，分析资本主义生产方式内在的矛盾运动才能揭示反贫困的共产主义方向。这是缺乏唯物史观的空想社会主义和马克思的根本区别。空想社会主义者尤其是 18 世纪之后的思想家受启蒙运动的深刻影响，平等、自由和博爱的理性主义仍是他们追求的精神旗帜，所以在很多现实问题上他们都把理性当成一种目标，认为资本主义私有制之所以是贫困的根源，是由于违背了所谓的"自然法典""伦理应当"和"人道主义"等理性主义的判断，否认资本主义的诞生和灭亡对社会历史规律来说是合理的这一事实。同样，他们对社会主义的向往也是由于其符合人类理性标准，而不视为资本主义生产方式内在矛盾运动的必然结果。此外，他们还常常从形而上学的观点出发，把人类历史的进步视为由天才偶然发现并创造的。他们对人的本质以直观的方式来理解，并将人的行动视为精神活动的抽象化，究其原因，是以唯心史观看待社会历史领域的结果，也是他们无法真正解决贫困问题的根本原因。然而，马克思则站在新哲学即唯物史观立场之上，通过劳动确证了人自身及其创造历史的积极意义，将停留于"应当"并用观念解释实践的幻象批判拉回现实，深入社会生产内部，从资本主义的基本矛盾及其运动发展角度展开批判，从而真正揭示了私有制的历史起源和共产主义何以可能的未来趋势。

最后，唯物史观认为物质生产方式才是社会变革的决定力量，必须面向社会经济现实，从实践出发分析问题。在对贫困问题的考察上，黑格尔采取的是以逻辑自我推演为主导的外部反思进路，归根结底是一种历史唯心主义。他虽然看到了底层人民的贫苦生活，却没能从现实的经济角度出发去深究其原因并予以解决，而是将其转换为概念逻辑推演中的一环，把市民社会中的贫困问题看成私人利益得不到调和的不足环节，并认为只要上升到伦理国家就能够使普遍利益和特殊利益达成统一，贫困就能最终消灭。这种经思辨哲学论证得来的方案使得问题抽象化、神秘化，显然是无法解决现实贫困的。黑格尔虽然能够看到贫困生成的劳动本质，却把劳动抽象为绝对精神的一个环节，视为精神运动和"自我意识所设定的东西"。① 这就注定了他无法通过劳动本质揭示现代贫困的真正根源。他脱离现实的实践谈精神，认为精神能够进行完整的自我运动、自我证成，否认物质生产对精神的决定作用，陷入了历史唯心主义的窠臼，因而无法形成对现代社会构成方式和人的本质的科学理解。黑格尔一直都没有跳出私有财产必然性和市民社会原则的桎梏，看不到国家背后的经济基础即市民社会，

---

① 马克思、恩格斯：《马克思恩格斯文集》第 1 卷，人民出版社 2009 年版，第 209 页。

且因对市民社会批判的不彻底而陷入了对代表普遍意志的理性国家的神话之中。这样的理性国家也只是唯心史观凸透镜下的思维折射，是理念和精神的外化。与此相反，马克思则基于唯物史观立场，立足于实践，将贫困放置在整个社会历史运动当中，指出资本主导下的私有制是造成阶级对立、贫富分化的根源，为深受剥削"锁链"束缚的无产阶级指引正确的革命方向，也为哲学界已有的反贫困思想拓展新高度。

总之，马克思一开始就基于唯物史观的根本立场，从贫困的社会属性和人的需要出发，抓住了"资本主义私有制致贫"的根源，根本上否定了唯心主义思想家们为维护资产阶级利益而对制度合理性的吹捧和掩盖粉饰的手段。在此基础上，马克思进一步剖析了劳资分离的起源，以及私有制如何在稳固自身统治的同时加剧工人的物质贫困和精神异化、如何使得工人完全依附于资本而成为"活着的机器"。这种对结构性贫困的始源性探究具有科学的指导性，既为深陷泥淖的底层人民拨开迷雾，又为广大无产阶级投身社会变革指明了斗争方向。

第二节　在批判中建构彻底的无产阶级反贫困思想

虽然空想社会主义者、资产阶级经济学家及以黑格尔为代表的德国古典哲学家都对贫困问题做出过不同程度的探讨与研究，但他们的解决方案却因各种缺陷无法彻底根除贫困，马克思则立足于无产阶级根本利益，以唯物史观和唯物辩证法为指导，深入贫困的经济根源，为摆脱物质与精神贫困提出了具有现实性和科学性的共产主义目标，从而实现了对前人理论的全面超越。马克思反贫困思想的科学性通过与三大思想资源①的比较显现出来，前人理论的局限性使我们更好地认识马克思理论的进步及革新之处。

一、反贫立场从维护资本转变为消灭资本

无论是国民经济学家还是黑格尔，抑或是以蒲鲁东为代表的小资产阶级主义，都认为资本是天然合理的前提存在，因而所采取的反贫方略在客观上都是为了维持资本统治的现状，而马克思则从资本主义内在矛盾的运动中看到贫困的根源恰恰就在于资本的主导逻辑，唯有破除资本对人的统治，才是彻底消灭贫困的路径。与此同时，资本作为历史的产物，也必将随着人类社会历史的不断发展而灭亡。

（一）资产阶级立场的思想家坚信资本永恒存在

马克思指出，出于维护资产阶级的立场，"一切经济学家的通病"在于"把资产阶级的生产关系当做永恒范畴"。②他们将财富而非实践的人放在核心位置，运用经济学而非哲学的眼光考察工人，静止地看待资本主义与人类社会历史的关系，这就注定了官方经济学家无法从根本上澄清资本主义经济的运行规律和生产方式的矛盾。他们从来不去深究经济范畴和财产私有的历史性，而是直接把经济范畴中最不合理的"资本主义私有制"变为了毋庸置疑的存在。他们理所当然地认为，拥有了支配他人劳动、掌控生产资料权利的资本家"滚雪球"般地越来越富就是合乎常理的

---

① 三大思想资源是指古典政治经济学、黑格尔对哲学和空想社会主义的反贫困思想。
② 马克思、恩格斯：《马克思恩格斯文集》第 10 卷，人民出版社 2009 年版，第 309 页。

事情，商业巨头和财富大鳄们慷慨捐赠和慈善救济就是这个社会至善的代名词，而穷人的贫困则被归咎于自由经济发展不充分、分配不公、子女过多、生性懒惰和知识水平不高等等各种原因。事实上，"最合理"的资本主义私有制度其实才是导致贫困和异化的根源。归根结底，国民经济学家是站在维护私有制的立场，从理性直观角度看待资本主义社会发展的，他们不会发现工人阶级的力量，无产者在他们眼里只配当作"劳动的动物"和"仅仅有最必要的肉体需要的牲畜"。[①] 因此，也才会有马尔萨斯、李嘉图等人将贫困归结为人口过剩的荒谬污蔑，对此，恩格斯也在《国民经济学批判大纲》中痛斥："经济学家的不道德已经登峰造极。"[②]

除此之外，以蒲鲁东为典型的小资产阶级派虽然意识到贫困的原因是私有财产，较完全维护私有财产的国民经济学家而言有了一些进步，然而，他又并非完全抵制私有财产，而是采取选择性抵制的态度，即认为小生产者通过自己劳动获得的财产理应受到保护，而大工业资本对小生产者的压榨又需极力反对。显然，他无法摆脱对小资产阶级的依赖，也没有认识到资本主义私有制和一般商品所有制的本质区别，这种通过形而上学方法论从所有权表象解决贫困的方式，实际上还是未能脱离资本主导的框架，带有妥协性和不彻底性。

与此同时，由于缺乏历史观，黑格尔的反贫困方案同样充当了维护资本统治的工具。他在伦理体系中提出的诸如海外殖民、同业公会和警察体制等手段并不能根除市民社会的"贱民"问题，

---

① 马克思：《1844年经济学哲学手稿》，人民出版社2018年版，第180页。
② 马克思、恩格斯：《马克思恩格斯选集》第1卷，人民出版社2012年版，第40页。

充其量就只是向他国转移和缓解贫困以及镇压贫民而已。此外，其构想的近乎完美的理性国家和看似公正的官僚制度其实也是逻辑链条上虚幻的一环，在现实中还是为私人利益让步，成为特权阶级的支配工具。

（二）无产阶级立场的马克思主张资本必然灭亡

与为"维护资本"而反贫困的资产阶级理论家们立场不同，马克思始终站在无产阶级立场，主张反贫困是为"消灭资本"。黑格尔及国民经济学家们在不触动资本主义私有制的前提下，企图利用思维的逻辑推演或形上的范畴公式来掩盖剩余价值被无偿剥削的罪恶事实，本质上就是维护资产阶级的利益。他们忽视资本逐利性和扩张性所带来的诸如两极分化、生态失衡等无法避免的弊端，默许了"以牺牲多数人的利益来满足少数人的特殊利益，以牺牲整体利益来满足局部利益，以牺牲人类长远利益来满足当前利益"的发展方式，[①] 从而迎合资产阶级统治的需要。他们坚信自由竞争的市场法则，认为堕落无能的穷人要想摆脱苦难就必须被精明能干的富人所雇佣而忍受恶劣的工作条件，他们提出诸如固化贫困且带有屈辱性质的"济贫院"和颁布以惩罚代替救济的"英国新济贫法"等措施，看似处处都在消灭"贫困"，其实事事都在针对"穷人"，这种"维护资本"的立场很明显就是与广大劳动人民截然对立的。

与此相对，马克思摒弃了资产阶级所定义的"原子式个人"形象，把人类看成由各种社会关系联结而成的有机整体，拥有丰

---

① 刘同舫：《马克思人类解放思想史》，人民出版社 2009 年版，第 321 页。

富的生活需要、从事具体的生产实践。他们并非是被迫卷入劳动力市场中相互敌对、相互分离的孤立个体，而是在机器大工业生产中通力协作的阶级成员。所以，当资产阶级理论家一味地谴责赤贫者道德沦丧、贪婪成性，并把他们的贫困遭遇视作市场法则的必然结果时，马克思却洞察到了这些饱受艰辛的工人所具有的先进性。在马克思看来，"社会上大多数人一贫如洗"①，作为无产者，他们虽处于社会最底层，但在长期繁重的工业生产中，淬炼出顽强的意志和较强的组织纪律性，是先进生产力的代表，同时他们还是物质财富的实际创造者，但在劳资分离的现实条件下不得不陷入劳而不富的贫苦泥淖。要想为他们寻求解放出路，就必须根除这种生产资料私人所有的制度，使劳动者重新占有生产资料，一旦摆脱资本的趋利性，人们也就不会过度消耗资源、盲目扩大生产，人与自然得以和谐共处。"消灭资本"作为反贫困目标的题中之意，乃顺应自然、合乎民意之举。

可见，"为了谁"这一原则性和根本性问题是区分马克思反贫困思想和其他反贫困学说的前提条件。始终以无产阶级根本利益为出发点的马克思同那些资产阶级理论家们在立场上是有根本区别的，看似大家都在解决贫困，黑格尔及古典学派试图论证贫困的合理性和永恒性，近乎毫无人性地劝慰无产者甘于辛劳、安于贫苦，其"维护资本"的嘴脸昭然若揭；而马克思则在指出贫困是资本积累过程必然产生的痼疾时，更强调了联合起来的无产者通过制度变革"消灭资本"、实现自由解放的历史趋势。与那些"针对穷人"的思想家立场不同，马克思基于人的本质实现和人的

---

① 马克思、恩格斯：《马克思恩格斯文集》第 5 卷，人民出版社 2009 年版，第 224 页。

解放立场，指出资本主义私有制必然导致贫困的事实，毅然承担起了无产阶级革命理论家的任务，帮助最广大的穷人认识贫困，走出贫困。

二、反贫方式从改良调和转变为社会革命

因哲学基础或阶级立场的根本差异，前人的反贫困思想或多或少都停留于制度层面的修补和矛盾的调和，在马克思看来，这是带有妥协性的、不彻底的反贫方式。在批判和超越前人思想的基础上，马克思提出了扬弃资本主义私有制的反贫逻辑，并指向人类解放的最终目标。

（一）空想社会主义的改良缺陷与马克思的批判

空想社会主义者都能够基于现实情况来对资本主义的种种弊端给予批判和否定，并提出了自己对于未来社会的美好构想，然而，诚如恩格斯所言："不成熟的理论，是同不成熟的资本主义生产状况、不成熟的阶级状况相适应的。"[1] 在时代因素方面，由于资本主义生产方式在16—18世纪当中呈上升趋势并发挥相应的积极作用，大工业生产所带来的阶级矛盾还未激化到顶点，科学社会主义的必备前提尚未完全形成，空想社会主义者的理想超出了当时的社会历史条件，无法形成跨越，因而呈现出"空想性"。

空想社会主义者虽然能够看到资本主义私有制的缺陷以及由此带来的社会分工不合理、财富分配不公平、人民生活贫困以及

---

[1] 恩格斯：《社会主义从空想到科学的发展》，人民出版社2018年版，第41页。

道德沦丧等一系列问题，提出并落实了消灭分工、反对异化等的相应措施，然而，他们中的大多数都只停留在对资本主义制度的改良和创造层面，没有触及暴力革命，这种改良态度是不彻底的，也体现出他们对社会存在尤其是资本主义生产方式矛盾缺乏基本认知。"他们拒绝一切政治行动，特别是一切革命行动；他们想通过和平的途径达到自己的目的，并且企图通过一些小型的、当然不会成功的试验，通过示范的力量来为新的社会福音开辟道路。"①与此相反，马克思在肯定上述发现之后又再往前跨越了一大步，他明确了私有制的贫困根源，肯定了无产阶级的变革力量，更重要的是从社会历史发展的客观规律提出武装革命推翻资本主义制度的必然性，指出唯有暴力革命才是彻底消灭阶级和贫困的方式。

（二）暴力革命是铲除资本统治的必要手段

暴力武装革命是资本主义社会制度自我扬弃、走向灭亡的必要手段。在贫困问题的解决上，不仅有黑格尔这般极大影响思想界的"绝对理性国家"方案，也有蒲鲁东小资产阶级式的改良主义幻想，还有诸如以李嘉图和马尔萨斯为代表的"人口遏制"论，以及反动、封建抑或保守的形形色色的社会主义思潮等。然而，对于资本主义私有制的本质而言，在不触动其制度根基的前提下进行的一切政策变革，都只是或多或少地起到一些对贫困的缓解作用，并不能从根源上剔除悖论性贫困的恶根。马克思充分意识到，即使是资本主义发展到了后期的成熟阶段，工人们的薪酬待遇与工作生活环境得到了极大改善，甚至一部分工人还参与了公

---

① 马克思、恩格斯：《马克思恩格斯选集》第 1 卷，人民出版社 2012 年版，第 432 页。

司管理和股份分红，地位得到了提高，似乎远离了贫困状态，过上了中产者怡然自得的生活。殊不知，这些措施实质上只是资本家为了缓和尖锐的阶级矛盾、稳固自身的统治而使用的权宜之计，无产阶级处于依附和被剥削地位的事实、生产资料和劳动者分离的事实、阶级对立和制度弊端依然存在的事实都没有发生任何改变。资本主义私有制是对以个人劳动为基础的私有制的否定，在这样的前提下，生产力的发展并不是惠及整个社会的，反而导致资本的集中和竞争的加剧，致使无产阶级遭受更隐秘的剥削。因此，要想从根本上消除工人的悖论性贫困、打破劳资对立的二元结构，就必须变革生产关系、采取阶级斗争、依靠暴力武装革命，在阶级社会中消灭阶级自身、消灭资本主义私有制。只有阶级消失，奴役和被奴役的土壤才会消失，贫困根源才能被铲除。

总之，针对反贫困方式，许多思想家都有不同看法，空想社会主义主张慈善、爱与调和，寄希望于小范围的实业试验、工资制度改革等方式来消除贫困；宗教派采取的是对内劝导穷人忍耐、节制和提升修为来让人悦纳清贫、接受命运，对外依靠募捐慈善等形式加以辅助；自由派则笃定市场竞争不能被打破，采取诸如累进税等福利国家政策消除贫困；小资产阶级主义则认为要实现政治形式的权利平等，才能让无产阶级同享与资产阶级一样的公平正义。不难看出，这些反贫困方案无一例外都是不触动制度统治根基的调和改良手段。在马克思看来，贫困绝不仅体现为物质匮乏，更关乎人的精神被扭曲、本质被异化，人因此沦为物、过着非人生活的状态。马克思的反贫困目标，就是要彻底打碎这种驱使和奴役人的资本逻辑，使人获得全面自由解放。

三、反贫主体从贬低工人贱民转变为依靠无产阶级

　　马克思反贫困思想的最大特点之一就是历史唯物主义立场，也是区别于旧的唯物主义和一切唯心主义的根本所在，"现实的人"作为唯物史观的哲学结晶之一，是马克思探索贫困出路和人类解放的唯一依靠力量。只有实现对"人"本质的复归，确证劳动人民财富创造者和变革主体的地位、顺应劳动人民根本利益、满足劳动人民对自由全面发展的追求，才是共产主义的应有之义与价值所在。

（一）对"现实的人"主体地位的确证

　　共产主义的建设者和享用者都是"现实的人"，对人的澄清是共产主义的首要条件。马克思认为"人类历史的第一个前提无疑是有生命的个人的存在"。[①] 这里的人不是虚幻和抽象的观念，而是从事生产劳动的、有血有肉的、活生生的"现实的人"，唯有从人的物质需求出发，明确人类历史就是人进行生产和生活的历史，才能揭示人类社会发展内在动因。然而，唯心主义者恰恰是从与物质基础相反的方面，即某种抽象的精神力量出发来考察社会历史活动，完全忽视隐藏在历史深处的物质生产力根源，最终得出精神决定人类历史的片面且错误的结论，黑格尔和费尔巴哈就是典型代表。他们的共同点在于并非从"现实的人"出发，而是从作为"类"的整体角度抽象地理解人，黑格尔侧重于强调绝对精神的作用，认为历史的发展就是人的理性思维的自我推演；费尔

---

① 马克思、恩格斯:《马克思恩格斯选集》第 1 卷，人民出版社 2012 年版，第 146 页。

巴哈则只把人看作直观的肉体存在，将人的"类本质"视为爱和友情，而没有看到人的最大特点是实践性，人与人的关系其实就是人通过实践与外界勾连的社会关系。"实践"立场既是现实的人的最本质特征，也是马克思在看待"人"的方式上区别于以上述两位为代表的历史唯心主义者的最根本因素。通过唯物史观的视角，马克思得以将人从抽象的迷雾中拉入现实，澄清了人之为人的实践性和物质性。

"现实的人"作为历史发展的结果，也充当了历史的缔造者，因此，一部社会发展史就是一部人类活动史，无论处在什么社会阶段，劳动人民都是社会生产的主体和历史变革的根本力量，应当共同享有社会财富。一方面，劳动人民既是物质与精神财富的创造者，又是制度变革的决定力量。首先，为了生存，人必须主动获取物质生活资料。从原始社会通过大自然直接获取简单的原料和燃料，到体力劳动与脑力劳动分离后的大量产品私有化，再到机械化大生产时代丰富的社会财富，这不仅是生产力持续提高的过程，也是人们实践范围扩大和实践能力进步的体现。因此，人的物质生产实践是物质丰富的保障，也是进行其他一切实践活动的前提。其次，人通过生产劳动与日常实践创造了精神财富，一切有形的和无形的精神财富如科技成果、社会准则、艺术作品、道德信仰等从根本上而言都是源于人民大众的需要，并通过直接或间接的实践经验升华而成。没有人民，就没有如此丰富的精神财富。最后，人通过实践不断促进生产力的发展，从而也在调整生产关系，要求制度变革，推动社会制度由低级向高级发展。纵观以往社会制度的破旧立新，都是觉醒的人民群众对没落统治的推翻。因此，人民是推动历史前进的主要力量。另一方面，劳动人民作为社会的主体，理应同享社会发展成果。在资本主义社会，由于劳动和生产资料的分离，广大人民虽创造大量的社会财富，但并不能得到公平地享用，而是陷入了贫富悬殊的相对贫困境地。在未来的社会中，先是在初级阶段实行按劳分配，即每一位劳动者得到的消费品与他付出的劳动量是对等的，而后在高级阶段实行按需分配，当生产力足够发达、社会财富极大充裕时，每个成员都能共同享有和自由支配社会生产资料及发展成果。

（一）"贱民"其实是失去生产资料的"现实的人"

对"现实的人"的认知差异，导致了马克思和黑格尔关于"贱民"的分歧。在黑格尔眼中，"贱民"好逸恶劳、"轻佻放浪"[①]，与绝对精神背道而驰，是市民社会中棘手的一环，因此他不相信这些贫苦群众具有"推翻旧社会的革命的破坏的一面"[②]，能够依靠自身完成社会变革、摆脱贫困。与此相反，马克思肯定劳动的"现实的人"的力量，指出"贱民"其实就是失去生产资料的劳动人民，他们必定能承担起反贫困的使命。

一方面，对劳动理解的偏差，导致黑格尔将劳而不富的工人当作"贱民"。由于资本主义立场和唯心史观的局限，黑格尔没能将劳动置于资本主义的时代条件中进行正确的分析。在他看来，劳动者在社会生产中遭遇生活水平的不断下降至一定水平后，就会逐渐失去自食其力的情感而自甘堕落，并对现实产生了抵触反抗的情绪，从而沦为贱民。因此，他认为劳动对于市民的本质属性而言是至关重要的，一旦离开劳动就会陷入赤贫的泥淖中。马

---

① 黑格尔：《法哲学原理》，范扬、张企泰译，商务印书馆 2017 年版，第 278 页。
② 马克思、恩格斯：《马克思恩格斯文集》第 1 卷，人民出版社 2009 年版，第 616 页。

克思则不会得出这么肤浅的定论，显然，他比黑格尔更透彻地看到这种劳动背后被资本异化了的"变味"因素，劳动早已不属于劳动者本身，而是隶属于资本和资本家，越劳动则他人越富，自己越贫。他一直反对黑格尔独断而割裂的贫困考察方式，将贫困简单地归结为人性论的批判，忽视了资本在暗中的操纵权和决定力。马克思跳出了黑格尔精神劳动的局限，从现实的生产劳动出发，揭示贱民的真正成因是劳动者的生产资料被剥夺。马克思通过批判地吸收黑格尔否定的辩证法，深入社会发展史中，探寻劳动如何推动生产发展和物质丰裕，又如何在资本主义社会发展阶段中被异化的过程。"劳动能力不仅生产了他人的财富和自身的贫穷，而且还生产了这种作为自我发生关系的财富同作为贫穷的劳动能力之间的关系。"① 他将黑格尔流于表面的精神运动拉入内部的经济规律，解释了资本主义时代劳资对峙的社会结构，找到了现代贫困无法消除的现实根源。

另一方面，不同的信仰与立场也导致了黑格尔与马克思在看待"贱民"问题时产生差异。运用同业公会加强对劳动者规训和管理是黑格尔提出的反贫困方式之一，从这一方式可看出，黑格尔无视"贱民"不占有生产资料的主要原因，反而将解决重心放在了如何改变"贱民"的懒惰、不思进取等负面心态和丑恶品性上，这种避开经济基础，只从问题表面和精神层面进行修补的方式暴露了他保守的立场和维护资本统治的倾向。而且，黑格尔认为诸如贱民情绪这般的精神贫困是人实现自身发展和市民社会统一的最大阻碍，却无法彻底解决它，究其原因，主要还是黑格尔

---

① 马克思、恩格斯：《马克思恩格斯全集》第 37 卷，人民出版社 2019 年版，第 412 页。

的唯心主义世界观。马克思当然也看到了与"贱民"精神类似的工人阶级厌恶劳动的现象，但他并不像黑格尔那样将人理解为精神性，而认为是实践性的，所以在否定"提升品格"这种修复方案的同时，提出这种所谓逃避劳动的现象，是工人在资本主义私有制的高压下，面对资本家毫无人性地压榨剥削而逃离的合理反应。要彻底摆脱这种反抗劳动的情绪，只能对资本进行批判，当资本的统治地位完全消失，黑格尔所指出的异化劳动和供求失衡等致贫原因也会自然消失。

在马克思与黑格尔的思想交锋中，黑格尔否定贱民群体，马克思则充分肯定无产阶级的革命力量。黑格尔虽然承认个体差异和社会分工会造成相对贫困，但他的市民社会体系中却无法解释贱民情绪造成绝对贫困的原因。他深知贱民不仅仅是处于边缘的底层工人，还包括手握财富的资本家。在 1821—1822 年《法哲学讲义》中他提出"富裕贱民同样存在"，① 这些人"凌驾于法之上……通过这种情绪……采取了一种无法无天的状态"。② 贱民情绪代表着毫无节制、践踏法规，如同资本家肆意掠夺工人创造的财富，使整个尊重劳动所有权和等价交换原则的市民社会陷入无序与混乱当中，他们同样成了市民社会的另一类贱民，加剧了社会的绝对贫困。黑格尔本可以继续深究贱民情绪背后的贫困起源和发展规律，却出于保护市民社会体系原则的需要，默认了社会制度对贫困者压榨的合理性，一味地全盘否定贱民情绪。与之相反，马克思发现，只有跳出黑格尔所坚持的市民社会原则，才能真正理解贱民情绪。也正是在对市民社会原则的分析中，马克思

① G.W.F., *Hegel-Gesammelte Werke*, Band 26, 2. Felix Meiner Verlag, 2015, 754.
② G.W.F., *Hegel-Gesammelte Werke*, Band 26, 2. Felix Meiner Verlag, 2015, 754.

发现了黑格尔所指的市民社会，其实是"在 18 世纪产生的……并随同资产阶级发展起来的"① 资产阶级社会，在这样的社会中，得到发展和受益的仅属资产阶级，而非全体成员。此外，在唯物史观的考察基础上，马克思提出了阶级斗争是资本主义社会的历史产物，在阶级对抗中，"压迫"成为资本家的本质，"逃离压迫"便成为工人的直观表达，并非难以解释的、需要上升到伦理国家来进行扬弃的贱民情绪。通过对资本主义社会的政治经济学批判，马克思揭示这样一个事实：所谓的"贱民"正在受到资本的残酷剥削，但也拥有摧毁资本的巨大力量，尤其是可以创造出共产主义新时代。至此，马克思真正解决了黑格尔无法解释的难题，并超越了他看待贫困的基本范式。唯有正视资产阶级社会剥削和压榨工人的血淋淋事实，才能将精神领域中的贱民情绪转化为革命的力量，这种力量既能让工人阶级挣脱贫困"铁链"的束缚，也能帮助资产阶级摆脱金钱至上的歪曲价值观的支配，成为自由和全面发展的人，也只有在那时，物质和精神的贫瘠才能真正消灭。通过对黑格尔市民社会原则和历史观的革新，马克思将解决贫困与人的自由全面发展紧密关联，坚信无产阶级可以实现消灭贫困、解放人类的最终目标。

四、反贫内容从消灭绝对贫困转变为人的全面自由发展

作为伟大的无产阶级革命家，马克思在反贫困思想史上第一次将反贫困内容提升至人类解放的高度。在他看来，如果反贫困

---

① 马克思、恩格斯：《马克思恩格斯选集》第 1 卷，人民出版社 2012 年版，第 211 页。

只是为争取更多的财富权利和更高的物质享受，那无异于默许了金钱的支配，人还是不自由的、被束缚的。而要彻底地摆脱贫困，绝不能仅满足于"面包"的获得，而是超越资本主导逻辑，在生产足够发达、物质极大丰富的基础上实现人的自由联合和全面发展。

（一）从"消灭贫困"到"解放人类"的超越

在反贫内容上，马克思实现了从试图"消灭贫困"的政策治理到对"解放穷人"的暴力革命的超越，由此奠定了反贫困的价值高度。黑格尔认为贫困无法根除，是市民社会中难以突破的一环，只能求助于弥合普遍利益与特殊利益的观念上的理性国家来解决；斯密和李嘉图认为贫困随财富与生俱来，是懒惰愚昧的平民和勤奋聪明的精英之间的天然差异，也是自由主义市场法则的必然产物；马尔萨斯将贫困归为人口过剩，主张限制穷人的生育率从而控制总人口数；而空想社会主义虽然意识到贫困的制度根源，却由于缺乏对资本生产规律的本质性认识，无法提出切实可行的反贫路径。总体而言，无论是黑格尔法哲学，还是古典学派，抑或是空想社会主义，他们要么将现象层面的联系作为依据，"反对的只是结果，而不是产生这种结果的原因"[1]，要么就是反贫目标清晰，但在解决方法上却因缺乏具体历史条件而难以落实、陷入空想。他们自以为都能消除贫困，实则只是扬汤止沸。

与此相反，马克思摒弃了"头痛医头、脚痛医脚"的解决方式，坚持由表及里、从根源上消除贫困。贫困作为现代社会的突

---

[1]　马克思、恩格斯:《马克思恩格斯文集》第 3 卷，人民出版社 2009 年版，第 77 页。

出问题，本质上是社会制度和经济关系的反映，因此，不能仅仅停留于问题表面，而应深入"市民社会"，"也就是政治经济学"当中。① 在唯物史观和唯物辩证法的原则下，马克思指出制度变革在反贫路径中的唯一性。一方面，他坚持从贫困这个社会问题的经济基础出发，对私有制充分溯源后指出其源于资本主义私有制的历史属性，认为贫困是随社会生产的不断进步而产生的，不触动资本主义统治基础是无法根除的；另一方面，他指出，前人在解决贫困问题上多是关注物质利益层面，既是肤浅的，也是片面的，这只会让人在金钱的驱使下越陷越深，成为物质上的富人、精神上的穷人，因此，消除贫困的真正目的不在于物质的获得，而是摆脱对物质的依赖。通过研究资本主义内在固有矛盾和人类社会发展规律，马克思提出了基于高度发达生产力的共产主义路径：无产阶级要先在经济斗争中以摧毁现代制度的政治革命为目标，通过夺取政权、获得经济解放后，在生产资料社会公有的前提下逐步实现人的解放。由此可见，反贫困思想必然导出解放理论，这不仅充分体现了马克思异于前人的理论高度，而且展现了他为贫困痼疾"祛除病根"，而非"服用止痛剂"的彻底性。②

（二）人的自由全面解放所需的条件

在马克思看来，实现人的自由全面解放唯一路径就是共产主义，而其共产主义愿景主要包括以下几个条件：

首先，需要实现自觉分工与劳动解放。资本主义私有制下的自发分工形成了对劳动者的极大奴役和束缚，沦为机械性和片面

———————

① 马克思、恩格斯：《马克思恩格斯全集》第 16 卷，人民出版社 1964 年版，第 409 页。
② 马克思、恩格斯：《马克思恩格斯文集》第 3 卷，人民出版社 2009 年版，第 77 页。

性的工具人，因此要消灭这种固定分工，实现劳动者自觉自愿的
分工，使个人重新驾驭物质力量，成为社会分工的主体和支配者。
消灭分工并不等同于取缔所有的职业分工形式，而是指消灭由于
劳动力和劳动成果的私人占有权及其所带来的强迫和异己的"劳
动者分工"形式，让生产和产品的支配权复归于每一个劳动者本
身。具体而言，就是要消灭迄今为止所有的生存条件，"即消灭
劳动"①，"把个人的自由发展和运作的条件置于"自己掌控的范围
内。② 当个人重新掌握生产的支配权，社会将按照人民共同的利
益需要，合理开展生产与分配，哪怕出现生产过剩也不会发生经
济危机和社会贫困等问题，而将是"保证满足所有人的需要"与
"引起新的需要"。③ 由于消灭了自发分工，劳动对人们而言是自
由自愿的，高效集约化的生产就不再是多数人服务少数人的过程，
而是整个社会的集体需要，大家的共同目的都是为了使生产更有
效率、产品更加丰富，因此社会分工会呈现精细化、节能化和专
业化等特点，行业之间的配合与协作也将更为紧密，但这绝不是
让人回归到被迫的劳动中，而是变成每个人主动的、自觉的行动。
在充分尊重个人意愿的劳动下，"有个性的个体"取代了"阶级的
原子个人"，物质条件受到了联合起来的个人掌控，人在这个共同
体中真正实现了自由。

　　其次，必须实现财富充分涌流、生产高度发达和生产资料社
会公有。第一，生产力的发达是物质财富充裕的根本保障。《反杜
林论》中提道："通过社会化生产，不仅可能保证一切社会成员有

---

① 　马克思、恩格斯：《马克思恩格斯选集》第 1 卷，人民出版社 2012 年版，第 201 页。
② 　马克思、恩格斯：《马克思恩格斯选集》第 1 卷，人民出版社 2012 年版，第 202 页。
③ 　马克思、恩格斯：《马克思恩格斯选集》第 1 卷，人民出版社 2012 年版，第 307 页。

富足的和一天比一天充裕的物质生活，而且还可能保证他们的体力和智力获得充分的自由的发展和运用。"① 由此可知，唯有以发达生产力作为支撑，社会拥有足够多的消费资料，人们才得以抽出更多自由时间去发展自己的爱好、学习各种知识与提升自身境界，并反过来运用于社会化生产实践中，创造更多高质量的物质和精神产品。否则，就会造成人们因陷入"极端贫困"而相互"争取必需品"的"死灰复燃"局面。② 第二，物质财富需极大充裕。之所以说共产主义阶段的物质财富能够实现极大丰富，主要是体现在以下两个方面：一方面，所有人的合理物质需求都能得到满足，不再因温饱而发愁，也无需忍受贫富差距的落差；另一方面，人的劳动和精神得到解放，拥有丰富的精神世界和多元的兴趣爱好。人们不仅拥有精湛的技术水平和丰富的生产经验，还有高尚的思想道德品质与科学文化素养，能够通过社会化生产与再生产的过程不断创造足以支撑全民所用的财富，达到马克思所说的"各尽所能，按需分配"。③ 第三，生产资料实现社会公有。这种公有制并不是完全否定个人对生产要素及产品的占有，"不是要废除一般的所有制，而是要废除资产阶级的所有制"，④ "在协作和对土地及靠劳动本身生产的生产资料的共同占有的基础上，重新建立个人所有制"。⑤ 也就是说，共产主义阶段不存在生产资料的私人占有，也就不会有少数垄断资本家在巨额利润的驱动下无偿剥削绝大部分人剩余价值的情况，人们也不需要财富来标榜自己，由于

① 恩格斯：《反杜林论》，人民出版社 2018 年版，第 305—306 页。
② 马克思、恩格斯：《马克思恩格斯文集》第 1 卷，人民出版社 2009 年版，第 538 页。
③ 马克思、恩格斯：《马克思恩格斯文集》第 3 卷，人民出版社 2009 年版，第 435—436 页。
④ 马克思、恩格斯：《马克思恩格斯选集》第 1 卷，人民出版社 2012 年版，第 414 页。
⑤ 马克思、恩格斯：《马克思恩格斯文集》第 5 卷，人民出版社 2009 年版，第 874 页。

每个人都是整个社会物质资料的主人，都能按意愿通过劳动对物质进行改变或创造，并获取自己所需的那部分，这种重新建立的个人所有制也叫社会公有制。此外，公有制的全民性还体现在不分国家、地域、种族、肤色或劳动能力高低等各种情况，彻底扬弃了当今资本主义社会雇佣劳动和资本分离与对立下的"私人所有制"，真正实现全人类共劳共得的"社会所有制"。

最后，社会关系丰富融洽，人与自然和谐共处。由于脱离了异化，共产主义阶段的社会关系整体呈现出和谐融洽的状态，具体体现在个人和社会之间、个人和个人之间，以及国家最终消亡这三个层面。一是个人与社会达到真正的统一。按照唯物史观和辩证法中"整体与局部"的基本精神而言，个人与社会本就是相互依存、不可分离的，个人是社会化的个人，社会也因许多"个人"的存在而成为社会。只不过，在资本主义社会，原子式的个人代表着不同的私利，每个人总是不自觉地通过牺牲另一个甚至另一些人的利益来谋取，社会同样也以竞争和需要为核心特征，个人利益与集体利益是不可调和的，个人与社会在本质上以分裂和敌对的方式互为存在，就像黑格尔所描述的"利己的个人与市民社会"的相处状态。只有到了共产主义阶段，"全面自由发展的个人"取代了"私人"且不再以逐利为导向，自觉自愿的劳动成为第一需要，每个全面发展的自由人联合起来形成"崭新的个体与共同体"有机统一的模式，人和社会才能真正弥合分裂、实现统一。① 二是共产主义阶段的人们因素养达到足够高度而得以结成自由有序的共同体，国家会随之消失。国家是社会中有形的组织，

① 侯才：《马克思的"个体"和"共同体"概念》，载《哲学研究》2012年第1期，第8页。

自古以来都属于并代表统治阶级的利益，但当国家"真正成为整个社会的代表时，它就使自己成为多余的了"。[①] 无产阶级取得政权，没有了剥削与被剥削阶级，暴力镇压也失去作用，整个社会因国家这个臃肿的管理机构消失而在公共管理、生产分配、信息传播等领域变得更为快捷和方便。社会管理制度极大简化、资源耗费成本大幅降低、人人当家作主充分实现，进一步促进了人与社会、人与人、人与自然之间的和谐。三是人与人之间回归兄弟般的温情。诚如经典作家所言，在资本主义社会，整个世界没有一丝温情可言，因为"人和人之间……总是同物结合着，并且作为物出现"。[②] 然而，共产主义在根本上扬弃了资本，使人的本质和尊严因脱离奴役而得到复归，真正合乎人性的价值取代交换价值而成为社会的旨趣，人与人之间将会是这样一种自觉和良性的关系："吸烟、饮酒、吃饭等在那里已经不再是联合的手段，不再是联系的手段。交往、联合以及仍然以交往为目的的叙谈，对他们来说是充分的；人与人之间的兄弟情谊在他们那里不是空话，而是真情。"[③] 四是人与自然和谐共处。马克思认为，共产主义能够彻底消除人与自然之间的矛盾根源，并形成一种新型的、完成了人道主义的自然主义，以及人与自然的辩证统一。人们以良好的素养和科学的方式，更为自觉地改造自然，使资源利用更为高效和可持续，而自然也在人们的能动实践中得到保护和发展，呈现出生态和谐、物种丰富、山青水绿等景象。要言之，共产主义促

---

① 恩格斯：《反杜林论》，人民出版社 2018 年版，第 303 页。

② 马克思、恩格斯：《马克思恩格斯选集》第 2 卷，人民出版社 2012 年版，第 15 页。

③ 马克思、恩格斯：《马克思恩格斯文集》第 2 卷，人民出版社 2009 年版，第 232 页。

成"人和自然界之间、人和人之间的矛盾的真正解决"。①

第三节　在现实中寻找通往理想的反贫困路径

一部人类文明的发展史在某种意义上而言，也是一部人类与贫困的斗争史。从古至今，伴随着生产力的发展和科学技术的不断进步，人们对贫困的认识逐渐清晰和深入，解决贫困的路径多元而丰富。纵使贫有千种，困有百态，但在马克思看来，消灭贫困的根本出路"应当到资本主义制度本身中去寻找"。②围绕资本主义制度的自我扬弃并铲除私有制根源为中心任务，马克思对反贫困的生产力基础、无产阶级专政及如何实现共产主义都提出了相应要求。

一、根本在于不断解放与发展生产力

生产力指的是人通过自己的劳动和各种生产资料相结合而具有的改造自然和创造财富的能力，在马克思看来，生产力既是社会变革的决定因素，又是社会生活的物质基础，任何一种生产关系的发展，都要以那个时代的生产力水平作为依托。

生产力是所有制的演变和社会历史发展的决定力量。纵观过去社会历史时期的贫困演进过程，我们不难看出生产力在推动生产关系变革、促进人类文明发展中的决定性作用。原始社会是由猿进化到人的第一个社会形式，当时人类是以血缘关系结合的氏

---

① 马克思、恩格斯：《马克思恩格斯文集》第 2 卷，人民出版社 2009 年版，第 185 页。
② 马克思、恩格斯：《马克思恩格斯文集》第 1 卷，人民出版社 2009 年版，第 368 页。

族部落形式群居，尚不存在统治和奴役的物质基础，劳动中使用的是石器工具和简单协作方式，生活几乎完全受到自然的影响和限制，生活资源也没有过多剩余，因而原始社会的贫困主要表现为生产工具粗糙、生产方式落后、物质总量极小、生活方式单一等方面，究其根源是当时总体生产力处于极低的水平。随着作为劳动工具的石器发生变化，生产力不断发展后，生活资料开始有了剩余，剩余劳动和剩余产品的出现则为私有制的产生创造了条件，在此基础上，私有制连同剥削与被剥削阶级的形成逐渐瓦解了生产资料和劳动产品共同占有的原始社会，人类开始进入奴隶社会。在体力劳动和智力劳动的分工下，不再从事体力劳动的奴隶主客观上获得了最大优势，生产力得以进一步发展从而为过渡到封建社会做了准备。总之，社会在从奴隶制、农奴制到资本主义私有制等发展阶段中，生产力自始至终发挥着决定性作用，因此，新社会不断取代旧社会形态是生产力发展的必然结果。恩格斯在给约·布洛赫的信中也肯定道："根据唯物史观，历史过程中的决定因素归根到底是现实生活的生产和再生产。"① 资本主义社会之所以能够取代封建社会，是在于前者一方面通过工业革命改进生产技术，使机器大工业取代传统手工生产，在促进效率大幅提升的同时也直接推动了生产力的发展；另一方面，新兴资产阶级不再满足于过去自给自足的小农经济，在海外殖民地和新航路开辟的加持下，将追逐更大限度的剩余价值作为目标，不断降低生产成本和改善管理模式，这种最大限度追求财富的内驱力间接促进了生产力的巨大发展。虽然在原始社会之后，由于剥削与被剥

---

① 马克思、恩格斯：《马克思恩格斯选集》第4卷，人民出版社2012年版，第64页。

削阶级的出现，阶级对立的本质就已形成，但劳动者仍拥有部分生产资料的私有权。然而，到了资本主义社会，"广大人民群众被剥夺土地、生活资料、劳动工具"，虽然劳动者形式上是自由的，但劳动所得是完全异己的。① 因此，相较于原始社会生产力水平低下的贫困，资本主义时代的贫困是结构性的，是以工人"劳而不富"为显著标志的，虽有本质的不同，但要消灭这样的结构性贫困，同样需要坚定不移地发展生产力，只有当生产力足够发达且物质极大丰富时，才能使人摆脱对物质的基本依赖，使劳动从异化的谋生手段转变为第一需要，从而顺利推动社会由资本主义向共产主义过渡。

高度发达的生产力既为消除贫困奠定物质基础，又为人的全面发展提供根本保障。资本主义虽然是迄今物质总量空前丰富、精神文明种类最多的时代，但由于私有制的存在，这些巨大财富和时代红利并没有惠及创造它们的劳动群体。相较于以往时代，这些劳动者们的生活方式或许要更先进一些、物质基础也更广泛一些，却因处于被剥削和压迫的地位沦为了资本的附庸，更显身心及人格的不自由，从这个角度而言，贫富分化的资本主义时代比物质上全体匮乏的古代更为悲惨，消费社会比生产社会的贫困更加残酷。为此，马克思指出，无产阶级要想彻底脱离贫困境地，就要在夺取政权后，继续牢牢抓住生产力的发展，并"尽可能快地增加生产力的总量"。② 因为即使无产阶级通过夺取政权推翻了资本主义制度，消除了贫困与压迫的制度基础，若是没有高度发达的生产力作为支撑，那些"陈腐污浊的东西又要死灰复燃"，社

---

① 马克思、恩格斯：《马克思恩格斯文集》第 5 卷，人民出版社 2009 年版，第 873 页。
② 马克思、恩格斯：《马克思恩格斯文集》第 2 卷，人民出版社 2009 年版，第 52 页。

会主义公有制下的社会化大生产就会缺乏充足的物质条件，全面消除贫困的理想就会沦为空中楼阁。因此，生产力是反贫困最基础的保障。除此之外，"人的全面发展还受现实生产力的制约"。①一方面，人是生产力创造的主体，也是生产力发展的价值尺度，生产力本身在很大程度上反映着人的本质力量和全面发展的程度，两者的协同发展是双向互动的过程。另一方面，所有人的全面发展又必须依靠高度发达的生产力才能实现。马克思在探讨生产力与未来社会的关联时认为，生产力的高度发达一定是未来共产主义社会的首要条件，因为这不仅能够保障人们衣食住行等基本生活来源，摆脱对物质贫困的束缚，还能在基本需求得到满足的前提下，极大地释放自身的精神世界。没有了资本的支配和雇佣劳动的限制，劳动就变成了基于个人喜好的自由自觉的实践活动，人们可以随心所欲地从事自己擅长或喜爱的工作，在劳动中激发自身的创造性和积极性，这种愉悦的劳动状态又能更大限度地促进生产力发展，从而使得人的全面发展与生产力的进步良性互动、相得益彰、共同向前。

二、资本主义制度的自我扬弃

资本主义不到一百年的时间创造的生产力比过去一切时代所创造的还要多，即便如此，生产力的进步仍受到资本主义私有制的较大制约，所以，随着生产力的进一步发展，与它不相适应的生产关系和制度外壳就会毁灭，更有利于解放生产力的先进制度

---

① 刘明君、陈金明：《民主政治与和谐发展》，人民出版社 2010 年版，第 292 页。

就会取代旧制度。从历史发展趋势而言，资本主义制度的自我扬弃是不以人的意志为转移的客观规律，是资本主义生产内部矛盾运动的必然结果，离不开全世界无产阶级的暴力革命。

（一）客观规律：私有制只是历史的产物

私有制是相对于公有制而言的，它既是人类社会发展的产物，又是阶级对立与矛盾的根基。具体而言，它指的是生产资料归私人所有，实际从事劳动的人不但不占有生产资料，而且还与自身的劳动产品相分离的所有制形式。

恩格斯曾在《家庭、国家和私有制的起源》中以"分工"演变的视角详细论述私有制的发展过程。三次社会大分工在野蛮时代中平静的氏族社会内部撕开裂口，为其解体和奴隶制的产生奠定了历史基础。伴随人类从猎取动物逐渐转为驯服和饲养，畜牧业和游牧民族得以产生，"游牧部落从其余的野蛮人群中分离出来——这是第一次社会大分工"。[①] 游牧部落生产的肉、毛和奶等生活资料众多且大量剩余，剩余产品的出现标志着私有制的萌芽，"第一次使经常的交换成为可能"，在交换过程中，"牲畜承担了货币的职能"。[②] 在一切诸如农业、畜牧业和手工业等领域的物质总量渐渐超过了维持劳动力生存所需的总量后，人们对劳动力的需求也相应增加，部落战俘自然变为了奴隶，奴隶制随之形成。男性成为家庭里谋取生活资料的主力，以个体为单位的家庭经济开始冲击和威胁母权制下的氏族经济。第二次社会大分工是以织布和金属加工为主的手工业与生产谷物、植物和水果的农业相分

---

① 恩格斯：《家庭、国家和私有制的起源》，人民出版社 2018 年版，第 179 页。
② 恩格斯：《家庭、国家和私有制的起源》，人民出版社 2018 年版，第 178—179 页。

离。① 新的分工不仅催生了以直接交换为目的的商品生产与海外贸易，还使得零星散现的奴隶制变得更为普遍和成熟，私有制随奴隶制的成熟而不断发展。除了奴隶和自由民的差别，对财富的追求使得社会阶级又多了富人和穷人这一划分。个体家庭的财富越积越多，最终摧毁了旧的共产制家庭公社，古代共产制宣告解体，原始公有制转变为私有制，创造财富也因此成为人们"最重要的生活目的之一"。② 未经铸造的贵金属开始成为普遍性货币，而经过两次社会大分工的人类分别度过了野蛮时代的低级和高级阶段，踏入了文明时代的门槛。第三次社会大分工正式开启了商品生产阶段，并以作为生产者之间的中介——商人的出现为显著标志。商人与铸币的合二为一意味着非生产者统治生产者的文明时代来临，"货币至上"也被奉为时代准则。此外，该阶段还拥有以下特征：产生了金属货币衍生的货币资本和高利贷，催生了土地私有制和抵押，形成了以奴隶劳动为主的生产形式，社会分工固化了城市和乡村的对立，实行遗嘱制度等。③ 个人对财富的无限贪欲既是文明时代中"起推动作用的灵魂"，又是科学繁荣和艺术发展中"唯一的、具有决定意义的目的"。④ 我们不难看出，随着生产力的不断进步，分工的发展破坏了曾经氏族社会中生产和占有的共同性，社会由此经历了从原始的共产制到剩余产品出现后私有制的发展过程，铸币的出现、频繁的商品交换和对财富的欲望是促使私有制逐步占据统治地位的直接原因。

---

① 恩格斯：《家庭、国家和私有制的起源》，人民出版社 2018 年版，第 181—182 页。
② 恩格斯：《家庭、国家和私有制的起源》，人民出版社 2018 年版，第 183 页。
③ 恩格斯：《家庭、国家和私有制的起源》，人民出版社 2018 年版，第 195—196 页。
④ 恩格斯：《家庭、国家和私有制的起源》，人民出版社 2018 年版，第 196 页。

此外，《资本论》也剖析了私有制从诞生、发展到必然灭亡的演变过程。在资本主义社会以前，存在着劳动资料和劳动外部条件同属于劳动者的情况，即以个体劳动为基础的私有制仍在社会生产中占据重要地位，诸如自制自销的手工业者和以属地耕作并缴付佃租为生的自耕农，他们的劳动与生产资料所有权在一定程度上归于自己，这是小生产的基础。小生产排斥生产资料的集聚、协作与分工，并同一切社会化调节和运作相抵触，因而它的存在必然会与不断发展的社会生产力相冲突，渐渐地，"分散的生产资料转化为社会的积聚的生产资料"，"多数人的小财产转化为少数人的大财产"①，这时候，劳动者与其劳动条件的分离实质上是对以往直接生产者的否定，意味着以个体独立劳动为基础的私有制解体，取而代之的是以剥削他人劳动为基础的资本主义私有制。在这样的私有制下，雇佣劳动量增多，劳动的分工与协作更加社会化，生产资料也日益集中，兼并与垄断随激烈的竞争应运而生。随着少数资本家不断吞并多数资本家的生产资料，资本越来越集中，但生产越来越世界化和协作化，由此形成的生产社会化和生产资料私人占有之间巨大的矛盾使资本主义的外壳再也无法容纳，到了那时，又会迎来新的社会制度变革。此次变革是私有制的又一次演变，即在资本主义时代的社会成就下，在对一切生产资料的全体生产者共同占有上，重新建立个人所有制。如果说资本主义私有制是少数人对多数人民的野蛮掠夺，那么社会公有制则是多数人民对少数人的正义夺回。

对此，恩格斯十分赞同摩尔根对文明时代的评述："自从文明

① 马克思、恩格斯：《马克思恩格斯文集》第 5 卷，人民出版社 2009 年版，第 873 页。

时代开始以来所经过的时间，只是人类已经经历过的生存时间的一小部分，只是人类将要经历的生存时间的一小部分。"① 私有制并非一开始就存在，作为历史的产物，"以财富为唯一的最终目的"资本主义始终会随着内部矛盾的加剧而自我瓦解。②

（二）现实基础：资本主义的发展现状

资本主义发展带来的危机现状是资本主义制度必定会被取代的现实基础。一方面，资本主义时代造就了惊人的巨大反差。1856 年发表的《在〈人民报〉创刊纪念会上的演说》中，马克思曾清晰地描绘道："财富的新源泉，由于某种奇怪的、不可思议的魔力而变成贫困的源泉"；"机器具有减少人类劳动和使劳动更有成效的神奇力量，然而却引起了饥饿和过度的疲劳"；"我们的一切发明和进步，结果似乎都是使物质力量成为有智慧的生命，而人的生命则化为愚钝的物质力量"。③ 这一系列的巨大反差不仅导致工人阶级不可逆转的悖论性贫困，还使人的本质和人与人之间的关系发生扭曲，人丧失最可贵的特殊性，沦为单一化的金钱奴仆，人的极端不自由和异化达到空前高度。很显然，这样的时代是与人性背道而驰的，因而也会随着生产力的持续发展而具有被人民大众取代的历史必然性。正是在这样全民异化的资本主义社会中，工人的劳动是被迫的、劳动产品是异己的，他们的生活状况和工作现状完全处于资产阶级的高压之下，"丧失了自身""失

---

① 转引自恩格斯：《家庭、国家和私有制的起源》，人民出版社 2018 年版，第 198 页。
② 恩格斯：《家庭、国家和私有制的起源》，人民出版社 2018 年版，第 198 页。
③ 马克思、恩格斯：《马克思恩格斯选集》第 1 卷，人民出版社 2012 年版，第 776 页。

去了人性"，^①毫无幸福与自由可言。现实领域人的物化、生产和生活的异化投射在精神领域中，就是人的自由个性丧失和人的自我认同危机，马克斯·韦伯对此指出："我们这个时代……那些终极的、最高贵的价值已从公共生活中销声匿迹。"^②精神文明的衰退和物质文明的增长同向而行，人们在这物欲横流的世界彻底迷失方向，失去崇高的追求和理想，陷入精神贫瘠的无助境地。

另一方面，频频发生的经济危机、公共安全危机、社会治理危机和生态危机等也充分暴露资本主义私有制无法自愈的弊端，成为它自取灭亡的另一个重要现实条件。社会生活的异化在消解人主体性的同时，也破坏了自然生态环境，地球生态因此面临严峻危机。在资本家眼中，自然界和被奴役的工人一样，不过是赚钱的手段和工具罢了，于是在利益的驱使下过度开采和随意污染，使得资源逐渐枯竭、土地河流污浊不堪，人类的居住环境和自然生态一再受损。恩格斯也曾对这些毫无敬畏之心的人们发出警告：人类每一次对自然界的胜利，都只会导致自然界的加倍报复。除破坏生态外，自私自利的统治阶级为维护自身集团利益，不惜牺牲自己国民的幸福，对于人道主义救助、流行疾病的防控、自然灾害的应对几乎都是敷衍了事，反而热衷于与军火商及各控制国家经济命脉的财团勾结，借机发动掠夺矿产能源、战略要塞和海外殖民地的战争，置广大百姓的生命安危于不顾，导致他们缺乏基本的生活保障，甚至长年身陷在家园动荡、战火纷飞的颠沛流

---

① 李淑梅：《政治哲学的批判与重建——马克思早期著作研究》，人民出版社 2014 年版，第 229 页。
② 马克斯·韦伯：《学术与政治》，冯克利译，生活·读书·新知三联书店 1998 年版，第 48 页。

离之中。恐怖主义、霸权主义和强权政治等时刻威胁着这个时代和平与发展的主旋律。资本主义私有制下的国家只是统治集团维护自身利益的工具，并不会给予最广大人民真正的自由和幸福生活。正是这种制度带来的种种无法克服的逻辑悖论，使得资产阶级在沉迷于巨额财富无法自拔的同时，为自己敲响了丧钟。

（三）必要手段：全球工人联合的暴力革命

全世界无产阶级的共同联合是资本主义制度得以消灭的可行条件和必要手段。人民是历史的创造者，"马克思、恩格斯积极支持被压迫民族和人民的解放斗争"。① 《共产党宣言》指出，资产阶级不仅锻造了置自身于死地的武器，还产生了将要运用这种武器的人——现代的工人，即无产者。② "历史本身就是审判官，而无产阶级就是执行者。"③ 马克思已然发现，深陷苦难的无产阶级蕴含着巨大潜能，人民大众正是摆脱贫困、消灭剥削的主体力量。《神圣家族》同样提出了"历史活动是群众的活动"的论断④，充分肯定广大群众不仅是创造财富的主体力量，还是无产阶级反贫困的依靠力量。"要使社会的新生力量很好地发挥作用，就只能由新生的人来掌握它们，而这些新生的人就是工人。"⑤ 马克思在批判青年黑格尔派时也提道："批判的批判什么都没有创造，工人才创造一切。"⑥ 除物质层面外，人民还是精神财富的创造者。马克思在

---

① 习近平：《在纪念马克思诞辰 200 周年大会上的讲话》，人民出版社 2018 年版，第 11 页。
② 马克思、恩格斯：《马克思恩格斯选集》第 1 卷，人民出版社 2012 年版，第 406 页。
③ 马克思、恩格斯：《马克思恩格斯选集》第 1 卷，人民出版社 2012 年版，第 777 页。
④ 马克思、恩格斯：《马克思恩格斯文集》第 1 卷，人民出版社 2009 年版，第 287 页。
⑤ 马克思、恩格斯：《马克思恩格斯选集》第 1 卷，人民出版社 2012 年版，第 776 页。
⑥ 马克思、恩格斯：《马克思恩格斯全集》第 2 卷，人民出版社 1957 年版，第 22 页。

《1844年经济学哲学手稿》中就曾赞誉："劳动生产了美……劳动生产了智慧。"在他看来，人的劳动是推动精神文明的基础力量。总之，人民对创造历史文明和推动社会变革的决定作用。

然而，由于个人禀赋的差异，个体的力量是有限的，通过工人单个或局部集结的力量就想彻底撼动资产阶级的统治是完全不可能的，而且最早发展起来的资本主义国家曾通过剥削他国工人阶级的方式来改善本国工人阶级生活状况，企图以输出贫困来转移直接面临的阶级矛盾，反而更加重了世界范围内的贫困。因此，贫困绝不仅是一局一域的特殊问题，而是全球性的普遍现状，迫切需要全世界无产阶级的共同联合。机器大工业不仅造就了工人群体日益贫困的事实，还实现了工人在活动地域的相对集中和生活节奏的逐渐趋同，这在客观上扩大了各国工人的交集和融合。随着无产阶级自身的贫困程度不断加深，无产阶级队伍日益壮大，消灭阶级对立的革命力量也在积累，在马克思的科学指导下，工人的阶级意识与革命意识逐步提高，他们不愿在压迫中坐以待毙、在贫困中自取灭亡，而是在铭记自身使命的同时勇于运用手中力量实现变革。根源性的制度问题只能通过制度的颠覆才能解决，既然人民能够创造一切，也就同样能够通过国际联合壮大自身力量摆脱剥削与贫困，迎来自由和解放。

资本主义制度的自我扬弃是共产主义的必由之路，也是不以人意志为转移的历史发展规律，需要联合起来的无产阶级通过阶级革命实现。正如马克思在《德意志意识形态》中所概括的："私有制只有在个人得到全面发展的条件下才能消灭……我们也曾指出，现代的个人必须去消灭私有制，因为生产力和交往形式已经发展到这样的程度，以致它们在私有制的统治下竟成了破坏力量，同时还因为阶级对立达到了极点。最后，我们曾指出，私有制和分工的消灭同时也就是个人在现代生产力和世界交往所建立的基础上的联合。"①

三、无产阶级专政与共产主义社会

恩格斯曾明确指出，一切依靠资产阶级或者超阶级实现解放的方案都会注定走向失败。就好比面对资产阶级提出关于解放全人类口号的封建贵族感觉不到任何解放的需要一样，面对共产主义理想，资产阶级不但毫无共鸣而且还会极力阻挠，因此，反贫困只能依靠无产阶级自己。"作为真正符合人"这个含义的普通工人，内蕴着变革制度的巨大能量、肩负着消灭贫困和实现解放的重任，既然无产阶级是反贫困的主体力量，那就要在这场斗争中牢牢掌握领导权和主动权，实现无产阶级专政，为顺利过渡到共产主义奠定基础。在这过程中，全面提升无产阶级的文化水平和理论素养是其成功执政的关键。

（一）实现无产阶级专政

无产阶级政党以坚定的人民性担当社会革命与国家建设的领导核心。一方面，共产党作为无产阶级最具人民性和革命性的政党，是工人阶级的先锋队，代表阶级斗争的根本利益。《共产党宣言》明确指出，"无产阶级的运动是绝大多数人的，为绝大多数人谋利益的独立的运动"。② 在革命斗争中，不同于资产阶级仅在口

---

① 马克思、恩格斯：《马克思恩格斯全集》第3卷，人民出版社1960年版，第516页。
② 马克思、恩格斯：《马克思恩格斯选集》第1卷，人民出版社2012年版，第411页。

号中"代表全人类"的虚假伪善，无产阶级作为阶级对立和资本剥削的牺牲品，其天然立场就是绝大多数的劳动者并代表着他们的根本利益。无产阶级在机械化大生产中熟练运用生产设备，成为先进生产力的代表且具有高度的组织纪律性，又在工厂中受过最残酷的折磨，淬炼出顽强的意志，树立了比任何中间阶级都无比坚定的摆脱贫困的目标。而且，他们没有一丝关于财产与利益的牵绊，能够以最大公无私的胸怀团结广大人民，为解放全人类彻底革命。无产阶级只要有了本阶级的政党核心，就更容易带领深受奴役的人民进行反抗被剥削的斗争并取得胜利，革命面貌也会焕然一新，这在俄国的十月革命和新中国的成立等伟大历史事件中都得到充分的实践证明。另一方面，在推翻私有制后，社会不可能立马进入共产主义阶段，那么资本主义结束后的这个过渡阶段就需要确立无产阶级专政国家，以保证公有制生产正常开展的同时防止资本主义私有制的死灰复燃。要取得反贫困的最终胜利，无产阶级在执政后需要将剥削的秘密武器——资本，即社会总生产资料和生产工具集中在自己手里，并颁布政策措施大力弱化所有权和资本主义继承关系，从而让阶级差别在社会生产共同占有的土壤中逐渐消失。由此可见，无产阶级对社会革命与国家建设的领导核心地位是至关重要的。

（二）提升无产阶级文化水平及斗争本领

面对资产阶级的诡计多端和强大基础，要成功领导和进行革命，无产阶级在提升自身意志力、锤炼军事才能的同时，还需全面提升综合软实力，为彻底击垮敌人做好保障。

第一，无产阶级需要提升文化水平。一方面，在彻底革命来临前，为了使广大工人认识到本阶级的先进性、两大阶级矛盾的不可调和性以及共产主义取代资本主义的历史必然性，从而坚定彻底的革命信念和掌握清晰的革命纲领，必须积极宣传科学理论及共产主义思想；同时，更要注重对其下一代知识的教育和信仰的培养，以历史唯物主义为科学指引，突出强调工人们肩负的"养活并教育无产阶级的整个年轻一代"的重要使命①，让该使命内化于心，引领他们在代际间形成永续与正面的教育观。恩格斯在《爱北斐特的演说》中同样指出教育的重要性，人人都"有权全面发展自己的才能"且不能让"愚昧成为贫穷的必然结果"，应"由国家出资"负责公民从儿童到成年的"普遍教育"。②除了文化水平，还需全面提高无产阶级的作战水平和指挥才能。恩格斯在《给〈萨克森工人报〉编辑部的答复》中对无产阶级政党领导人提出严格的要求，即革命的发动时机一定要以工人的实际条件为基础，不仅需要具备"写作才能或理论知识"③，更要掌握斗争的军事才能，拥有久经考验的忠诚之心，以及对斗争条件审时度势的明辨能力。另一方面，在革命结束后的过渡时期，既为巩固革命果实，又为担当起国家治理的重任，无产阶级还必须开展全面的公共教育。未来的战争一定离不开文化科技软实力的较量，在过去，虽然资产阶级大力施行诸如"习艺所"和"济贫所"④这类奴化政策，妄想消除工人阶级的仇恨，但阶级对立的事实始终无法通过

---

① 龚超：《马克思社会教育思想研究》，人民出版社 2013 年版，第 65 页。

② 马克思、恩格斯：《马克思恩格斯全集》第 2 卷，人民出版社 1957 年版，第 614 页。

③ 马克思、恩格斯：《马克思恩格斯选集》第 4 卷，人民出版社 2012 年版，第 281 页。

④ 资产阶级假装大慈大悲的救济手段，多为强迫失业破产农民通过雇佣劳动训练拿到工资。出自马克思、恩格斯：《马克思恩格斯全集》第 2 卷，人民出版社 1957 年版，第 581 页。

自欺欺人的方式来掩盖。当无产阶级夺得政权后，就要创办属于全体人民的学校，让人民在思想得到解放的同时享受更高水平的义化素质教育，继而帮助他们抹去认识层面的阶级对立意识、形成人人厚植共产主义理想的社会良好氛围。

第二，无产阶级需要不断扩大自己的同盟军和阵营，占领人才"高地"。恩格斯在《致国际社会主义者大学生代表大会》中指出，工人阶级的解放不仅需要政治家，更需要拥有扎实专业技能的人才来负责社会的各个生产领域，于是殷切地提出了在青年大学生中产生"脑力劳动无产阶级"并与无产阶级并肩作战的希冀。[①] 毛泽东也说过："所谓政治，就是把我们的人搞得多多的，把敌人搞得少少的。"[②] 因此，无产阶级在壮大自己队伍的过程中，要充分吸纳优秀青年大学生，不仅在自己政党的各级领导岗位予以培养和提拔，也要积极鼓励他们在社会各行各业中有所建树、发光发热。他们受过良好的素质教育、有专业特长，在通过有效的思想改造后会逐渐提升自己的无产阶级思想觉悟，未来极可能成为坚定的无产阶级一分子。除了储备和用好青年力量外，还需笼络现阶段拥有丰富管理组织经验的高素质技能人才，注重吸纳诸如医生、教师、律师、化学家等这些"人力资本"，他们处于中间阶层，虽然以前几乎都是作为资产阶级企业管理者的身份存在，但因其具有一流的知识、经验和技术，能够为新生的无产阶级政权带来丰富的学习资源，因此同样可以通过改造成为我们的得力盟友。具体而言，可以通过接受无产阶级的领导监督与高薪聘用两者相结合的方式进行改造。总之，加大人才的培养的吸纳，扩

---

① 马克思、恩格斯：《马克思恩格斯文集》第 4 卷，人民出版社 2009 年版，第 446 页。
② 毛泽东：《毛泽东选集》第 2 卷，人民出版社 1991 年版，第 606 页。

充无产阶级阵营是我们制胜的关键，新老力量的加入不但能够有效提升队伍的整体文化水平，还会成为抵抗资产阶级残存势力、全面建设社会主义事业的一支重要力量。

第四节　在马克思整体理论中把握其反贫困思想

"劳而不富"的结构性贫困与"金钱至上"的信仰迷失作为资本主义社会的突出问题，构成了马克思与青年黑格尔派决裂并转入资本运行规律研究的逻辑起点。在马克思看来，反贫困不仅仅是面包的获得，而是摆脱金钱的支配、实现彻底的解放，因而反贫困是其探索人类解放道路的内在驱动力。基于人民大众的根本立场，他在带领工人反贫困的革命探索中创立了新的世界观，围绕根除悖论性贫困的主线进行了数十年的政治经济学批判。可见，反贫困思想凝聚了他几乎毕生的心血和智慧，是整个马克思主义理论体系的重要组成。

一、哲学和政治经济学双重批判的逻辑起点

马克思反贫困思想是马克思进行哲学和政治经济学双重批判的逻辑起点。早期马克思的著作大多体现出他对青年黑格尔派的逐一批判和对国民经济学研究的重视，究其原因是他看到了底层劳苦大众的现实贫困尤其是他们精神极度扭曲的异化状态，深感痛心，怀着对贫苦大众的同理心，生发了对物质利益难题的困惑进而突破自己原有的哲学体系，转入市民社会领域，探寻资本主义生产的内在运行机制。一直以来，资产阶级都将理性主义作为

统治思想，鼓吹人人平等、生而自由，企图构建一个公正有力的国家形象，殊不知，这只是他们为了掩饰对劳动人民压榨奴役的欺骗手段。在理性国家的美丽外衣下，是以物质利益为根基的势力较量，所谓的民主权利都是明码标价的商品，政府并非解决民生疾苦、护佑社会稳定的堡垒，金钱成为整个"世俗的神"。[①] 上层阶级自私自利、漠视苦难的嘴脸和底层大众生活艰辛、缺乏保障的命运形成鲜明对比。因此，《莱茵报》时期的马克思深受触动，脱离了一贯的哲学信仰，转入市民社会，探清了"公共利益和私人利益之间的矛盾"正是国家建立的基础，[②] 因为一旦贫困激化阶级矛盾，资本主义便通过"国家牺牲公共利益来将其从自身的矛盾中拯救出来"。[③] 在揭开国家真实本质后，马克思从人民立场出发，指出基于现代市民社会而建立的资产阶级理性国家根本无法铲除自己的赤贫根基，所以才会诉诸所谓的自然规律或穷人道德堕落等借口，使贫困"纪律化"并"万古长存"[④]，如此一来阶级统治才能随着矛盾被遮盖而稳固。此外，马克思还否认黑格尔针对市民社会"贱民"的批判及包括同业公会、警察体系和殖民转移在内的反贫方式，认为"贱民"其实就是失去生产资料的工人，驳斥黑格尔刻意回避阶级对立而与统治者沆瀣一气的本质。通过黑格尔法哲学批判和资产阶级政治经济学批判的同时展开，马克思从政治领域不断深入经济学，完全打破自由主义经济学的理论传统，揭开资本主义私有制致贫的谜团，为工人摆脱贫困指

---

① 马克思、恩格斯：《马克思恩格斯文集》第1卷，人民出版社2009年版，第49页。
② 马克思、恩格斯：《马克思恩格斯全集》第1卷，人民出版社1956年版，第479页。
③ Colin Crouch, *Making Capitalism Fit for Society*, New York: Polity Press, 2013, 8.
④ 马克思、恩格斯：《马克思恩格斯全集》第1卷，人民出版社1956年版，第476页。

明了科学道路。因此，"为穷人消除贫困"是马克思进行双重批判的直接现实原因，也是逻辑起点。

在深入经济学的研究中，马克思发现，古典政治经济学完全是用量的规定来理解现代社会本应是质的条件下的贫困问题，即人与人的关系、贫困的本质和表象、经济范畴的因果都可以用数理公式和统计图表来呈现。事实上，这些冰冷的数字并不能反映人的情感、尊严、思考以及背后的社会关系，人与人的关系也不能被抽象化为物和物的关系。这是偏离人本质的抽象分析，亦是现代科学的趋势。这种通过量和公式来理解贫困的方式注定会导向通过制度改革、政策完善与利益调和来缓解贫困的结果，既流于表面也流于形式，不可能根除贫困产生的社会根源。因此，这就注定了国民经济学家在理解贫困发生机制上的偏差和解决贫困的徒劳。与此相对，马克思却将工人贫困问题视为至关重要的、关乎整个人类解放的突破口，因为他知道，并不能单纯通过数字和公式来反映物质资料和生活开销上的多寡，贫困是社会问题，重点在于对人本质的承认。他正是从感性的实践角度出发，将人理解为实践中的人，将数理关系上升为人与人的关系，将人的喜怒哀乐、尊严自由放在极其重要的位置，不但揭示了这些量化的经济理论其实是资本主义生产关系的物化形态，也阐明了这种贫困是结构性的、暂时的。这个历史阶段的人类，虽然表面看起来物质是最富裕的，却是最脱离人本质、最异化的，因此资本主义制度下的贫困在一定程度上而言比封建时代的还要悲惨。贫困不是量化出来的，在国民经济学家宣扬的平等的买卖交易中其实暗藏着私有制控制下的剥削性和依附性，贫困的深层次表现就是人与人的关系不平等，这种不平等被马克思给予充分重视。简言之，马克思所力图实现的，不是在资本统治下"缓解工人贫困"，而是破除资本主导逻辑后"人的全面自由发展"，这种从资产阶级经济学的哲学根基上进行批判的高度史无前例，在这个意义上而言，马克思完成了一场哲学与政治经济学的双重革命。

虽然马克思在年少时期曾受启蒙理性的影响，但在革命的道路中将其摒弃，成为统治阶级思想最坚定的反对者。不言而喻，让最广大人民摆脱贫困与自由发展既是他突破旧的哲学信仰、超越现代资本主导体系的逻辑起点，也是其建构无产阶级反贫困思想的初心使命。从立下崇高志向的少年时期到晚年病逝，马克思都在致力于寻找消灭贫困、实现人类解放的道路，哪怕病痛的折磨、丧子的不幸、统治阶级的迫害和庸俗理论家的诽谤都没有使他动摇或放弃自己的理想。

二、唯物史观诞生的重要诱因

马克思反贫困思想是马克思实现世界观变革的重要诱因。正是在对贫困问题的不断探索当中，马克思通过批判与扬弃前人理论的唯心史观立场，找到了通往人类解放的彻底可行的反贫面向。

首先，严峻的现实贫困问题推动马克思寻求解决路径，在这过程中生发了对唯心史观的质疑和批判。大学毕业后，马克思担任《莱茵报》主编，在写时评文章的过程中接触了当下社会的许多不公现象，尤其高度关注围绕《林木盗窃法》草案展开的辩论，第一次生发了对物质利益难题的困惑，让他明白统治当局与人民大众的利益是完全对立的，由此动摇了对启蒙理性的信仰。1842年12月，在对摩泽尔沿岸地区的实地调查和分析后，马克思披露摩泽尔沿岸居民的贫困现状与政府脱离人民、避重就轻的处理方式，再次坚信国家只是维护统治阶级利益和奴役人民的工具。对经济与社会现实的不断接触逐渐使他摒弃传统德国哲学"坐而论道"的思考方式，也为他今后深入资本主义制度批判做好了准备。随后，费尔巴哈在《基督教本质》和《未来哲学原理》著作中对人本主义和一般的唯物主义原则的阐发，更使马克思发现黑格尔唯心主义哲学的局限与抽象，由此生发了对黑格尔法哲学的批判，包括对官僚制度理论的清算、国家形式和本质的重释、思维和现实关系的澄清以及社会和国家之间的先后逻辑等。通过吸收黑格尔辩证法的"合理内核"，马克思将围绕精神运动的否定辩证法转化为基于物质实践的生产方式规律探究，从而超越了黑格尔的反贫困思想，逐渐为形成新的符合无产阶级利益的世界观埋下基础。

其次，通过对"分工"逻辑的考察和社会历史发展规律的阐发，马克思得以完成世界观的变革。分工的视角是马克思自觉离开黑格尔与费尔巴哈的哲学影子，阐发新哲学并揭示社会历史发展规律的重要因素。在《1844年经济学哲学手稿》中马克思已经初涉对于"分工"的探讨，但当时的他还未完全摆脱费尔巴哈的哲学影响，认为分工是"人的活动和本质力量明显外化的表现"，①并据此提出"异化劳动致贫"说。然而在对贫困根源的持续深究中，马克思发现这个结论并不严谨、存在疏漏，因为这不仅没有摆脱直观的唯物主义烙印，还会陷入对私有财产循环论证的嫌疑，于是马克思向前追问"异化劳动"的起源，试图找到异化劳动的真正成因。后来在《德意志意识形态》中，马克思明晰劳动分工

---

① 马克思：《1844年经济学哲学手稿》，人民出版社2018年版，第135页。

是"生产力和生产关系的中介"，由此第一次将生产力和所有制形式通过分工勾连了起来。在马克思看来，自发分工本质上是一种无政府状态，其天然的对抗性和任意性会导致市场出现供需关系不明、商品生产过度、资源浪费严重等情况，从而为经济危机和社会动荡的爆发埋下隐患。鉴于此，马克思指出，这种"资产阶级社会中存在的社会分工"使剥削固化，成为工人们"当前受奴役的真正基础"。① 由此更进一步地提出了"自发分工致贫"说，只要分工性质不变，劳动就不是出于自愿的，人的活动对他来说就是异己的压迫力量，要想真正摆脱贫困、实现解放，只有"再消灭分工"，也即消除自发性的旧分工，社会分裂的根源才得以清除。② 通过对比马克思在这两个文本中对分工的认识的差异，可以知道马克思思想的发展历程，即逐渐脱离思辨的哲学范畴，转向社会政治经济的根基，最后落实到生产力和生产关系这对经济关系中。正是基于对"分工"的考察，马克思才得以发现，生产力和生产关系的内在矛盾运动推动了社会形态的不断变化，从而导致了贫困问题的产生，也恰恰是对"分工"本质认识的深化，马克思才得以揭示社会历史发展的基本过程，并形成历史唯物主义的新哲学。

最后，在新世界观即历史唯物主义的立场上，马克思对前人的反贫困观进行了批判和超越，构建了更为科学和彻底的无产阶级反贫困思想。"凡是把理论引向神秘主义的东西，都能在人的实

---

① 马克思、恩格斯:《马克思恩格斯选集》第 3 卷，人民出版社 2012 年版，第 279 页。
② 参见 R.A. 巴加图利亚:《马克思的第一个伟大发现——唯物史观的形成和发展》，陆忍译，中国人民大学出版社 1981 年版，第 48 页。

践以及对这种实践的理解中得到合理解决。"① 在与青年黑格尔派哲学决裂后，马克思从现实的政治经济领域中进行反贫困的探索，通过对现实贫困问题的形上追问，才使得他看待现实问题的世界观发生转变并发现了历史唯物主义。国民经济学家在缺乏历史感的基础之上，坚持"把贫困结果当前提"的预设分析法，将私有制当作人类社会永恒的合理存在，在资本主义框架内"兜圈子"，试图以提高工资、节制生育、加大税收等手段缓和阶级矛盾，因此未能提出真正科学的解决方案。然而，不同于那些"最大的保守派"在唯心主义的框架内"用词句反对这些词句"的做法，② 马克思坚持以现实的手段"反对现实的现存世界"③，通过以异化劳动和私有财产之扬弃为核心的政治经济学批判，指出劳动分工勾连生产力与所有制形式的属性，澄清了不同的所有制形式及其相应社会阶段的暂时性。反贫困的斗争实践所凝结的成果和结晶是他世界观质变的基础，由此也可看出，他的世界观较前人而言是革新的、唯物的且具有历史性的。以科学的世界观为视角，马克思有力驳斥了国民经济学家及青年黑格尔派将现代资本主义私有制看成永恒存在的庸俗谬论，指明了共产主义必将取代资本主义、无产阶级必将承担起变革新世界的历史结局。可见，如何科学指引"政治上和社会上一无所有的贫苦群众"④，带领他们摆脱贫困，是推动马克思完成哲学立场的真正变革、创立唯物史观的重要诱因。

① 马克思、恩格斯:《马克思恩格斯文集》第 1 卷，人民出版社 2009 年版，第 501 页。
② 马克思、恩格斯:《马克思恩格斯选集》第 1 卷，人民出版社 2012 年版，第 145 页。
③ 马克思、恩格斯:《马克思恩格斯选集》第 1 卷，人民出版社 2012 年版，第 145 页。
④ 马克思、恩格斯:《马克思恩格斯全集》第 1 卷，人民出版社 1995 年版，第 248 页。

三、政治经济学批判的主线

　　贫困的真正根源、反贫路径和未来旨趣等马克思反贫困思想的重要内容都源于马克思对政治经济学的批判过程。正是有了对政治经济学的全面系统研究，无产阶级才得以认清贫困的真实本质，因此，反贫困作为马克思钻研的重要议题，构成了他批判政治经济学的主线。

　　反贫困作为马克思孜孜以求的奋斗事业，许多伟大的思想成果是在他批判政治经济学过程中发现和形成的。马克思具有迫切消除工人贫困的革命初心和人民立场，因此我们在分析其思想时要把握好现实与理论发展间的张力，不能脱离他"为无产者消除贫困"的现实需求这个根本前提，否则就很容易得出"马克思是出于对理论本身完善的需要才选择替贫苦人民发声"的倒因为果的结论，从而抹杀他崇高的理想。由于悖论性贫困作为社会顽疾根源于经济领域，马克思一都在进行对以资本主义生产方式为核心的制度批判，他坚持从抽象到具体的原则，从最简单、最平凡的资产阶级社会细胞——"商品"来"揭示出现代社会的一切矛盾"，并叙述了这些矛盾和这个社会"从开始到终结的发展"。[1] 政治经济学批判的全部理论成果都融汇在恢弘巨著《资本论》及其庞大的手稿群中，给深陷压迫和贫困泥淖的"全世界无产阶级提供了锐利的思想武器。"[2] 由此可见，对政治经济学的探索占据了马克思的大半生，而替无产者摆脱贫困的希冀就是这其中的直接动力和根本主线。

---

[1]　列宁：《列宁选集》第 2 卷，人民出版社 2012 年版，第 558 页。
[2]　马克思：《资本论（纪念版）》第 3 卷，人民出版社 2018 年版，第 4 页。

与此同时，马克思在反贫困斗争中所形成的思想成果是与政治经济学、科学社会主义及哲学的理论学说重合交错、紧密关联的。例如，马克思主义政治经济学的剩余价值学说作为伟大发现之一，是在他为无产者消除贫困的急切愿望驱使下发现的，也是论证工人劳而不富、支撑反贫困思想体系的重要基础；马克思主义哲学的唯物史观作为另一重大发现，是他研究贫困问题时所遵循的方法论依据，也是其反贫困路径和反贫困目标较前人更为彻底和可行的根本原因。此外，工资理论、劳动价值论、共产主义思想等这些政治经济学批判的成果，同样构成反贫困思想不可或缺的一部分。马克思立足于现代资本主义贫困现状，就社会中人深陷贫困的根源、贫困的表现、反贫困的策略以及现实指向等问题进行了深入系统的探讨与阐释，为无产阶级构建了彻底的反贫困斗争科学纲领。可见，他的反贫困思想是在对资本主义社会现实的批判性思考中逐渐形成和发展起来的，并指向全人类共同富裕及自由全面发展的价值目标，因此成为他政治经济学批判的主线。

对人本质的重视是马克思批判政治经济学的根本立场，通过对官方政治经济学立场的批判，凸显了马克思反贫路径的科学性。对于国民经济学家主张提高福利、开展慈善、减少人口、提倡"禁欲"等措施来说，其目的就只是为阶级统治背书，根本不可能解决贫困。国民经济学家处处利用权宜之计来提防穷人，唯恐后者会联合发动起义来威胁资产阶级的统治地位，很显然，他们针对的不是贫困，只是穷人。相较之下，我们更能明显看出马克思对人本质和尊严的重视，他意识到，国民经济学家们所谓的明码标价、童叟无欺的商业买卖看似合理合法，却掩盖了在生产环节中欺压劳动阶级的事实。这并非诚信公平的问题，而是关乎人的创造和生存的根源性问题。与此同时，对官方政治经济学的批判也涉及私有财产制度，封建社会中的商品交换只是大家各自让渡自己的私有财产，这是建立在大家平等占有自己劳动产品的基础之上的。然而，"以物的依赖性为基础的人的独立性"是当前资本主义的阶段特征，人的生存和社会发展的基础就表现为对物的占有。[①]"在资本主义生产条件下，所有权对资本家来说表现为占有他人无酬劳动的权力。"[②]就这样，劳动者因丧失所有权而在资本的不断积累中越来越穷。此外，私有财产制还强化了人和人之间被物化的利益关系，因而也使得资本主义成为迄今最大的异化共同体。在对资本主义政治经济学的全面批判中，马克思洞见社会制度造成的巨大危害，对未来而言，不推翻私有制、建立共产主义社会，就根本不可能彻底消灭两极分化。由此可见，马克思在对贫困探索中得出的共产主义路径就源于对政治经济学的批判。

总之，围绕反贫困这个现实需要而进行的政治经济学批判耗费了马克思的绝大部分心血。不分昼夜地阅读和研究，使后来马克思的著作层出不穷，其中包括对底层人民大众的艰辛与贫苦的揭露、对资本主义制度的剥削与罪恶的批判、对社会发展规律的阐明和人类解放道路的论述，这些都为他后来反贫困思想的建立提供了有力支撑和丰富养料。

四、人类解放道路探索的内在驱动

虽然仅仅使无产者脱离贫困现状和过上富裕生活不是马克思

① 马克思、恩格斯:《马克思恩格斯文集》第 8 卷，人民出版社 2009 年版，第 52 页。
② 马克思、恩格斯:《马克思恩格斯文集》第 5 卷，人民出版社 2009 年版，第 4 页。

的最终目的，但他引导无产阶级进行反贫困斗争的实践贯穿于寻求人类解放道路探索的全过程，从这个角度而言，反贫困是马克思追求人类解放事业的内在驱动力。

首先，马克思关注的是"现实的人"的真正需要，而贫困的存在不仅无法满足人的正常需要，还使人的需要变得畸形，并深陷于异化和金钱的束缚之中，因此极其严峻的现实贫困问题就是他探索人类解放这个更高目标的切入口。由于私有制的存在，资本主义时代人们的需要完全是出于利己的，"需求程度随着货币的力量的增加而日益增长"①，货币成为"有形的神明"。②这是货币主导下人的畸形需求。然而，"现实的人"到底需要什么？在共产主义时代，人的异化生活随着对私有制的扬弃而消失，人的生活复归于人本身，需要真正成为人的需要并呈现出自主性和丰富性。这种需要不单纯是指"直接的、片面的享受"，而是"人以一种全面的方式……占有自己的全面的本质"。③在这种需要下，人本质力量得到确证和充实，人与人的关系通过真正的交往流露出手足亲情与诚挚友情，人的形象也通过勤恳劳动而显现出崇高的精神之光。因此，超越资本主义制度，实现人类解放，人的需要才能脱离异化束缚，回归人的本心。

其次，人类解放道路的探索作为马克思孜孜以求的终身事业，是在马克思关切无产阶级贫困状况、带领他们摆脱贫困的内在驱动下一步步明晰的。无产阶级是马克思考察贫困问题的立足之点，在他看来，这些劳动人民创造了巨大的社会财富但惨遭剥削和压

---

① 马克思：《1844年经济学哲学手稿》，人民出版社2018年版，第117页。
② 马克思：《1844年经济学哲学手稿》，人民出版社2018年版，第138页。
③ 马克思：《1844年经济学哲学手稿》，人民出版社2018年版，第234页。

迫的折磨，因此，帮助他们摆脱贫困、实现自由全面发展就成为他付诸毕生的目标。消灭物质贫困既是无产阶级最直接的利益诉求，也是马克思的革命方向。恩格斯在青年时期就深入曼彻斯特的贫民窟和工厂，通过与工人近两年的密切相处，掌握了大量民生疾苦的情况，对制度的残酷性和私利性也有了清晰认识。马克思刚在《莱茵报》工作不久，就通过"物质利益难题"而关注底层人民的贫困状况，他不仅为林木盗窃案中的贫民辩护，还深入摩泽尔河沿岸调研种植农的经济困难根源，继而发现国家及其管理者只为少数人谋利，且置广大人民利益于不顾的真实面目。马克思恩格斯并非生于无产阶级家庭，却自始至终和无产阶级并肩作战。他们深知，资本家所宣扬的理性、平等和自由其实只是掩盖剥削的谎言，其高举的政治解放旗帜也是一种流于形式、不彻底的有限解放。于是，马克思从激进的民主主义转向了共产主义，他坚信只有彻底超越资本主导的逻辑，对资本主义私有制进行革命，消除劳资对立和制造无产阶级贫困化的土壤，才能使人民摆脱被奴役和剥削的命运。从关注贫困问题开始，到深入探寻人类解放道路，马克思一直都在为劳动人民反抗压迫的斗争指引方向。

　　最后，对马克思而言，摆脱物质贫困、过上充裕生活只是首要目标，消除对物质的依赖，使人人都能自由和谐地生活与发展才是反贫困最终的价值旨趣。在资本主义社会中，少数人的发展要以牺牲多数人的发展为条件，劳而不富、零和博弈、丛林法则使得阶级分化在这个时代达到了顶峰，因此，共产主义才是人民利益的最大化实现。由于摆脱了劳资对立，这种现象统统都会消失，生产资料和发展成果的共占共享使得人人都以主人翁的地位存在，财富的极大充裕让人过上富足的物质和精神生活。在那时，人们不以利益为原则，相互间没有权力的争夺，也没有财富和地位的比较，每个人都是脱离了异化、完整且自由的个体，"每个人的自由发展是一切人的自由发展的条件"。① 具体而言，人类解放一方面是关乎对"解放道路"的追求，对于马克思而言，反贫困实践并不是一种只满足于工资提高、工时减少等要求的政治运动，而是与"人类解放紧密相连的现实行动"。② 如果离开"人的解放"视阈，或者不以它为更长远更根本的追求，势必会使充满人情味的马克思主义哲学变为冷冰冰的学院化运思，妨碍大众对其的理解和认同，更会因违背马克思的初衷、脱离他的本意而堕入庸俗的、抽象的、唯心的且不彻底的反贫困观，无法探清现代贫困的真谛。消灭贫困是他关怀人民疾苦的集中体现，也是笃行"改变世界"理想的最初起因，更是孜孜以求探寻解放的不竭动力。从初探物质利益难事开始，到政治经济学理论的逐渐成熟，马克思一直都在把反贫困实践中"人类解放"事业不断向前推进。另一方面，人类解放事关他对"人"的把握，现代资本主义社会使人完全异化，沦为商品和工具，失去了生而为人的存在价值，马克思反贫困思想恰恰就为改变这样的状态，确证人的主体性、主张人的复归、摆脱人的异化，从而充分发挥自身的能动性和创造性改造世界、推动历史前进。他坚持从人的主体性出发，以寻找人类解放道路为终身事业，为无产阶级革命指明了实现经济解放但又高于物质利益满足的目标航向，有别于以往近现代思想家的抽象观念，这既是探求反贫困斗

---

① 马克思、恩格斯：《马克思恩格斯文集》第 2 卷，人民出版社 2009 年版，第 53 页。

② 周露平：《马克思的反贫困思想及其新时代启示》，载《当代世界与社会主义》2021 年第 4 期，第 89 页。

争的具体路径，也是对人的自由全面发展高度的价值追寻。通过对历史进程的科学把握，马克思不仅扬弃了唯心史观的"虚假人道"，真正将"以人为本"落到实处，而且明确了"每一个人"的追求不应只是眼前的反贫困，而是自身价值实现与自由全面发展。

总而言之，在马克思看来，反贫困绝不仅停留于物质利益的需要，还包括精神、心理、信仰追求等多层维度，和他所追求的"实现人的自由全面发展"在价值旨趣上是相同的，其不断消灭贫困的历程正是通往人类解放方向的过程。从这个角度而言，反贫困斗争和他对人类解放的探索相辅相成、殊途同归，两者在理论内核上具有一致性。

本章小结

马克思领导无产阶级反贫困革命及其理论探索贯穿着他的一生，留下了丰富的思想内容和鲜明的理论特征。他始终站在最广大的劳动人民立场，立足于资本主义时代无产阶级的贫困状况，充分论述无产阶级绝对贫困和相对贫困的内容及具体表现，向世人揭露资本无偿占据他人剩余价值与源源不断制造贫困来维持自身持续统治的罪恶本质，从唯物史观的哲学根基出发为工人阶级指明了共产主义的解放目标。而共产主义作为反贫困的最终旨趣，是扬弃资本主义私有制下一切生产关系和交往关系的现实运动，旨在建立与生产力发展相适应的、能够实现人类自由全面发展的全新生产关系及制度。因此，马克思在超越资产阶级反贫困学说的前提下，提出立足于人的主体创造性、实现自觉分工下的劳动解放、财富极大充裕以及人与自然社会和谐共处的共产主义目标，为人类的反贫困斗争确立了科学的奋斗航向。在此基础上，马克思还明确了实现共产主义目标的科学反贫路径：一是不断解放与发展生产力、建立社会主义公有制，为推翻资本主义私有制奠定坚实的物质基础；二是在全面提升无产阶级文化综合素养和军事领导才能的基础上，实现无产阶级政党专政和共产主义；三是资本主义制度的自我扬弃，通过历史发展内在矛盾的运动和工人联合体的暴力革命来破除资本主导逻辑，实现人的自由全面解放。马克思所创立的科学反贫困思想剖析了贫困的真正根源、贫困表现、反贫内容和反贫路径，超越了前人维护资本的立场、改良调和的不彻底方式与蔑视劳动人民的根本态度，提出了既切实可行又立意高远的无产阶级反贫困思想，在客观上大大推进了世界人民反贫困斗争的历史进程。

马克思反贫困思想是马克思主义理论体系的重要组成部分。首先，反贫困作为较早进入马克思眼中的重要问题，是他进行哲学和政治经济学双重批判的逻辑起点。其次，反贫困思想推动马克思的世界观变革，从而创立了历史唯物主义。再者，在对政治经济学的数十年潜心钻研与批判中，马克思发现了生产与固化工人贫困的经济根源，因而消除贫困是马克思全面批判政治经济学的主线。最后，反贫困是马克思追求人类解放事业的内在驱动力。就反贫困的最终目标而言，并非人从宗教或政治解放中得到"有限"的解脱，而是人脱离现代社会结构的"全面"解放。因此，反贫困的斗争不能止步于单纯的经济利益满足，它只有以经济解放为跳板，进行消灭一切阶级统治的政治革命，才是真正彻底地消除物质匮乏、精神异化的贫困。马克思的思想源于贫困却又不仅限于提出贫困的解决对策，而是在超越对"温饱"的需求外，探索关于对"自由"实现的道路，这不仅是替生民立命的请愿，更是为万世开太平的学问，充分展现了马克思反贫困思想的历久弥新与博大精深。

虽然马克思反贫困思想诞生于两百多年前的资本主义社会，但当代中国的反贫困实践仍能在一定程度和某些方面借鉴改思想中的基本原则，如坚持共产党领导和社会主义公有制、在合理限制资本的前提下大力发展生产力、坚持全体人民共同富裕、推动人与自然和谐共处、抓住基于实现反贫跨越式发展，等等。自新中国成立以来，党带领全国各族人民开展了数十年艰苦卓绝的反贫斗争，并于 2020 年底实现了脱贫攻坚的伟大胜利，这既是党和人民智慧的体现，也是马克思反贫困思想中国化时代化的结晶。

第五章 当代中国的反贫困实践及其对马克思反贫困思想的丰富与发展

党的二十大报告指出："马克思主义是我们立党立国、兴党兴国的根本指导思想。中国共产党为什么能，中国特色社会主义为什么好，归根到底是马克思主义行。"[①]纵观过去七十余年的反贫困历程，中国在对马克思反贫困思想的本土化运用中，不仅实现了全面建成小康的举世成就，而且还赋予了这一科学理论新的生命、新的发展。这是理论源于实践、实践丰富理论的最好印证。在总结过去反贫困成功经验、展望未来共同富裕更高目标的基础上，当代中国要立足当下巩固脱贫攻坚成果的要求，思考马克思反贫困思想在防止返贫和治理相对贫困问题中新的应对策略与具体方向，从而推动理论在下一反贫实践阶段的丰富和发展。

[①] 习近平：《高举中国特色社会主义伟大旗帜 为全面建设社会主义现代化国家而团结奋斗——在中国共产党第二十次全国代表大会的报告》，人民出版社 2022 年版，第16 页。

第一节　当代中国的反贫困实践

马克思反贫困思想在中国的本土化运用已被证明收获了巨大成功。自新中国成立七十余年，尤其是改革开放近半个世纪以来，中国从积贫积弱的旧面貌中脱胎换骨，一跃成为世界第二大经济实体，历史性地摆脱了绝对贫困，创下史无前例的脱贫壮举。这不仅验证了马克思反贫困思想的科学性，而且为广大发展中国家摆脱贫困、走向现代化提供了可借鉴的新方案。事实证明，在马克思反贫困思想指导下，中国反贫困实践的道路选择、体制改革和社会建设是符合本就客观存在的社会发展规律的，也是适应自身国情民情的。中国贫困问题在不同时期呈现不同的具体历史特征，其反贫困的任务与治理方略也因此各不相同。

一、计划经济体制下的救济式扶贫（1949—1977 年）

新中国成立之初，由于积贫积弱和长期战乱的影响，满目疮痍、百废待兴是当时中国的基本面貌，1949 年时的人均国民收入不及当时印度的一半，婴儿死亡率为 20%，[①] 绝大多数人处于绝对贫困状态，因此，如何让百姓有饭吃有衣穿，并基本保障生产生活能够自给，就成为当时中国政府亟须解决的难题。毛泽东指出：当务之急是把经济问题搞上去，"进行大规模的经济建设和文化建设，从而扫除旧中国遗留的贫困和愚昧"。[②]

1949 年到 1977 年间，这一时期的反贫困主要以改革土地制

---

① 国家统计局：《新中国五十年（1949—1999）》，中国统计出版社 1999 年版，第 86 页。
② 邸延生：《历史的回眸：毛泽东与中国经济》，新华出版社 2010 年版，第 66、73 页。

度和调整生产关系、将生产资料归还给人民为主，并辅以应急性的临时救济举措为特点。面对一贫如洗的新中国，以毛泽东为核心的第一代领导集体多次强调发展生产力的重要性，指出"社会主义革命的目的是为了解放生产力"。[①] 在这个总方针下，首先对农村土地制度进行了改革。在 1950 年《中华人民共和国土地改革法》颁布后，政府将从地主手中收回的土地分给无地及少地的农民，这便使当时全国 3 亿多被封建剥削制束缚的农民获得了 75000 万亩耕种土地、居住房屋与农业工具，[②] 历史性地解放了农村生产力，为消除贫困奠定了最基本的条件。然而，囿于分散的小农经济在耕种水平、粮食产量和抵抗灾害等方面能力较弱，中央政府决定从 1953 年起逐步将土地从私有化变革至集体化，通过"农业互助组""初级合作社"及"高级合作社"三个阶段的递进，将所有土地和大中型生产工具归为集体所有，使得大规模的农林牧渔业生产和农业基础建设顺利开展，农具和技术得到改善和创新。在此基础上，为了加速共产主义的实现，国家将农村全部大小生产资料都收归公社所有，实行带有平均主义色彩的"按劳分配"，加之后期频繁的政治运动，农民的生产积极性大为受挫。尽管如此，土地改革仍旧为当时解决温饱问题做出了实质性贡献。其次，党中央还制定了"一化三改"的总路线，为改善工业基础薄弱而导致经济总量低的问题，投入近 70 亿元着力实现以工业现代化带动农业现代化、通过壮大国民经济来缓解人民贫困的目标。在该路线的总体指引下，工业基础薄弱和交通条件落后的内陆地区生

---

① 毛泽东：《毛泽东文集》第 7 卷，人民出版社 1999 年版，第 1 页。
② 中华人民共和国农业部政策法规司：《中国农村 40 年》，中原农民出版社 1989 年版，第 4 页。

产力得到快速发展，居民的人均收入和生活质量有了明显提高，与沿海地区的差距在不断缩小。有数据显示，1957 年我国工业总产值为 704 亿元，而 1976 年则上升为 3278 亿元。[①] 最后，在直接作用于贫困人口的救济政策上，中央政府设立了涵盖医疗卫生、"五保"供养、扫盲教育、优抚安置、救济扶助等多领域的保障体系。为失去劳动能力与生活来源且无人供养的人员在吃、穿、住、医、葬方面提供保障的同时，构建覆盖全国的免费基础教育体系，并实行基本免费的合作医疗制度，为农民提供医疗卫生保障。此外，政府还大规模推动基础设施建设，进一步为城乡发展夯实物质基础，有力推动了反贫困进程。

　　该阶段既是中国反贫实践的初步探索，也是为后来打下制度基础的起始时期，总体而言取得了一些成效，但也存在不足，这与当时高度集中的计划经济体制是密不可分的。一方面，计划经济体制在一定程度上改善了当时生产力落后的社会经济面貌，解决了大多数人的基本生存问题，抑制了农民的贫富分化，使农村的绝对贫困人口从 1949 年的 4.8 亿降至 1978 年的 2.5 亿。[②] "耕者有其田"的实现大大提高了生产积极性、激活了土地和人力等生产力要素，农林牧渔和工业的总产值也较新中国成立之初翻了几番。当然，这些成就离不开中国共产党带领人民进行艰苦卓绝的反贫困实践所做的努力，中央政府以当时一穷二白、生产落后的最大国情为出发点，围绕公有制和计划经济这个核心，通过不

① 国家统计局国民经济综合统计司：《新中国五十年统计资料汇编》，中国统计出版社 1999 年版，第 37 页。
② 国家统计局住户调查办公室：《中国农村贫困监测报告 2019》，中国统计出版社 2019 年版，第 6 页。

断调整土地等生产资料的所有制关系，建立了较为完整的工业体系和国民经济。该成功做法折射出了马克思反贫困思想的科学性：第一，通过土地改革将土地归还给人民，就是让劳动者充分占有生产资料，从源头上破除了"劳资分离"的贫困成因；第二，重视对生产力的发展，制定以工促农的脱贫战略，既拉动了整个国民经济增长，又为缓解贫困奠定物质基础；第三，始终以最广大人民的利益为核心，对农村特困人口和受灾群众实行专项拨款和救济帮扶政策；第四，完成社会主义改造之后确立的社会主义公有制，根本上避免了资本的盲目性和扩张性，既能发挥集中力量办大事的优势、又能实现资源整合和生产效率的最大化。这些举措都是符合马克思本意的。然而，另一方面，这一时期的中国反贫困探索也产生了一些遗留问题。由于这些反贫困措施是与当时破败不堪的穷面貌相适应的，多是起救济和应急之用，并非深层次地普遍解决贫困，且在后期工业和农业都有较大发展时显现出了弊端，如产生了为摆脱贫困和建设经济而急于求成的大跃进"浮夸风"、人民公社化运动中急于向共产主义过渡的"共产风"，以及完全集体化下农民"出工不出力、上工睡大觉"的丧失生产积极性等现象，这虽与反贫困的初衷渐行渐远，但也为下一阶段改革开放后的反贫困实践提供了经验和教训，因此我们需要辩证地看待农业合作化的开展。

二、以全面经济体制改革推动扶贫（1978—1985 年）

改革开放刚开始的时候，刚从"文化大革命"的动乱中解脱出来的经济形势并不乐观，尤其是农民在丧失自留地的所有权和经营权后，农村贫困比拥有单位保障的城市贫困更为严峻，面对这种普遍低迷的现实状况，党中央提出"贫穷不是社会主义"的论断，带领全党纠正了过去片面追求速度的错误思想，大刀阔斧地开展了关于农村土地制、农产品流通制、农村劳动力流动制和以工代赈等一系列改革举措，极大地释放了生产力。

以十一届三中全会为转折点，中国这一时期的反贫困事业拉开了经济体制变革的序幕，通过调整生产关系的经济体制改革来带动贫困治理，实现了反贫困真正意义上的突破。首先，最主要的变革是 1980 年开始实行的家庭联产承包责任制。从 1978 年底凤阳县小岗村 18 户农民秘密签下"大包干"的生死契开始，这场关于农业经营体制的改革在随后几年中不断得到国务院的稳固和完善，尤其在 1983 年的一号文件中指出联产承包制既是党领导下农民的伟大创举，也是马克思主义农业合作思想在实践中的灵活运用。[①] 此次改革是在土地集体所有的基础上确保农民对承包地的长期经营权，农民的生产所得在按比例上交给集体后剩余的全属于自己，一改人民公社化时期超越生产力水平的"一大二公"平均主义，极大地调动和释放了生产活力，增强了农民获取和支配粮食的能力。在家庭联产承包责任制实施后，农民人均收入从 1978 年的 133.6 元涨到 1985 年的 397.6 元，粮食总产量也增加了近 7500 万吨。[②] 其次，与联产承包制改革同步开展的是农产品流通分配体制和农村劳动力流动政策的改革。1978 年之后，政

---

① 中国农业年鉴编辑委员会编：《中国农业年鉴 1983》，中国农业出版社 1983 年版，第 1—5 页。
② 国家统计局国民经济综合统计司：《新中国五十年统计资料汇编》，中国统计出版社 1999 年版，第 22、33 页。

府开始对实行了 25 年的农产品计划性统销统购制进行了松动改革，并于 1985 年彻底取消该制度，在此期间不断提高农产品的收购价格，粮食收购价格因此逐年上涨，此外还对生产粮食的超购部分进行加价奖励。该举措不仅进一步刺激了农民生产的积极性，还使全国各地农贸市场活动基本恢复。与此同时，随着在 1950—1957 年制定的限制农民流入城市的规定逐渐成为改革开放推进的阻碍，国务院从 1984 年起逐步放开农村劳动力流动的限制，颁布支持跨区域交流的配套政策，为农村脱贫致富开辟了新通道。随着经济体制改革的进行，城市能够提供的就业机会增多，农民通过进城务工既富裕了自己，又为国家的经济发展作出贡献，一举两得。最后，在脱贫主战场农村，支持其发展的各项保障举措也发生了变化，将过去直接给予生活救济的输血式扶贫逐渐变为造血式扶贫。例如，改善和提升交通水利等基础设施、在全国范围内建立农村科技服务网络体系和农业生产的金融服务体系，以政策创新鼓励乡镇企业发展。根据相关统计，农村的绝对贫困人口从 1978 年的 2.5 亿降至 1985 年的 1.25 亿，[①] 成为中国历史上减贫规模最大、成效最优的一个阶段。

这段时期的最大特点是通过经济体制改革逐渐放开对生产要素的限制，调整生产资料的占有和使用关系，采取计划经济和市场经济并举来平缓过渡的方式，淡化了城乡二元分隔机制，从而实现剩余劳动力经"乡"进"城"的致富。实行改革开放、发展商品经济，在推动生产力进步的扶贫进程方面无疑具有伟大的划时代意义，这是吸收资本主义先进文明并运用于本国社会主义实

---

① 国家统计局：《新中国五十年（1949—1999）》，中国统计出版社 1999 年版，第 86 页。

践的成功典范，符合马克思反贫困思想中抓住机遇、实现跨越发展的思想本意。

三、区域性的大规模开发扶贫（1986—2000 年）

上一阶段，在商品经济为人民生活带来翻天覆地变化的同时，出现了东中西部发展差距拉大、减贫人口数开始下降、人民生活改善速率放缓等问题，可见，市场经济的浪潮在历史地理和经济基础各不相同的地方既是机遇也是挑战，如果继续采用以体制改革扩张经济的扶贫方式已不合时宜。在这种情形下，政府转变扶贫思路，开启了以区域性的大规模开发式扶贫为主要方针的实践与探索阶段。

针对各地区在这个时期内发展极不平衡的现状，中央政府成立了全国性的专门扶贫机构、扶贫标准和重点对象开始明确。1986 年时，国务院成立了"贫困地区经济开发领导小组"，于1993 年易名为"扶贫开发领导小组"，其职责在于确立开发式扶贫方针、制定重大扶贫政策和具体规划、协调扶贫过程中的问题，标志着反贫困实践进入了系统化和规范化阶段。以此为主导，地方各级政府也成立了相应的扶贫统筹机构，经过五年的建设，截至 20 世纪 80 年代末共减少农村贫困人口 4500 万余人。值得一提的是，该时期的扶贫工作具有显著的区域性特征。国家在扶贫上有了"划区治理"的意识，1986 年开始将"老、少、边、穷"及某些特困地区划入重点治理对象中，并确定国家级贫困县的划分标准，采取逐个聚焦和突破的治理方法。国家贫困县从最初 1986 年的 331 个调整为 1994 年的 592 个，涵盖 72% 的农村绝对贫困人口。① 政府在这一阶段对于贫困地区的专项投资达到 468 亿元，平均每年 59 亿元。② 这种区域性治理优势显著，便于国家集中力量、因地制宜地解决各个划区的贫困问题，但也存在一些缺陷：一方面，不少扶贫资源被笼统地用于贫困县内非贫困户身上，造成资源浪费；另一方面，贫困县之外的贫困户因不在国家帮扶的区域范围内而无法享用扶贫资源。尽管如此，扶贫工作向具体化和区别化的发展还是有力缓解了中国当时的贫困现状。

　　随着区域性开发扶贫计划的推进，新的问题又逐渐暴露出来，东西部的差距未见缩小、反而加大；某些地方的扶贫只为过度追求 GDP 总量，而非真正惠及贫民，国家开始进入脱贫的艰难时期。因此，党中央及时调整方略，决定在 1994—2000 年间实行《国家八七扶贫攻坚计划》，确立了以省为主的工作责任体系，标志着区域性扶贫攻坚阶段的开启。作为首个国家级扶贫攻坚计划，它的特点在于：一是明确"开发式扶贫"作为重大方针的核心地位；二是开始细化项目到户的扶贫手段，使过去粗放的区域型扶贫更加聚焦；三是在加大扶贫资金投入力度的同时更加规范了资金使用的权限；四是发展区域特色产业和加强福利保障并举等。此外，1994 年的《农村五保供养工作条例》的出台使区域性扶贫向对口户的精准方向上迈进，进而加速解决贫困人口温饱问题。经过七年奋战后，绝对贫困人口数量在 2000 年底减少到 3209 万，③ 其中，重点贫困县的贫困人口从 1994 年的 5858 万降至 1710

---

① 朱信凯、彭超等：《中国反贫困：人类历史的伟大壮举》，中国人民大学出版社 2018 年版，第 66 页。
② 国家统计局：《新中国五十年（1949—1999）》，中国统计出版社 1999 年版，第 95 页。
③ 钟鸣、王逸：《两极鸿沟？——当代中国的贫富阶层》，中国经济出版社 1999 年版，第 205 页。

万。① 婴幼儿死亡率也降到最低值，青壮年文盲基本扫除，农民的教育医疗等各社会保障大为增强，绝对贫困从一个全国性的普遍问题缩小至点、线及区域性的问题。可见，不断对口化、专业化和体系化的反贫困实践成效卓著，而绝对贫困的不断消除也预示着相对贫困问题在下一阶段的到来，因此中央政府开始有意识地在消除绝对贫困的同时协同治理相对贫困。

四、整村推进式的攻坚扶贫（2001—2012 年）

进入新世纪以来，城乡差距较大、城市相对贫困突出等问题已成为新挑战，因此，国家的扶贫工作并未止步于基本温饱的普遍满足，而是向缩小差距、提升品质的共同富裕迈进。以 2001 年 6 月颁布的《中国农村扶贫开发纲要（2001—2010）》为节点，我国进一步创新和优化了开发式攻坚扶贫的举措，使治贫的重点从单纯提高收入向弥补教育、医疗和社会资本等多元禀赋不足的更高标准迈进。

这一时期，扶贫工作的主要创新在于提出"整村推进"的方式和构建多元主体参与的扶贫大格局。首先，扶贫对象从贫困县调整为贫困村，工作重点更为聚焦。针对当时已大量点状分布的县级贫困人口，贫困村的确立无疑更能观照到每一个贫困者，可见，扶贫单位从大到小的演变体现了扶贫工作从粗放到精确的优化过程。整村推进以村民熟悉的共同环境为基础，有利于激发村民的主体意识和参与积极性，便于扶贫项目与资源的建设共享，

---

① 　全国扶贫教育宣传中心：《中国扶贫理论的形成与发展》，中国农业出版社 2018 年版，第 66 页。

客观上增强了人们自我发展与脱贫的能力。该举措的脱贫成效明显，2001年，全国原有14.8万个登记在案的贫困村，而到2010年底已有12.6万个摘除了贫困帽。其次，国家还大力创新各种多样化的反贫模式，如实施"科教兴国"战略、开展"两免一补"救助政策和建立农村义务教育保障机制等。与此同时，政府积极推进移民扶贫搬迁，不仅重视推行产业化扶贫，还通过各项举措如"雨露计划"培训等提高劳动者的专业技能，以及划出移民安置地等方式，推动劳动力向外转移，缓解原住地的承载压力，以达到减贫之效。最后，构建了政府主导下社会共同参与的扶贫大格局。东西部对口支援作为多元扶贫的主要方式之一，早在1996年就已启动并在劳务输出、民生改善及产业发展等方面取得良好效果，2000年起实施的"西部大开发"更是形成了东部资金技术和西部自然资源优势互补的典范。总体来看，西部开发后十年内，东西部贫困发生率下降都较快，但西部地区的贫困人口仍有1751万之多，比十年前东部地区的962万贫困数量还要高得多，[①] 而且农村人口越来越往西部地区集中（西部地区上升了4.3%、东部地区则下降了5.6%），西部农村脱贫因此成为下一阶段的重点。除了东西协作，中央定点扶贫计划和国际合作也推动了这一时期的扶贫进程。自从加入世界贸易组织，中国在国际交流中日渐活跃，对于中国的反贫困实践，联合国和世界银行等非政府组织纷纷以资金、技术及项目等方式参与和援助。总体而言，2001—2012年这一阶段是对之前几个扶贫阶段的继承和发展。国家继续调整和改革体制政策，大为放宽生产要素的限制，优化了"因地制宜、

---

① 国家统计局农村社会经济调查总队：《中国农村贫困监测报告2000》，中国统计出版社2000年版，第8页。

聚焦重点"的精细化扶贫模式，更加重视提升贫困地区内生发展动力，强化东西发展的优势互补能力，在缩小发展差距的同时进一步释放了生产活力。对此，党的十八大报告肯定了扶贫成效："人民生活水平显著提高……衣食住行用条件明显改善，城乡最低生活保障标准和农村扶贫标准大幅提升。"[①]可见，整村推进式攻坚扶贫是应对新形势下的成功实践，不仅彰显了人民群众依靠自身脱贫的智慧和力量，而且体现了中国共产党基于国情不断优化扶贫方式的卓识与远见，这种发展依靠人民、发展成果造福人民的思想同马克思为无产阶级反贫困的根本立场完全一致，是对马克思理论的最好践行。

五、全面精准扶贫（2013—2020 年）

在改革开放过去三十多年的奋斗和发展中，以体制改革和政策调整为主导的开发式扶贫成效显著，我国绝大部分区域性贫困问题基本消解，只剩下最难啃的"硬骨头"，即散落在各贫困村当中，具有边缘化、分散化和隐蔽化等特点的剩余农村贫困人口，这就要求接下来的扶贫工作更加聚焦和精准。

习近平总书记于 2013 年湖南湘西考察时首次提出了"精准扶贫"这一概念，强调"扶贫要实事求是，因地制宜。要精准扶贫"[②]，由此标志着我国进入全面精准扶贫的新阶段。2015 年，党

① 胡锦涛：《坚定不移沿着中国特色社会主义道路前进　为全面建成小康社会而奋斗——在中国共产党第十八次全国代表大会上的报告》，人民出版社 2012 年版，第 3 页。
② 《习近平治国理政关键词17：脱贫攻坚战，吹响集结号》，载《人民日报（海外版）》2016 年 3 月 10 日，第 1 版。

的十八届五中全会将精准扶贫正式确立为"十三五"期间扶贫工作的基本方略，并把"扶贫攻坚"变为"脱贫攻坚"，这一字之差不仅展现了我国在过去贫困治理当中的巨大成就，更彰显了对未来脱贫收官之战的十足信心。精准扶贫以共同富裕为根本原则，以全面建成小康为实现目标，将过去主要依靠"涓滴效应"的扶贫方式转为更加"靶向聚焦"的直接干预式扶贫，其特点在于"对症下药、精准滴灌、靶向治疗"，要求重点聚焦脱贫对象的实际需求和主要问题，以政府为"引擎"，整合社会各方力量，共同推动脱贫攻坚。2015 年习近平总书记在贵阳召开部分省区市的扶贫攻坚座谈会上首次提出，作为国家的重大战略，精准扶贫的具体要求在于"六个精准"：扶贫对象精准、资金使用精准、措施到户精准、因村派人（第一书记）精准、项目安排精准和脱贫成效精准。其中，扶贫对象精准是首要前提，通过入户调查、群众评议和抽查检验等环节，以当时 2300 元贫困线及其他综合指标的最新贫困标准为尺度，重新录入 2016 年的贫困户数据，形成全国连通的扶贫信息网，建立以户为单位的精准帮扶机制。此外，责任体系较区域性开发扶贫阶段的更为细化，从贫困市区到乡村的各级党政负责人都向中央签订责任书，并派设第一书记驻村开展帮扶工作。"脱贫成效精准"这一要求旨在完善脱贫考核体系，实行了引入第三方评估机构、省际交叉考核等方式，有效避免了指标脱贫、纸面脱贫和强行脱贫等形式主义，切实保障扶贫资源用之于民、用之有效。

除了"六个精准"的首创性要求，"五个一批"作为精准扶贫的实施路径，也是扶贫举措的一大创新。要解决好习近平总书记提出的"怎么扶"这个根本问题，就离不开以产业扶贫为主的"发展生产脱贫一批"、以实施搬迁工程为补充的"易地搬迁脱贫一批"、以生态扶贫筑双赢的"生态补偿脱贫一批"、以提升素质技能为导向的"发展教育脱贫一批"和以福利保障为兜底的"社会保障兜底一批"这五项分类施策的脱贫路径。"五个一批"在激发群众脱贫内生力、保护生态环境、提升贫困人群技能水平、实现建档立卡户吃穿"两不愁三保障"等方面成效卓著。经过这一时期的努力，我国在 2012 年剩余的 9899 万贫困人口在 2020 年底全部实现脱贫，根本解决了区域性普遍贫困问题，是世界上第一个提前 10 年完成联合国减贫计划的国家，其减贫速度和成效举世惊叹。

2013—2020 年时期的扶贫特点在于：第一，消灭绝对贫困和治理相对贫困并存；第二，解决温饱与巩固温饱并举；第三，社会兜底与扶贫攻坚并重；第四，整村推进与精准帮扶并进。在小康社会即将建成的决胜之际，这种解决旧难题和应对新挑战的复杂形势不仅是对党中央反贫困工作决策部署的科学检验，也是人民自力更生摆脱贫困、创造美好生活力量的呈现。全面精准扶贫的举措遵循了马克思的思想，即坚持无产阶级政党在反贫困事业中的绝对领导，先实现经济解放而后才能为现代化和民族复兴奠定基础等，并在实践层面丰富发展了马克思反贫困思想。从解决饥荒、满足温饱、大规模区域性扶贫开发到脱贫攻坚的历程，"精准扶贫"无疑是新时代扶贫事业的一次跨越式飞跃，它的提出与现阶段反贫困的主要矛盾相契合，是脱贫攻坚最关键时期的决定性保障，也是新中国反贫困实践向前推进的必然结果。

六、巩固脱贫攻坚成果与相对贫困治理并重（2021 年至今）

2020 年 12 月，习近平总书记在全国扶贫开发工作会议庄严宣告我国已如期完成农村贫困人口的脱贫难题、取得了脱贫攻坚战的全面胜利。然而，这并不意味着贫困治理的终结。随着现有标准下绝对贫困的消灭，防止脱贫人口返贫、解决以缩小差距为核心的相对贫困问题被提上了日程。以此为节点，我国步入相对贫困的转型治理，开启了脱贫攻坚成果巩固与乡村振兴有力衔接的关键阶段。相对贫困的产生与我国发展不平衡不充分、社会生活的公平正义有待加强息息相关，其复杂性和多变性决定了这是一个需长期解决的问题，我们要从长计议，做到全面考量、重点突破与常抓不懈，持续不断地缩小群体收入和城乡发展的差距，如此一来，才能取得相对贫困治理的新成就，从而为实现全体人民共同富裕、建设社会主义现代化强国夯实基础。

总体而言，在中国的反贫困历程的伟大实践探索中形成了一系列重要原则与方法，充分彰显了该理论的当代价值：第一，完善和利用社会主义公有制在生产力承载和分配公平等方面的优势，奠定反贫困的制度基础；第二，坚持无产阶级政党强有力的领导；第三，以广大人民立场为核心的共同富裕原则；第四，以各种调整生产关系的经济体制改革推动生产力的根本发展；第五，抓住改革开放和新时代机遇实现扶贫的跨越发展；第六，独立自主和开放包容地吸纳新文明成果的态度；第七，依据不同阶段的国情民情制定反贫困方针的实践唯物主义思想等。随着资本主义一统天下时代的过去，多极化格局成为当今世界发展趋势，这些原则和方法极大展现了社会主义中国在共产党的领导下举国反贫的巨大潜力，这不仅增强了中国的国际地位、提升了马克思反贫困思想的世界反贫话语权，也为广大发展中国家摆脱贫困的斗争贡献了独具特色的中国智慧与中国力量。

第二节　当代中国反贫困实践的成就

马克思反贫困思想在中国本土化的实践中运用延续至今，取得了一系列丰硕的成就，集中表现为：总体解决绝对贫困、全面建成小康社会；脱贫群众生活水平提高、精神风貌改善；贫困地区基建服务提升、整体面貌换新；党群关系更加紧密、党的治理能力提升；创减贫史中国奇迹、加速世界减贫进程等方面。

一、总体解决绝对贫困、全面建成小康社会

习近平总书记在党的二十大报告中庄严地宣布：我国"实现了小康这个中华民族的千年梦想……打赢了人类历史上规模最大的脱贫攻坚战，全国八百三十二个贫困县全部摘帽，近一亿农村贫困人口实现脱贫，九百六十多万贫困人口实现易地搬迁，历史性地解决了绝对贫困问题。"① 这份庄严的宣告彰显了中国共产党和中国人民万众一心、共同推动反贫困事业取得巨大成功的智慧和力量。

---

① 习近平：《高举中国特色社会主义伟大旗帜　为全面建设社会主义现代化国家而团结奋斗——在中国共产党第二十次全国代表大会上的报告》，人民出版社 2022 年版，第7—8 页。

　　农村地区一直是中国反贫困的主战场，因此提升农村收入水平和农民脱贫内生力是关键。党的十八大以来，中国反贫困事业"最艰巨最繁重的任务在农村，特别是在贫困地区"[1]，在科学研判当时贫困状况的基础上，以习近平同志为核心的党中央于 2013 年提出精准扶贫理念，打响了声势浩大的新时代脱贫攻坚之战。在中国共产党的统一领导下，全国一盘棋、上下一条心，解决了无数"贫中之贫、坚中之坚"。国家统计局的数据显示，自精准扶贫战略全面开展以来，农村贫困群体经济收入提升较快，贫困地区 2023 年的人均可支配收入比 2013 年增加约 1.6 倍，从原来的 6079 元提高至 16396 元[2]（图 1），年均增长率达 16% 左右，增速超过全国农村平均水平的 2.3%。[3] 贫困居民主要通过工资和经营两种方式增收，且收入逐年攀升，以转移支付为方式的增收比重逐年下降，收入结构不断优化，充分体现了党和国家致力于提高农民脱贫内生力的成效。农村贫困人口总数从 2013 年的 8249 万降至 2016 年的 4335 万，再到 2019 年的 551 万（图 2），年均减贫规模达 1250 万人。[4] 西部的多民族聚居省份在 2016—2020 年间的减贫规模达 1560 万人，其中有近 30 个少数民族实现全族脱贫。贫困居民"两不愁三保障"全面落实。

---

① 习近平：《在全国脱贫攻坚总结表彰大会上的讲话》，人民出版社 2021 年版，第 3 页。

② 国家统计局：《中华人民共和国 2023 年国民经济和社会发展统计公报》，第九点"居民收入消费和社会保障"部分，https://www.stats.gov.cn/sj/zxfb/202402/t20240228_1947915.html（转载时间：2024.02.29）。

③ 中华人民共和国国务院新闻办公室：《人类减贫的中国实践》，人民出版社 2021 年版，第 15 页。

④ 国家统计局住户调查办公室：《中国农村贫困监测报告 2020》，中国统计出版社 2020 年版，第 1 页。

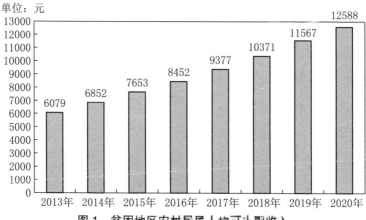

图 1 贫困地区农村居民人均可支配收入

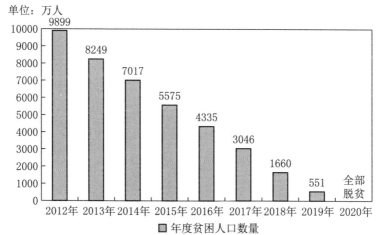

图 2 脱贫攻坚战以来中国农村贫困人口变化情况

资料源于中华人民共和国国务院新闻办公室:《人类减贫的中国实践》,人民出版社 2021 年版,第 14、16 页。

在消灭绝对贫困的进程中,由大规模粗放到集中化精准的扶贫模式转变,既见证了中国绝对贫困人数的锐减,又体现了治贫方略因时而变的科学性。从计划经济时代的救济式扶贫,家庭联产承包制下的"以体制改革促进扶贫",到 20 世纪 80 年代后期以循序渐进式的大规模扶贫开发为抓手、实施"八七扶贫攻坚计划"和两个为期十年的"中国农村扶贫开发纲要",再到新时代以来的全面精准扶贫,每一个阶段的方略变化都是对反贫困事业质的推进。党和国家领导人基于国情、审时度势,带领人民实现摆脱普遍整体性贫困、攻克区域性贫困、实现全面小康理想,脱贫的成效之高和速度之快在全球史无前例。尤其是进入新时代以来,习近平总书记提出"破解深度贫困问题"。深度贫困地区是区域性整体贫困遗留问题的坚中之坚,因此按照各贫困区的资源条件、贫困程度及人口分布等实际情况,采取科学有效的精准帮扶措施,集政策和财力支持向薄弱环节不断发力。通过一系列脱贫攻坚政策和行动的开展,"三州三区"[①]等 14 个深度贫困区全部脱贫,彻底解决了区域性整体贫困。面对突如其来的疫情和特大洪涝带来的巨大冲击,党中央仍坚定信心,坚决落实脱贫攻坚方案,以新决策和新部署强化特殊扶持,确保产销对接和消费扶贫不中断、不遗漏,防止了大面积返贫的现象出现,"最大限度保护了人民生命安全和身体健康"。[②]可以说,面对艰巨的脱贫任务和复杂的社会问题,中国共产党时刻以最广大人民幸福为奋斗宗旨,在高速的经济增长和针对性扶贫方针的推动下,带领人民摆脱了食不果腹、衣不蔽体的贫穷状态,过上了丰衣足食、安居乐业的小康生活。

---

① "三区"是指:西藏自治区、新疆维吾尔自治区南疆四地州和四川省、云南省、甘肃省、青海省涉藏州县。"三州"是指:四川省凉山彝族自治州、云南省怒江傈僳族自治州和甘肃省临夏回族自治州。

② 习近平:《高举中国特色社会主义伟大旗帜 为全面建设社会主义现代化国家而团结奋斗——在中国共产党第二十次全国代表大会上的报告》,人民出版社 2022 年版,第 3 页。

二、脱贫人民生活水平提高、精神风貌改善

改革开放以来，尤其是脱贫攻坚全面开展的八年间，巨大扶贫成效显著地提升了脱贫人民的消费水平和生活质量，在丰富的物质基础上，人民的精神生活也在日益充实。

首先，脱贫人民消费水平显著提高，消费结构大幅优化。随着生产的发展和经济的进步，可供居民消费的食品种类越来越多，居民的消费实现了从以前品种单一、只图温饱到如今品类丰富、追求质量的层次转变。一方面，人们的消费水平大幅提升。从2012年至2020年间，贫困地区农民人均消费支出累计增长了将近66%，年均增长率为8%左右，人均消费支出在2020年达到了11933元。[①]另一方面，消费结构也有明显改变。仅就食品消费而言，粮食消费总量显著减少，肉蛋奶等食品消费明显增多。更宏观来看，农村居民的恩格尔系数不断呈下行态势，而发展型消费日益增多，其中，2022年的交通通信和医疗保健等发展型消费支出分别较2016年时增长了64%和70%。[②]除了农村居民消费水平提升显著外，城乡居民收入差距和东西部地区农民收入差距也在不断缩小。根据国家统计局数据显示，2016年至2022年间城乡居民人均可支配收入比下降了0.27，东西部地区农村居民可支配收入比下降了0.06。[③]

其次，贫困人口居住和生活条件大为改善。一是住房质量提

---

① 《人间奇迹》编写组：《人间奇迹——中国脱贫攻坚统计监测报告》，中国统计出版社2021年版，第18页。

② 国家统计局：《中国统计年鉴2023》，第十六点和二十二点，https://www.stats.gov.cn/sj/ndsj/2023/indexch.htm。

③ 数据由《中国统计年鉴2023》整理而来。

高，随着过去条件简陋的竹草土坯房随着脱贫攻坚的胜利几乎全
部消灭，农民得以住上了安全牢固的混凝土和砖混材料结构房。
二是家庭条件改善，净化处理饮用水、管道供水、独立卫生间等
实现了在贫困地区的基本普及和连片特困地区的较大范围普及；
除了每家每户几乎都拥有的彩电、洗衣机、热水器和电冰箱等现
代生活耐用品外，越来越多的贫困家庭也用上了手机、电脑和汽
车等提升生活品质的消费品（表1）。三是贫困儿童受教育机会极
大增加，截至2023年的九年义务教育巩固率达到95.7%。① 随着
兴建学校、引进乡村教师等教育脱贫的举措不断推进，贫困儿童
的科学文化知识和品德素养得到极大提升，越来越多的孩子依靠
知识走出大山、改变命运。四是县乡村三级医疗卫生服务体系不
断完善，99.9%的贫困人口参加基本医疗保险，看病难和看病贵等
问题得到有效解决。

表1 2012—2020年农村贫困地区家庭耐用消费品占有量

指标名称（每百户 / 台）	2012 年	2017 年	2020 年
电冰箱	47.5	78.9	95.4
洗衣机	52.3	83.5	95.7
电脑	5.4	16.8	23.1
汽车	2.7	13.1	15.9

数据由中国农村贫困监测报告 2010—2020 年整理而来。

最后，贫困地区人民的精神面貌也有了极大改变。一方面，
脱贫人口的精神文化生活得到丰富，受教育理念不断优化，娱乐

---

① 国家统计局：《中华人民共和国 2023 年国民经济和社会发展统计公报》，第十点 "科学
技术和教育" 第 2 段，https://www.stats.gov.cn/sj/zxfb/202402/t20240228_1947915.html
（转载时间：2024.02.29）

方式更为多元。党中央一直重视教育脱贫，着重发挥教育在塑造当代中国青年正确价值观、提升农村居民整体素质和阻断贫困代际传递中的重要作用。此外，随着村民的物质生活水平提升，在村委和村民的共同努力下，各种符合乡村民俗特色、百姓喜闻乐见的文化活动相继开展，有些地方甚至打造成了旅游名片，在丰富村民精神生活的同时也为乡村带来了相应的经济效益。另一方面，贫困地区人民的脱贫主动性和发展内生力增强。近年来，党中央不断加大扶志和扶智的力度，通过发达地区技术人才一对一指导帮扶、针对性培训、各级干部正面教育和宣传引导等方式，让那些拥有劳动能力的群体逐渐从"要我脱贫"转变为了"我要脱贫"的良好心态，并且在职业技能和基本素养方面大为提升。自主发展产业或进城务工基本上成了农民较为稳定的收入来源。相较于过去"揣着手等"与"背着手看"，现在的农民自我发展能力和自我认同感都得到显著提高，纷纷"撸起袖子""甩开手干"，生活好了，笑脸多了，精神面貌焕然一新。

三、贫困地区基础设施完善、服务水平提升

党中央一直以来都十分重视加强贫困地区的基础设施和公共服务建设，尤其是党的十八大后，还将构建卫生、文明、美丽和宜居的乡村作为重要目标，不断加大对农村薄弱环节和服务体系建设的资金投入。在各级政府的推动下，贫困地区的基础设施日渐完善、发展潜力逐渐释放、整体面貌改变巨大。

农村贫困地区基础设施条件持续改善。2020年底，贫困地区各行政村基本实现了通电话、通公路和主干道路硬化；各自然村

能够接收有线电视信号和宽带信号的农户比重分别达到 99.5% 和
98.6%。[①]99.3% 的行政村实现了通动力电;有村级综合服务设
施以及电子商务配送站的行政村占比为 99% 及 62.7%。(表 2)[②]
这些惠民举措历史性地解决了群众行路难、用电难和通信难等问
题。在生活垃圾和污水处理方面,90% 以上的行政村全部实现垃
圾集中处理及清运,基本上每个村落都有专门的污水处理站或处
理厂。除了水路电讯等基础设施的完善,国家还致力于将扶贫开
发与水土保持、环境保护、生态建设等方面相结合,使得农村面
貌和人居环境大为改善。在"十三五"时期的美丽宜居乡村建设
中,不仅农村厕所革命和乡村环境整治等举措在稳步而扎实推进,
保护和合理开发绿色资源、生态脆弱地区易地扶贫搬迁等行动也
在不断开展,随着建立健全基础设施的不断完善,乡村更为美丽
宜居。

表 2 2012—2020 年农村贫困地区"五通"实现情况

指标名称	2012 年	2017 年	2020 年
通硬化路	59.9%	81.1%	99.6%
通动力电	95.3%	99.0%	99.3%
通信信号	93.3%	98.5%	99.9%
通广播电视信号	69.0%	86.5%	99.9%
通宽带互联网	37.3%	71.0%	99.6%

数据由中国农村贫困监测报告 2010—2020 年整理而来。

---

① 《人间奇迹》编写组:《人间奇迹——中国脱贫攻坚统计监测报告》,中国统计出版社
2021 年版,第 28 页。
② 《人间奇迹》编写组:《人间奇迹——中国脱贫攻坚统计监测报告》,中国统计出版社
2021 年版,第 6 页。

　　贫困地区的教育和医疗卫生服务不断提高。一方面，各级政府坚持以提高人民基本素质和劳动技能为抓手，加大对贫困地区教育政策和资金的倾斜力度。以自然村为单位，截至2020年底，农村贫困孩子入幼儿园比例高达93.1%，上小学的比例则为94.3%。[①] 在国家贫困县中，有寄宿制学校的乡镇占比为94.1%，有中等职业教育学校的县为82.4%，有职业技能培训资格的机构的县比重为84.5%。与此同时，98.5%以上的乡县都建立了图书馆（室）和综合文化站等，进一步方便了村民开阔视野和汲取知识。[②] 另一方面，医疗卫生服务体系不断健全。99.8%以上的村和县都分别设有卫生院和至少一所县级公立医院。各县还完全落实了建档立卡的贫困人口在住院和付费中的一站式结算，使得看病更加便利，此外还广泛设立大病专项救治，进一步为人民的健康保障兜底。可见，贫困地区的公共服务水平得到显著提升。

　　以不断提升的硬件设施和公共服务为物质基础，乡村一改贫穷落后的状态，文明程度不断提高。乡村文化是民俗风情和精神文明的有机结合，是每个乡村特有的名片。挖掘和宣传乡村文化，既有利于传承古老的中华文脉，也有利于守护村民的精神家园。因此，在奋力脱贫的过程中，古朴风貌的保护尤其受到重视。例如，距今已有600多年历史的广西高山村，因其在科举时代涌现出了大量进士、举人和秀才等文人而被誉为"进士村"，明朝时期徐霞客曾在此留下游记。村内明清古建筑和古树众多，当地政

---

① 《人间奇迹》编写组：《人间奇迹——中国脱贫攻坚统计监测报告》，中国统计出版社2021年版，第28页。

② 《人间奇迹》编写组：《人间奇迹——中国脱贫攻坚统计监测报告》，中国统计出版社2021年版，第6页。

府十分重视对它们的保护与开发，不仅保留了其以两广宗祠文化为载体的居民文化特色，还分类保存了牌匾、楹联、戏台、书籍、碑柱等一系列古迹，在丰富旅游资源、实现脱贫致富的同时传承了其崇文尚礼、淡泊名利的优良民风，高山村因此成为广西旅游的一张亮丽名片，被纳入"中国历史文化名村"名录。可见，经历史发展遗留下来的民风民俗及古朴建筑都是独具特色的文化资源和遗产，对其进行适当的修缮和开发，能够有效带动乡村旅游产业的发展，为提高乡村收入和改善落后面貌奠定良好基础。更重要的是，乡村文化普及也有利于培育守望相助、热情好客的朴素民风，从而进一步提升乡村文明程度，塑造乡村文明的新风尚。

四、党群关系更加紧密、党的治理能力提高

习近平总书记在总结脱贫攻坚成就时提到，脱贫攻坚的胜利不仅消灭了绝对贫困，还使"党群干群关系明显改善，党在农村的执政基础更加牢固"。[1] 这充分体现了"共产党人始终代表整个运动的利益"[2] 以及人民大众的根本利益，党的领导是中国特色社会主义制度与道路的最大优势。

一方面，广大扶贫干部坚持以人为本的群众路线，切实带领人民脱贫致富，从而密切了党与人民之间的血肉联系。新中国成立之初，毛泽东同志立足于我国饱受摧残、经济衰败、生产落后的客观现实，完成社会主义改造，采取以工促农、大力发展工业的发展方式，为反贫困奠定了强大的制度基础。七十多年来，中

---

[1] 习近平：《在全国脱贫攻坚总结表彰大会上的讲话》，人民出版社 2021 年版，第 8 页。
[2] 中共中央编译局：《马克思恩格斯选集》第 1 卷，人民出版社 2012 年版，第 411 页。

国共产党坚持在社会主义道路上解放与发展生产力，不断调整和改革与生产力发展水平相适应的上层建筑，不仅探索出了一条反贫依靠人民、成果人民共享的中国特色反贫困道路，还为消除贫困奠定了空前丰裕的物质和精神财富。特别是改革开放以来，在邓小平同志的带领下，我国通过联产承包制、规模性扶贫开发和市场经济改革等一系列政策，实现了从"站起来"到"富起来"的跨越，中国得以摆脱普遍贫困的样态，逐步走向共同富裕。到了新时代，以习近平同志为核心的党中央将人民利益放在首位，领导全国上下坚定消除绝对贫困的信念，扎实推进精准扶贫，使得贫困人口和贫困发生率大幅度下降，最终实现全面建成小康的首个百年目标。从 2012 年至 2020 年，习近平总书记对"精准扶贫"作了许多重要指示，以"小康不小康，关键看老乡"为基本立场，以"脱真贫、真脱贫"为关键指导，时刻鼓励各级干部在诸如深度贫困区这类难啃的硬骨头上要有"愚公移山志"和"咬定目标、苦干实干"的毅力。[1] 正是有了千千万万这样的"扶贫干部舍小家为大家"，夜以继日地"把心血和汗水洒遍千家万户"[2]，才使得这场没有硝烟的脱贫攻坚战实现了全面地胜利。在这当中，涌现了将生命献给扶贫事业的黄文秀同志、身患重疾也要使百姓喝上水的刘虎同志、用教育为大山女孩筑梦的张桂梅校长、带头"拔穷根"的开路者毛相林等诸多时代楷模，甚至有 1800 多名党员干部将生命永远留在了扶贫征程上。

　　另一方面，在广大扶贫干部的心系人民、不畏艰苦的精神驱

---

[1]　习近平：《决胜全面建成小康社会夺取新时代中国特色社会主义伟大胜利——在中国共产党第十九次全国代表大会上的报告》，人民出版社 2017 年版，第 11 页。

[2]　习近平：《在全国脱贫攻坚总结表彰大会上的讲话》，人民出版社 2021 年版，第 8 页。

动和因地制宜、精准脱贫的方针引领下，广大人民群众的脱贫主动性极大提高，营造了"和衷共济、团结互助"的党群关系。中国共产党深知，人民是历史的创造者，作为反贫困的主体，只有人民群众才能创造消灭贫困的奇迹，因此，脱贫攻坚的胜利离不开对群众内生力和主动性的激发，离不开对百姓自力更生和艰苦奋斗精神的培育。基于这样的客观认识，贫困地区的党委领导班子积极营造团结互助的良好氛围，通过实地走访、宣传教育和开展培训等方式，有针对性地了解不同村落乃至贫困户的家庭情况，制定切实的脱贫方案，并争取相关资金和政策以向极度困难家庭倾斜，切实让贫困群众得到帮扶、感到温暖、获得发展。而贫困群众在领导班子的引导和帮助下，提升了职业素养、学到了发展特色农业产业的知识，增强了脱贫的信心和决心。随着脱贫攻坚的不断推进，党和人民始终做到心往一处想、劲往一处使，长此以往形成了越来越浓厚的当地学子反哺家乡和外来人才志愿扎根的互助氛围。在高素质人才的带动和启发下，通过贫困地区人民数十年的共同努力，贫困地区的特色农业和旅游业等产业发展愈显活力，形成了一个"人人为我，我为人人"的良性脱贫氛围。

随着干群关系的愈加紧密，中国共产党在农村地区的贫困治理能力有了显著的提升，执政根基更为牢固。脱贫攻坚战的全面胜利既是中国的伟大壮举，也是人类减贫史的奇迹，更是国家现代化治理体系成熟完善的先决条件。在以村为基础的全面精准扶贫阶段，党的基层领导小组发挥着至关重要的作用，可以说，配备强有力的村级领导班子，是打赢这场反贫之战的决定因素。首先，基层脱贫领导小组成员的选派十分重要，这事关脱贫实际成效和百姓切身利益。因此，要选择有担当、有思想、有作为的党员担任驻村"第一书记",他们可以是乡村致富的经商能手,也可以是训练有素的退伍军人,抑或是发达省市派遣的驻村工作指导队,以及高校毕业的选调生"村官"等。正是这些成千上万热爱农村、志愿建设农村的奉献者在带领农民脱贫致富中展现出了无私的奉献精神和出色的战斗力,贫困地区的经济收入才能不断发展,生态环境也才得到充分保护。也正因为这些奉献者在基层繁杂的脱贫工作中锤炼了党性、丰富了经验、增长了才干,因而在收获群众信任和拥护的同时也巩固了党在基层的执政根基。其次,党治理能力的提升还体现在重视基层群众自治工作的建设,这事关农民脱贫内生力和积极性的调动。例如,对本村重大问题实行民主决策、各项村务做到公开透明,基层治理的活力在一系列村级民主政治建设工作的推动下不断释放。相较于过去计划经济体制下全包全揽的扶贫方式,这种党群互联互补的模式更为高效和科学,随着村民自我管理和自我服务的能力不断加强,党的基层治理能力又迈向更高台阶。最后,随着热爱农村和扎根农村的队伍不断壮大,党的社会治理整体能力也在逐渐提升。"从 2012 年起,全国累计选派三百多万名第一书记和驻村干部开展精准帮扶",[1] 他们拥有不同的专业技能和擅长领域,不仅为贫困地区带来了先进发展理念和科学管理模式,客观上推动了基层治理新路径的探索,还显著提升了贫困地区的社会治理水平。总体而言,党群关系更加密切、党的基层治理能力提升,党的执政根基更为牢固,为其带领中国人民实现第二个百年奋斗目标、迈向共同富裕奠定了坚实的群众基础。

---

① 　国务院新闻办公室:《人类减贫的中国实践》,人民出版社 2021 年版,第 30 页。

五、创减贫史中国奇迹、加速世界减贫进程

新中国成立后，中国通过规模性开发扶贫和全面精准扶贫的实践探索，在短短数十年内先后使 8.78 亿人摆脱了绝对贫困，其减贫规模占世界总贫困人口数量的 76%，创造了举世瞩目的中国奇迹，有力推动了全球减贫进程。

一方面，中国反贫困斗争的巨大成功为世界反贫事业贡献卓著，得到各国的热切关注与盛赞。按现行 2300 元 / 人 / 年的贫困标准而言，我国的贫困人口总量从改革开放时的 7.7 亿降至 2019 年的 551 万，并在 2020 年底实现清零。尤其是全面推行精准扶贫的反贫战略以来，贫困的衍生被极大地抑制，深度贫困地区的"硬骨头"被彻底清除，中国因此成为首个也是最早完成联合国千年发展目标中减贫计划的发展中国家。除了减贫规模之大，中国的减贫速度也远超世界平均水平。按照世界银行 2015 年时划定的 1.9 美元 / 人 / 天的国际贫困标准，中国在 1981—2019 年期间的贫困率从 88.3% 降至 0.6%，同期的世界贫困率则从 42.3% 降为 9.1%，通过对比可知，中国无论是在减贫规模还是减贫速度上都远高于世界同期的数据，因而创下了人类减贫史上的空前奇迹，国际社会对此纷纷盛赞。联合国秘书长古特雷斯于 2021 年 2 月致信习近平主席，表示中国消灭绝对贫困"这一重大成就为实现 2030 年可持续发展议程所描绘的更加美好和繁荣的世界作出了重要贡献"，"中国取得的非凡成就为整个国际社会带来了希望，提供了激励"。① 亚洲开发银行东亚局局长詹姆斯·林奇称赞"中国

---

① 转引自国务院新闻办公室：《中国政府白皮书汇编 2021 年》上卷，人民出版社 2022 年版，第 113 页。

脱贫成就令人瞩目，极大推动全球脱贫进程"。不言而喻，中国的反贫困实践得到了国际的普遍认可。

另一方面，为世界各国提供实践和理论的借鉴。经过七十余年反贫困的实践探索，中国形成了以政府为主导、人民为主体、全社会共同参与的扶贫格局。在这当中，共产党始终坚持以人民为中心的执政理念，以解决人民的温饱和对美好生活的向往为脱贫导向，以分阶段划区域治理为科学方针，做到了针对不同时期不同现状的精准施策，不断调整生产关系以适应生产力的发展，探索出了以经济高速增长的漫灌式扶贫和共享引领下的精准滴灌式帮扶相结合的创新形式。世界上许多国家也正积极探索消除贫困的路径，中国的成功无疑给各国提供了方案和经验。外媒相继报道和推广我们脱贫攻坚的具体做法，如《俄罗斯报》刊文阐释云南省弥勒市政府建立的"企业＋贫困户"的模式，荷兰《忠诚报》指出易地扶贫搬迁在带动就业和保护生态方面具有突出贡献，巴西《环球报》和泰国《曼谷邮报》分别报道广西壮族自治区巴马县以文化旅游改善农民生活和数字经济为中国带来脱贫新动能的成功案例。中国反贫困的成功做法得到了越来越多国家的认可和借鉴，埃及共产党总书记萨拉赫·阿兹利因此表示，"中国脱贫攻坚的有效经验和创新做法，正成为许多发展中国家的学习样本"。①

总之，在党和政府高度重视、全国上下勠力同心、社会各界多方参与的扶贫大格局下，中国如期"完成脱贫攻坚、全面建成

---

① 人民网—人民日报：《为世界减贫和发展事业作出重要贡献——外媒和国际人士高度评价中国脱贫攻坚成就》，http://cpc.people.com.cn/n1/2021/0228/c64387-32038512.html。

小康社会的历史任务，实现第一个百年奋斗目标"。① 这为我们稳步迈向社会主义现代化强国，真正实现全体人民共同富裕奠定了坚实基础。

第三节　当代中国对马克思反贫困思想的丰富与发展

马克思反贫困思想在中国过去的绝对贫困治理中展现了巨大的成功，形成了一系列丰富的理论成果和实践经验，既是对理论本身科学性的最佳证实，又是对党和人民实践智慧的充分肯定。然而，生存型贫困的消灭和发展型贫困的凸显又将中国带到了反贫困斗争的新阶段。面对第二个百年目标的更高标准以及相对贫困更复杂多变的现状，原本理论的阐释力和策略的解决力明显不足，因此，必须在对过去实践进行总结反思和继承发扬的基础上，就未来如何以更注重人的平等发展为核心，详尽阐释相对贫困的本质特征，统筹解决发展、能力、权利、资源和生态等层面的公平共享问题，从而实现对理论本身的丰富和发展。

一、拥护党的领导核心地位是对无产阶级专政理念的深化

作为社会主义建设事业的领导核心，中国共产党的正确领导是反贫困斗争取得胜利的最关键因素，正是党一直坚持以人为本、执政为民的理念，人民的小康愿望才能实现；也正是在党强有力

---

① 习近平：《高举中国特色社会主义伟大旗帜　为全面建设社会主义现代化国家而团结奋斗——在中国共产党第二十次全国代表大会上的报告》，人民出版社 2022 年版，第4 页。

地带领下，社会主义力量才能凝聚、各方资源才能充分调动。

（一）客观要求：社会主义革命和反贫困都需共产党领导

社会主义制度建立后的反贫困实践离不开无产阶级政党的领导。在马克思看来，资本主义私有制下的悖论性贫困与贫富分化是该制度的沉疴痼疾，要彻底消灭贫困只能通过资本主义制度的自我扬弃才能实现，当生产关系的外壳再也容不下生产力的发展、阶级矛盾激化到一定程度时，联合起来的无产阶级便会用革命手段推翻制度。而在无产阶级推翻资本主义社会的进程中，把他们有效地组织起来才能形成统一的战斗力量，否则，广大无产者人数众多，但一盘散沙仍是无法形成战斗力的。可见，无产阶级政党的领导和凝聚作用十分关键，相较于此，那些幻想通过无组织和无政府形式取得胜利的思想就显得不切实际。在推翻资本主义社会制度之后，不可能马上从旧的社会形态直接进入共产主义，中间还有一个过渡期，这期间要变革生产资料所有制，消除资本主义势力残余，从而消灭阶级。同时，这个过程也是进一步推动生产力发展、消除贫困的历史进程，同样需要无产阶级政党的坚强领导。尤其新中国是从落后贫穷的半殖民地半封建社会中实现独立的，因此我们最基本的国情是正处于且长期处于社会主义初级阶段，由于经济水平、自然地理和历史条件等因素所导致的地区发展不平衡和东中西部的收入差距，我国呈现出地域辽阔、人口众多、城乡二元化等问题复杂，这就决定了我们必须依靠中国共产党协调四方的强大动员能力和统筹全局的领导核心作用，如此一来，才能有效推进贫困治理。脱贫攻坚的全面胜利就正是党中央科学决策、正确领导的典范。

（二）主观动因：中国共产党人彰显的高度理论自觉

中国共产党自 1921 年成立时起，就将共产主义与人类解放当作最高理想和奋斗目标，义无反顾肩负起带领人民摆脱贫困、实现民族复兴的历史使命。回首党的百年风雨历程，历代领导人都十分重视人民的利益与幸福，带领人民进行艰苦卓绝的反贫困斗争。从新中国成立后的积贫积弱、饿殍遍野，到世纪之交的逐渐满足温饱，再到新时代以来的全面实现小康，党在领导人民进行革命、发展经济和完善制度的反贫困实践中时刻以马克思主义理论武装自己，不断推进马克思反贫困思想中国化，结合各个历史时期的具体情况因地制宜运用理论，从而形成了丰硕的理论成果与实践经验。以毛泽东同志为主要代表的中国共产党人灵活运用马克思"生产力与生产关系的辩证统一"思想，在新中国成立初期进行土地改革、社会主义"三大改造"和工业化探索，将延续数千年的封建土地返还于民，从国家制度的层面为反贫困奠定稳固基础，指明根本方向。改革开放之初，以邓小平同志为主要代表的中国共产党人从社会主义本质的高度剖析贫困问题，创造性地提出"社会主义的本质是解放生产力，发展生产力"的观点，[①]将党和国家的工作重心转移到经济建设上来，由此在继承马克思反贫困思想的基础上进一步深化了生产力与生产关系的辩证哲学。在世纪之交，以江泽民同志为主要代表的中国共产党人审慎分析中国东西部、城乡间、公私制中的贫富矛盾，将传统的救济式扶贫转变为开发式扶贫，调整所有制结构与分配方式，优化资源配

---

① 邓小平：《邓小平文选》第 3 卷，人民出版社 1993 年版，第 60 页。

置、有效缓解了人民内部矛盾。而面对环境污染、发展难以持续等复杂的反贫局面，以胡锦涛同志为主要代表的中国共产党人以科学发展观为引领实现了生产力的可持续发展，为扶贫事业开拓了新局面。党的十八大之后，以习近平同志为主要代表的中国共产党人不畏脱贫攻坚的"硬仗"，亲力亲为扎实推进扶贫工作，从思想上进一步发展了马克思关于分阶治贫的方案，提出全面精准扶贫思想。正是中国共产党人在不同时期展现出的高度理论自觉，持续推动马克思思想的辩证性创新与发展，反贫困斗争才得以逐步走向胜利。

（三）制胜法宝：中国共产党对反贫困实践的科学领导

中国共产党对反贫困的科学领导体现在三个方面，首先是对反贫困的政治领导。党在成立初期就确立了最高纲领和最低纲领的政治目标，并一直努力践行和实现。经过七十余年的奋斗而取得的消灭绝对贫困胜利，正是在最低纲领的坚实基础上，为最高革命目标扫清障碍和创造条件。小康社会是事关民生福祉的百年大计，它的全面建成离不开党的政治领导。其次是对反贫困的思想领导。马克思、恩格斯指出，"统治阶级的思想在每一时代都是占统治地位的思想"，① 在社会主义初级阶段的中国还不能脱离无产阶级专政，党的执政地位就决定了我国奉行人民利益至上的主导思想。思想对行动具有能动的反作用，因此思想领导就是要强化各级干部以人为本、廉洁奉公、真抓实干的服务意识，稳步推进贫困治理。最后是对反贫困的组织领导。组织领导是指党通过自

---

① 中共中央编译局：《马克思恩格斯文集》第 1 卷，人民出版社 2009 年版，第 550 页。

己的干部和各级组织带领人民群众实现党的主张与任务。与其他的党派不同，共产党的利益与人民根本利益是一致的，在强大的群众基础之上，党能有效地将人民组织起来，使党群之间合成一股力、聚成一条心，唯有团结才能攻克挑战、战无不胜。未来要取得相对贫困治理的更大成效，同样离不开党组织凝聚的强大战斗力。

总之，在中国共产党的带领下，中国从一穷二白的旧面貌中脱胎换骨，并取得消灭绝对贫困的伟大胜利的历程是对马克思无产阶级专政理念的本土化运用与深化。未来，在巩固脱贫成果和相对贫困协同治理的进程中也必须拥护党的领导核心地位，唯有如此才能实现全体人民共同富裕的第二个百年奋斗目标。

二、完善社会主义公有制是对破除资本主导逻辑的发展

社会主义反贫困的首要条件就是坚持公有制，从新中国成立之初对该制度的建立完善，到改革开放与新时代至今的巨大发展，社会主义公有制在保障发展成果惠及全体人民、集中力量办大事和推动社会公平正义等方面贡献卓著。因此，仍处于社会主义初级阶段的我们需要进一步完善社会主义公有制，提升公平正义，减少人民的相对剥夺感。

（一）以生产资料公有的生产前提破除资本主导逻辑

追求剩余价值是资本的本质。以谋求利益最大化的资本在生产关系中始终处于支配地位，并主导现代国家、现代市场和现代市民社会的形成和发展，就是所谓的资本主导逻辑。资产阶级通

过资本主导逻辑迅速积累财富，客观上带动了生产力的极大发展和现代化进程。在私有制下，富裕的资本家以占据优渥资源的优势，生产剩余产品的同时生产出一大批相对剩余的贫困人口，通过伪善的工资制度使后者依附于资本，从而带动剩余产品的消费，制造资源分配更为失衡、贫富差距更加拉大的恶性循环"陷阱"。然而，在社会主义制度中，以人民为中心的原则下，一切生产资料和劳动资料属于无产阶级，资本由私人性转化为公共性，失去了为逐利而盲目扩张的自由，甚至为区域发展平衡而被束缚在固定范围内，如东西优势互补的"西部大开发"和城乡协同并进的"乡村振兴"战略等，都是资本在"以人为本"公有制下的变革。此外，社会主义的"有为政府"也在根本上区别于资本主义政府的"守夜人"角色，前者通过宏观调控等强有力手段，制定反贫困事业的规划与目标、引导社会经济向"善"的方向流动，因此，社会主义公有制下的市场经济可以有效遏止新自由主义逻辑下资本的盲目性和扩张性等固有弊端。下一阶段相对贫困的治理需注意以下几个可改进的方面：一是适当提高国有资本的赋税比例、增征其因占用公共资源而必要的资源税，将更多的利润惠及更广大人民；二是对于代表人民管理和分配国有资本的特定政府部门要设置更严格的反复考核机制，强化他们以人民为中心的服务宗旨；三是对于城镇下岗职工，政府应继续完善对于他们创业或再就业的技术和资金保障体系，提升他们自力更生的能力。如此一来，才能使资本在社会主义制度框架下，继续朝着为人民大众服务而非单纯逐利的"善"的方向转变，从而逐步达到完全消灭资本逻辑、实现人民主导的最终目的。

（二）以资源全体共享的分配前提加强公共服务均等

由于天然的逐利性，资本会抢占优势资源和拓展空间，导致地区间发展不平衡。恩格斯曾说："资本越发展……就越是力求在空间上更加扩大市场，力求用时间去更多地消灭空间。"① 也就是说，"照资本的本性来说，它本身是狭隘的"②，而正是这种狭隘的逐利性，使它不断扩大自己的世界市场并消除地区间和国家间的贸易阻碍，使世界成为紧密联系的地球村，生产力在社会化生产中无阻碍地进步。但是，这种生产力的自由发展"又是同资本这种狭隘的生产形式相矛盾的"③，导致资本走向灭亡的同时，也摧毁了资本在客观上带来的成果，如社会稳定、经济繁荣和人民福祉等。可见，资本主义私有制及其逐利性发展不仅成为生产力的束缚，还会在扩张的过程中因掠夺不同空间的资源而形成内部深蕴的社会结构不平等，阶级固化和贫富分化。因此，不触动资本主义私有制的反贫困都是不彻底和不切实的，而社会主义改造完成之后的社会主义公有制使中国拥有了彻底对抗贫困的天然优势，赋予了反贫困事业强大动能。要想破除资本抢占空间资源的自发性，就要在资源共享的社会主义前提下，进一步缩小和平衡地区间的资源差异性和失衡性问题，目的是避免地区不平衡性过大而造成的"中心极化效应"。在我国，东部发展优于西部，沿海比内陆发达，自然资源丰富的地方比资源贫瘠的地方富裕，鉴于这样

① 中共中央编译局：《马克思恩格斯文集》第 8 卷，人民出版社 2009 年版，第 169 页。
② 中共中央编译局：《马克思恩格斯文集》第 8 卷，人民出版社 2009 年版，第 169 页。
③ 中共中央编译局：《马克思恩格斯文集》第 8 卷，人民出版社 2009 年版，第 169—170 页。

的现实情况，在未来可以向这两个方面完善：一方面，在保障资源平等共享、不被私人资本强行占有的基础上，加强资源在区域间和城乡间的互通有无和优势互补；另一方面，通过转移支付、加强基建、拓展交通网络等方式，将具有复贫风险的欠发达地区的资源优势转化为市场优势，进一步提升其产业水平。总体而言，只有在社会主义法律和政治制度保障资源平等共享的前提下，通过推进公共服务均等化和弱势地区的基建，才能有效遏止资本抢占优势资源而不断扩张的本性，减少人民的相对剥夺感，切实维护人民权益。

可见，社会主义与资本主义最大的区别之一就在于是否以人民利益为根本立场，新中国成立不久就建立了社会主义制度，这是为彻底反贫奠定根本基础、发展马克思关于扬弃资本主义制度观点的成功写照。在未来的贫困治理中应继续完善社会主义制度，大力发挥"公有"的主导作用，进一步提升公平正义。

三、发展新质生产力是对生产力内涵构成的丰富

党的十八大以来，面对新一轮科技与产业革命加速发展的历史趋势，以及适应当代中国经济增长方式转变、高质量发展不断实现的迫切需要，习近平总书记创造性提出了"新质生产力"的全新范畴。作为推动高质量发展的内在驱动，新质生产力必将为新阶段的贫困治理注入强大活力。

（一）新质生产力对马克思关于"生产力"内涵的延伸

唯物史观主张，生产力和生产关系的矛盾运动推动上层建筑

变化和社会形态更替，在这对关系中，生产力对生产关系起决定作用，可以说，生产力的发展水平决定了贫困问题的解决程度。马克思基于"现实的人"及其实践性认为，生产力是一种综合性的力量，其构成的"简单要素是：有目的的活动或劳动本身，劳动对象和劳动资料"。① 而劳动者与劳动资料结合后产生具有潜能的创造力，这种创造力就是一种改造自然的能力。随着科技和生产力的不断进步，新质生产力的形成意味着"人类改造自然能力的提升"和"人的本质力量被不断激发"，② 这种提升和激发恰恰就在于它以创新为引擎、以优质、绿色和高效发展为导向，赋予了劳动者和劳动要素新的"翅膀"，代表着当代经济发展的新兴力量。同时，它也和一般生产力的特质一样具有综合性，但不同之处在于其更强大和复杂的组合功能。新质生产力更注重科学技术和智力资源的组合，通过各领域互通互联的构建方式形成产业链、供应链和技术链的全面开放型生产力系统。总体而言，新质生产力对马克思的"生产力"内涵的延伸之处就在于它充分发挥科技的创新主导作用，依托新产业和新业态的培育，使生产力的发展在资源生态消耗少、资源配置效率高、生产要素投入低的运行轨道中实现跨越式升级。

此外，新质生产力诞生于数字经济时代，其基本生产要素发生了巨大改变，这为劳动者自身的解放与潜能的释放提供了更大空间。与马克思所处时代的机器大工业生产方式不同，数字经济带给人们更快捷、更碎片和更多元化的生活，诸如数字劳动和平

---

① 马克思：《资本论》第1卷，人民出版社2004年版，第208页。
② 王世泰、曹劲松：《新质生产力的缘起、生成动力与培育机理——基于马克思主义政治经济学视角》，载《南京社会科学》2024年第3期，第11—13页。

台经济等科技手段融入了生产生活的方方面面，其丰富多样性远超工业时代由土地、资本与劳动三要素构成的单一模式。数字经济时代的特点在于企业能够无时空限制地依托互联网技术，对各类信息数据平台进行整合、重组与创建，人们的劳动形式和劳动工具也较过去发生了很大改变，新的就业岗位和产业模式层出不穷，人们的劳动特质发生相应改变。在这样的背景下，新质生产力通过自媒体、数字平台等各类创新型载体充分释放与激活人的创造力，将过去在生产和流通领域中较为单一的物化因素简化甚至消灭，这既是生产力发展的必然趋势，也是劳动解放的内在要求。

新质生产力还特别强调绿色生态的内涵。共产主义作为反贫困的最终旨趣，其基本要求之一就在于人与自然和谐共处。在马克思看来，人通过"对象性的自然存在物的活动"[1]，即生产和交往的实践与客观自然界发生接触，使自然界不断被人化和主体化，若在遵循规律、顺应自然的基础上对其进行合理的开发与利用，自然则会造福人类；反之则会因生态的严重失衡而对人类自身造成不可估量甚至毁灭性的危害。在资本的趋利性下，生产力发展带来的财富增加往往以毫无节制地攫取自然和破坏环境为代价，这种做法无异于杀鸡取卵。与此相反，新质生产力注重"绿色生产"，而这一重大突破体现在习近平总书记的论述中："保护生态环境就是保护生产力，改善生态环境就是发展生产力"；[2] "良好的生态环境既是自然财富，也是经济财富，关系经济社会发展的后

---

① 中共中央编译局：《马克思恩格斯文集》第 1 卷，人民出版社 2009 年版，第 209 页。
② 《习近平著作选读》第 1 卷，人民出版社 2023 年版，第 113 页。

劲"。① 这就说明，新质生产力不仅将生态环境纳入生产力体系当中，还赋予了物质财富以生态内涵，从而实现了马克思关于生产力定义的概念延伸。

总之，新质生产力不仅是传统生产力在既有历史条件上的新跨越与新发展，还是社会主义本质要求在当代中国的新面貌与大趋势，在推动高效生产、优质生活、劳动解放和绿色发展等方面具有强大潜力。

（二）以新质生产力带动就业渠道和生活模式多元化

马克思指出，生产力的发展"随时随地都要以当时的历史条件为转移"。② 当前的贫困治理重点在于解决相对贫困，因此，要与时俱进发展新质生产力。作为以绿色高效为发展模式、以科技创新为核心动力的新质生产力，能够实现就业渠道和生活模式多元化，并在满足人民高品质生活需求的同时，注重人与自然的和谐统一，守护绿色家园。

首先，新质生产力实现生活模式多元化，满足人民对美好生活的向往。近代以来，科学技术的生产力作用愈发凸显，但与过去科技革命中点状式突破的呈现方式不同，在当前蓬勃兴起的新一轮科技革命中，各种创新突破性技术层出不穷，涵盖了人工智能、自然仿真与生态模拟技术、大数据、物联网、纳米技术、生物制药、新能源储存等新科技和新业态，这些都是新质生产力的具体形态。可见，新质生产力以其知识创新、技术物化、多元需求、集聚效应等优势而显现出蓬勃的生命力与巨大的需求量。在

---

① 习近平：《论坚持人与自然和谐共生》，中央文献出版社 2022 年版，第 292 页。
② 中共中央编译局：《马克思恩格斯文集》第 8 卷，人民出版社 2009 年版，第 170 页。

当代中国，随着人民需求日益往多元化、高层次方向迈进，快捷、个性、精准、环保等生活和消费方式更受人们青睐，而新质生产力恰恰从根本上满足了人民对美好生活的追求，人的个性也将得到更大程度的满足。例如，借助新技术建设的开放式商圈、智慧门店等新业态，能够实现商圈业态"从有到优"的品质提档升级；3D 打印、5G、VR 和 AR 等应用技术在科技创新的驱动下不断普及，体验式、定制式和个性化生产与消费逐步成为主流生活方式，人们得以享受更为丰富的生活体验。习近平总书记指出："加快科技创新是实现人民高品质生活的需要"，"为满足人民对美好生活的向往，必须推出更多涉及民生的科技创新成果"。[①] 正是着眼于人民的真实所需，党中央与时俱进地提出加快推进新质生产力的方针，通过科技创新的引领带动，建设并完善多元而优质的供给体系，不断满足人民日益增长的个性追求。

其次，新质生产力能够带动就业形式多样化。一是通过数字融合改善传统产业。主要方式是官方搭建平台，构建乡村城市一体化的高标准市场体系，实现产品和服务的互联互通。这不仅能降低农产品的流通成本、拓展运输半径，还能为农民增收致富提供新渠道。而且，数字和实体经济的融合还能推动市场供应链的延伸，有利于农民享受到更优质的产品和服务，实现农村消费升级。二是创新生产性服务业态，使之形成新的分工产业或部门。生产性服务不直接参与物质生产，却贯穿生产制造的全过程和各环节，是生产的重要保障，具体包括仓储物流运输、金融服务、职业培训、贸易经济代理和研发设计等行业，能够吸纳大量人口

---

① 习近平：《论科技自立自强》，中央文献出版社 2023 年版，第 238 页。

就业。因此，要以人工智能和数字技术等手段拓展生产性服务行业的服务范围，在提升服务功效和质量的同时实现其集约化与规模化，例如"科创之都"深圳就是一个典型。要推动这类城市在高端生产性服务体系的培育和建构中更好地吸纳服务业人员的就业。总之，要以新兴产业为主要载体，发挥新兴技术在生产力系统中的核心要素作用，加强新兴技术与劳动者和生产资料的融合，全面提高全要素生产率，持续推动传统产业优化升级，加快发展战略性新兴产业，如此一来，才能切实推动创业与就业模式多样化，提升人民就业创业的幸福感和成就感。

最后，以绿色发展为方向的新质生产力将进一步实现生态脱贫，人与自然和谐相处。习近平总书记指出："绿色发展是高质量发展的底色，新质生产力本身就是绿色生产力。"① 绿色发展本质上就是要摒弃"征服自然改造自然的能力"的旧思维，实现马克思所揭示的"人与自然的和谐共生"的新境界。具体而言，我们要尽快改变过去以生产要素驱动、投资规模驱动来发展经济的模式，保护生态环境和遵循自然规律，抓住发展理念中绿色转型和新产业变革带来的机遇，破解依靠高耗能和高污染生产的发展模式，通过绿色化、智能化和网络化来优化生产过程，自觉推动资源利用效率高、成本和资源耗费低的科技型企业的发展。与此同时，大力推广传统制造业的绿色改造和生产方式的转型升级，继而推动工业文明向生态文明跨越，变革社会经济与自然生态两大系统之间的互动关系。

---

① 新华社：《习近平在中共中央政治局第十一次集体学习时强调：加快发展新质生产力 扎实推进高质量发展》，第 7 段，https://www.gov.cn/yaowen/liebiao/202402/content_6929446.htm（2024.02.01）。

四、巩固脱贫成果推进乡村振兴是对分阶治贫方案的创新

马克思不仅认为资本主义制度的自我扬弃是消灭贫困的必经之路，还强调了摆脱贫困离不开高度发达的生产力和充分涌流的物质财富，除此之外还有其他必要条件。可见，消除贫困需要多种因素的共同作用。虽然中国已经根除了悖论性贫困生成的制度因素并消灭了绝对贫困，但这仅仅解决了物质经济和基本生活的温饱问题，仍未解决人民对于美好生活的多元需求、社会成果公平共享的发展问题。此外，我国依旧处于发展不平衡不充分的社会主义初级阶段，总体生产力水平还不够发达，社会主义体制机制的建设还有待完善，任何外部或内部因素都有可能导致已经脱贫的人口大规模返贫。鉴于此，我们需要分阶段地治理长期存在的相对贫困问题、协同巩固脱贫成果，以期改善遗留的历史问题、确保城乡发展一体化、群体收入及社会保障均衡化，推动共同富裕早日实现。

（一）加大统筹城乡一体化发展，进一步提升公平正义

进入 21 世纪以来，除了缓解农村绝对贫困问题，城市相对贫困治理也被提上日程。在过去，占全国绝大部分的农村人口普遍处于贫困状态，因此农村贫困一直是中国反贫困斗争的主战场，而到了世纪之交，相较于农村贫困人口在贫困发生率上的下降，城市贫困突然像流行病一般暴发起来，这些新增的贫困人口多为不适应市场竞争遭致停产甚至破产的个体户，以及长期停发工资或因就业体制变化而下岗的职工等。在低保制全国覆盖的条件下，他们的收入大多在贫困线上徘徊，随时面临掉入低保线以下的风险，且缺乏必要的政策保障和社会重视，这群数量庞大而恒定的

相对边缘人口构成了所谓的"城市新贫困"阶层。① 可见，一直靠经济高速增长、先富带动后富来减缓贫困的涓滴效应正日趋减弱，相对贫困问题因此成为今后中国反贫困需要攻克的目标。

由于"社会结构转型、经济体制转轨、经济和产业结构调整、国有企业改革"等因素诱发，城市中的新型贫困群体是新时期必须重点关注的对象之一。② 针对他们背后所凸显的农民工和城市居民二元分化、城市下岗职工和残障病弱群体被边缘化等城市相对贫困问题，可采取以下的建议性举措。一是就业领域的政策建设：大力发展带动贫困者就业的相关产业；进行就业培训和创业扶持；完善法治建设，充分保护贫困者劳动权益；完善制度建设，健全最低工资制；提高低收入劳动者的初次分配所得份额。二是社会保障领域的政策建设：通过完善包括医疗救助、教育救助、法律救助和灾害救助等在内的社会救助体系，不仅更能保护城市相对贫困者的发展权，而且还能形成一个几乎囊括贫困群体所有基本需求的保障网。与此同时，进一步完善社会保险制度，建设城乡一体化的社会保障体系。三是税收领域的政策建设：税收政策是缩小贫富差距和预防贫困的重要工具。要进一步发挥个人所得税的作用，完善消费税和财产税，适时开征社会保障税，将社会保障基金的筹集纳入法制化轨道。

（二）着力治理相对贫困的农村薄弱环节

针对农村地区的相对贫困治理，全面建设社会主义现代化强

---

① 姚建平：《中国转型期城市贫困与社会政策》，复旦大学出版社 2011 年版，第 5—8 页。
② 王琳：《共同富裕的探索：中国特色反贫困理论与实践》，光明日报出版社 2021 年版，第 43 页。

国为反贫困思想在中国实践的进一步丰富和完善提供了参照坐标。因此，在现代化目标的指引下，现阶段治贫的关键在于巩固脱贫攻坚成果和相对贫困治理探索两手抓、两不误。

　　首先，要启动相对贫困的新标准制定。自改革开放以来，我国共采用过三条贫困标准，分别是 1978 年标准、2008 年标准和 2010 年标准。[①] 基于我国发展阶段和基本国情，参照过去扶贫实践和国际贫困标准，我国需要确定更高的绝对贫困标准和新的多维相对贫困标准。由于摆脱了对温饱和生存问题的担忧，相对贫困人口的边缘感和被剥夺感会更加明显，而且城乡差距、人群差异和区域差别客观上使相对贫困人口在生存和发展等方面处于弱势，社会排斥和机会不均等问题普遍存在，因此，要想建设现代化强国，就必须更重视缩小贫富差距和城乡差距。同时，贫困标准的制定也要以机会和权利均等为考量核心，体现人民在享受基本公共服务方面的均等化，这不仅是贫困人口获得发展、实现自我价值的基础条件，还是农民同享共同富裕成果的切实途径。

　　其次，要增强脱贫攻坚成果的稳固性。一方面，要巩固脱贫的物质性成果，即持续在改善地区环境、加强基础设施和生态保护等方面下功夫；另一方面，也要巩固精神性成果，切勿放松对"扶志"的引导与激励，谨防"精神贫困户"及其懒汉情绪卷土重来。我国正不断提升与完善返贫动态监测及帮扶体制机制，尤其是对在贫困线上徘徊的低收入人群开展常态化帮扶和定期性查缺补漏，防止脱贫遗漏和规模性返贫等现象。对于这部分易返贫群体，政府以助力其"提高脱贫内生力"为抓手，为留在家乡的

[①] 国家统计局：《什么是贫困标准和贫困发生率》，第 7 段，https://www.stats.gov.cn/zs/tjws/tjzb/202301/t20230101_1903716.html（2023.01.01）。

村民大力发展因地制宜的乡村产业，此外，还为进城务工的农民工完善城乡一体化的治贫体系，增强农民工在教育、医疗卫生和文化娱乐等方面的保障体系，消除他们"异地谋生"的后顾之忧，使他们在持续增收致富的同时更好地为经济发展做贡献。

最后，要坚持巩固脱贫攻坚成果与乡村振兴战略有效衔接。作为三农工作总体抓手的乡村振兴，是精准扶贫政策的后续发展和全面巩固，旨在促进"农村繁荣、农业发展、农民幸福"。[①] 在新的相对贫困治理阶段，乡村振兴是农村主战场上防止返贫及次生贫困的重要保障，其核心举措在于产业、文化、人才、组织和生态五个方面的振兴，是兼顾农村富裕和生态保护的可持续发展道路。因此，推动脱贫攻坚举措向乡村振兴平稳过渡，使两者有效衔接，是新阶段的重要举措。具体做法在于：一是农业财政补贴支持要落实到位、通过完善借贷金融体系确保资金帮扶政策实施的延续性；二是继续推进精准帮扶的人才鼓励措施，落实党委的领导和第一责任制；三是持续推广新发展理念，加快实现绿色现代化农业运作模式；四是为发展农业种植而继续做好农业科技培训及设施设备支持的保障，在确保十八亿亩耕地储备的基础上实现粮食及关键农产品产量的不断提升。

总之，巩固脱贫成果与推进乡村振兴有效衔接既符合我们国情，也是马克思反贫困思想在当前及今后阶段的又一创造性运用。只有不断缩小城乡间、区域间的发展差距，通过推进乡村振兴来弥合农村发展的薄弱环节，才能真正消除相对贫困人口的边缘感和被剥夺感，由此实现全体人民的共同富裕。

---

① 王琳：《共同富裕的探索：中国特色反贫困理论与实践》，光明日报出版社 2021 年版，第 43 页。

五、提高发展内生力是对人主体性与创造性的彰显

马克思在考察贫困问题时的落脚点始终是"现实的人"的需要与主体性，因此当代中国的贫困治理应着眼于人的幸福感、获得感和满足感。这就说明，在全面解决温饱难题后，社会的公平正义、人的全面发展需求应得到进一步地重视与提高，正如 2024 年《政府工作报告》中提到的，党和政府在今后会更加致力于推动公平正义与机会平等：一是加快国内市场一体化格局；二是提高人才的发展内生动力，以科技和人才促进经济长期向好。① "发展"两字从"脱贫"转变为此，不仅彰显了在脱离绝对贫困后，国家为实现人民平等与全面发展的不懈努力，也体现了在相对贫困治理阶段，注重人精神需求和价值实现的满足才是新的更高目标。

（一）反贫困的主体和受益者都是劳动人民

任何事情都是内外因共同作用的结果，但内因是根本，外因是条件，外因最终还是要通过内因起作用。反贫困实践同样如此，在脱贫攻坚的实际工作中，党和政府高度重视贫困地区人民的首创精神就是最好的体现。一直以来，党中央都把激发贫困地区人民的脱贫内生力作为主要抓手，通过资金、项目、产业帮扶和其他政策等有利条件，增强人民自身的"造血"功能，在扶志的同时注重扶智，将他们观念中"要我脱贫"的陈旧思想变为"我要脱贫"主动意识。从这个角度而言，当地政府因地制宜、加以改

---

① 新华社：《政府工作报告——2024 年 3 月 5 日在第十四届全国人民代表大会第二次会议上》，第 16 段，https://www.gov.cn/yaowen/liebiao/202403/content_6939153.htm（2024.03.12）。

造利用本地剩余劳动力资源和自然生态资源，为贫困人民创造或输送谋生渠道如就业岗位、特色产业及个体经济等，积极促进劳动人民就业创业。与此同时，政府还结合"绿水青山就是金山银山"的思想，充分挖掘贫困地区的资源优势，争取变不利为有利，变贫穷为富裕，支持人民习得发家致富的技能和为他们提供施展抱负的平台。在外部帮扶举措的积极推动下，人民的内生动力被充分激发，越干越有成就感，可以说，正向的内外因共同作用使反贫困进程得到持续有效地推进。

马克思一直强调，"现实的人"作为历史发展的结果，也充当了历史的缔造者，因此，无论处在什么社会阶段，人民群众都是社会生产的主体和历史变革的根本力量，应当共同享有社会财富。在中国过去的扶贫进程中，破除了劳资对立的根本前提，生产资料属于全体人民，因此，人民既是反贫困的主体力量、也是反贫成果的受益对象。共同富裕的实现充分体现出对人民主体创造性的尊重，社会主义体制机制的完善和建设也在拓宽和丰富人们增收致富的渠道。与此同时，一部社会发展史就是一部人类活动史，共同富裕的实现根本上取决于劳动人民创造力、意志力和想象力等实践能力的提升，在未来的相对贫困治理中，更应着眼于"发展内生力"，通过提高劳动者的受教育程度、技能水平和整体素养，释放各专业领域人才的内在潜能，促进共建共富动力的永续迸发。

（二）切实促进人民的物质和精神共同富裕

事实上，在过去很长一段时间里，中国的脱贫工作主要是以物质指标来衡量成效，对精神富裕的关注相对式微，之所以出现这一现象，既是由于小康社会与现代化强国的具体要求不同，也是受我国长期较为落后的发展水平所限。与此同时，随着生产力的不断进步，人民群众的精神风貌与追求并未和物质水平同步提升，体现在一些国家重点帮扶地区中农民"等靠要"的观念依然存在，这些地区的部分群众要么寄致富的希望于扶贫干部身上，要么干脆在国家五年脱贫政策不变的兜底下"躺平"，可见，防止少部分地区出现大规模返贫的任务依然艰巨。即便是发达地区的人民，其陈旧观念与僵化思维虽相对较少，但精神文明的富裕程度也远不及当地物质水平的发达程度，这些问题在一定程度上制约着社会主义共同富裕的进程，是第二个百年目标实现路上的绊脚石。

精神贫瘠不是社会主义，实现外部物质与内部精神共同富裕才是社会主义的本质。鉴于过去物质脱贫取得的巨大成效，为弥补精神脱贫的短板，使之与物质富足协调并进，未来应在充分激发人民内生力的基础上，更注重精神富裕的发展。对此，应从以下几方面进行努力。首先，实现精神富裕离不开社会主义核心价值观的引领。政府应通过解释和深化共同富裕内涵的教育来引导人民群众形成正确的财富理念和积极的社会心态，唯有在核心价值观的持续引领下，才能凝聚社会共识、形成社会认同，使共同富裕作为一种"价值追求"与"实践尺度"内化于人民追求伟大复兴的中国梦之中。其次，构建个人与社会之间和谐统一的关系。随着现代化进程的加速，人的个性发展和自主选择的空间也在不断扩大，社会与个人之间不应是资本主义制度下的二元对立，而应体现为小家与大家之间利益的根本一致，因此就需要创造社会共同价值与个体多元价值之间的相互认同和良性互动。如此一来，才能抵制西方利己主义、享乐主义等思潮的不断侵蚀。最后，除外因对个体的引导外，个人也应主动培养良好的道德品质和行为习惯。主要包含四个维度：一是遵守社会公德。作为人类在社会长期实践中约定俗成的公共生活准则，遵守社会公德是个体应履行的集体义务，能够推动社会有序运行和向上发展。二是恪守职业道德，即社会主义各领域劳动者在职业活动中必须遵守的基本行为准则。三是培育家庭美德。家庭是社会构成的基本单位，培育良好的长幼亲情、夫妻感情及邻里友情有利于维护社会稳定、营造互敬互爱的和谐氛围。四是塑造个人品德，作为支配行动的根本之法，个人积淀的思想道德品质是上述道德实现的前提。只有当良好的社会、职业、家庭和个人美德内化为每个成员自觉的行为时，整个社会才能充满积极向上的朝气，人们的精神世界也才能真正充盈而富足。

综上，无论是过去绝对贫困治理时期对脱贫内生力的重视，还是未来相对贫困治理阶段对发展创造力的激发，都是对马克思反贫困思想中人的主体性和创造性观点的继承和延伸。针对当前扶贫模式创新性有待提升、社会整合参与度观念不强、贫困群体的代际扭转不易等问题，要实现全体人民共同富裕的更高目标，就必须进一步破除城乡二元的遗留壁垒，加速一体化实现，完善政治制度建设，真正促进物质和精神的共同富裕。

六、建设反贫困命运共同体是对自由人联合体理想的践行

自从以习近平同志为核心的党中央提出"共建人类命运共同体"倡议以来，中国便一直以实际行动践行反贫困领域的跨国合

作，世界各国也在密切关注与中国的合作成效。该理念的其中一个目标就是要构建全球人民携手、一同应对贫困的共同体，体现了世界各国人民"命运相连、休戚与共"的价值旨趣。

（一）马克思关于"自由人联合体"的思想基石

"人类命运共同体"符合马克思对社会发展规律的论述。面对百年未有之大变局与纷繁多变的国际局势，争取和平的治贫坏境、寻求反贫的国际合作才是题中之义。因此，要推进世界各国构建一个共同治埋贫困、共同谋划发展的人类命运共同体。

马克思始终基于不断变化的现实来研究人类社会运行规律，他在《共产党宣言》里提出："代替那存在着阶级和阶级对立的资产阶级旧社会的，将是这样一个联合体，在那里，每个人的自由发展是一切人的自由发展的条件。"[①] 通过全面批判生产与固化贫困的资本主义制度，马克思以"自由人联合体"理想严肃回应社会的现实关切，彰显其对人类社会发展的独到洞见。"自由人联合体"的思想包含两个要点：一是原子式个人随自发分工的扬弃而消灭，在生产资料共同占有的前提下，国家不复存在，所有人都是这个社会及自我的管理者。二是资本主义制度发展到一定程度就会成为生产力的最大束缚，经济繁荣的另一端是无产阶级的深度贫困，资本必然因阶级矛盾的激化而走向灭亡，到那时人的社会力量会自觉联结，"自由人联合体"方可实现。可见，"自由人联合体"理想是唯物史观对社会发展规律的科学揭示，世界人民终将跨越国家和民族的隔阂与壁垒，走向联合。事实上，在马克思之

---

① 中共中央编译局：《马克思恩格斯文集》第 10 卷，人民出版社 2009 年版，第 666 页。

前，许多思想家对于如何构建"共同体"已相继提出自己的看法，譬如柏拉图的"城邦共同体"、西塞罗的"法的共同体"、卢梭的"政治共同体"以及费希特的"意志共同体"等等，但他们都没有从唯物史观的根本立场出发，所以被马克思称作牵强附会的"虚幻的共同体"，无法解释现实的世界。① 如今，共建"人类命运共同体"为马克思反贫困思想注入了新的时代意义，成为"自由人联合体"在当代践行的典范。进入 21 世纪以来，人类命运休戚与共，形成"你中有我、我中有你"的命运共同体，每个国家都不可能孤立存在，在危机和灾难面前也难以独善其身，因此每个国家在发展自身的同时也要积极协助其他国家的共同进步，而各国也需凝聚更为强大的合力，共同守护人类家园的繁荣稳定。

（二）共建"反贫困命运共同体"的存在场域与中国力量

无论是发达国家在财富创造中遇到的相对贫困挑战，还是发展中国家难以克服的绝对贫困难题，都共同揭示了反贫任务的艰巨性和国际合作的必要性。中国在反贫困的进程中，先后多次通过"一带一路"倡议、"人道主义援助"等方式帮助更为落后的国家发展经济、摆脱贫困，以实际行动加强反贫困领域的国际合作。

世界性的贫困难题为构建反贫困的"命运共同体"提供了存在场域。一方面，发达国家虽然贫困人口比例较低，但仍要直面隐蔽而动态的贫困挑战。麦凯锡全球研究院通过调查指出，在2005—2014 年间，全球 25 个发达经济体中 65% 以上的家庭呈现

---

① 参见孙咏梅：《破解反贫困"伊斯特利悲剧"难题：论脱贫攻坚的"中国智慧"》，载《教学与研究》2021 年第 5 期，第 61 页。

收入下降趋势。^① 以美国这一头号资本主义强国为例，"穷人往往成为美国最弱势的公民"^②，存在生活水平低、收入难以跟上通货膨胀、基本政治文化权利缺失等问题。而且，美国贫困还呈现出中产阶层萎缩严重、种族分化和特定群体聚集的特点，有数据显示，2018 年美国原住民、黑人、残障人士的贫困发生率都在 20% 以上^③，即使政府试图通过国家干预来解决两极分化，但由于社会福利开支巨大，最终因内部矛盾和社会舆论等压力无法长期实行，以阶段性政策为主的治贫成效并不显著。另一方面，发展中国家的贫困问题更为复杂严峻。尤其是撒哈拉以南的非洲地区，受贸易和历史条件的制约而一直位于全球价值链的底端，长期以第一产业作为经济支柱，发展后劲不足，时常陷入债务危机。此外，非洲各国人口增长率远高于发达国家水平，让原本薄弱的经济雪上加霜，南苏丹、津巴布韦在 2000—2010 年间更是遭遇了全面的经济崩溃。可见，贫困问题在世界各国都呈现出不同特点，但无一例外都极具挑战性和复杂性，是影响社会稳定、经济繁荣的重要因素，因此，反贫困亟须良好的国际合作，构建"命运共同体"也就应运而生。

中国是构建"反贫困命运共同体"的发起者和践行者。首先，中国提出的命运共同体意识具有优越性。它不仅较资本主义聚焦"文化权利"和"理性行为"等微观思辨的扶贫研究更具道德关怀，还摒除了西方思想中"利益至上"和"零和博弈"等主

---

① 新华网：《家庭收入停滞，发达国家经济发展遇瓶颈》，第 1 段，http://www.xinhuanet. com/world/2016-08/02/c_129197120.htm（2016.08.02）。

② Rodgers H. R., *American Poverty in a New Era of Reform*, New York: ME Sharpe, 2006, 16.

③ 数据来自美国人口调查局。

流价值观，以合作共赢与全面发展为核心的普世情怀受到越来越多国家及国际组织的认同。其次，"一带一路"倡议是共建"命运共同体"的有益探索。自习近平总书记首提该倡议以来，中国先后出资数千亿元通过基建项目、资源开发、金融产业合作等为沿线国家的反贫事业注入强大动力，包括创造 20 多万个就业岗位的"中巴经济走廊""孟中印缅经济走廊"等项目，以及与沿线国的发展战略密切串联，如哈萨克斯坦"光明之路"计划、非洲联盟"2063 议程"和塞尔维亚"再工业化"战略等。最后，在联合国"南南合作"中，中国积极为世界各国提供直接的反贫困援助与公共产品。中国的直接援助从无任何附加的政治条件，自新中国成立以来，共向 166 个国家和国际组织提供近 4000 亿元援助资金，派遣共计 60 多万名援助人员，为亚、非、拉地区近 70 个国家提供医疗援助，向 120 多个发展中国家提供实现"联合国千年发展目标"的反贫协助，并先后 7 次无条件免除最不发达国家对华到期政府无息贷款债务。① 从 2010 年至今，中国已与来自非洲和东南亚的 20 多个发展中国家进行反贫援助合作，通过共建交流指导中心、医疗卫生合作中心等示范项目，各国不仅学到了我国卓有成效的脱贫方式，还深化了与我国的贸易往来及友好合作，以反贫合作为载体加深共同体友谊。此外，在为各国提供贫困治理的智力支撑和技术保障的同时，中国还定期邀请他们实地考察我们扶贫的各项工作，以实际行动践行亲诚惠容、互利共赢的国际合作理念，有力驳斥了西方对"命运共同体"的贬损、歪曲和敌视。

可见，"反贫困命运共同体"是对马克思"自由人联合体"在

---

① 《携手消除贫困　促进共同发展——在 2015 减贫与发展高层论坛的主旨演讲》，载《人民日报》2015 年 10 月 17 日，第 1 版。

当下的有力践行。面对当前暗潮涌动的各方势力、波诡云谲的国际局势所带来的不利影响，以及战争、疾病、恐袭等自然或人为灾难带来的大规模返贫或相对贫困加剧的威胁，摒弃丛林法则、寻求国际合作才是互利共赢、顺应时代的应有之举。唯有秉持和践行"反贫困的人类命运共同体"理念才能最大限度地化解争端和各类不安全的因素，从而为各国反贫争取和平稳定的内外环境。

本章小结

自新中国成立尤其是改革开放近半个世纪以来，中国从积贫积弱的旧面貌中脱胎换骨，一跃成为世界第二大经济实体，创下全面建成小康的伟大壮举。这不仅验证了马克思反贫困思想的科学性，也为广大发展中国家摆脱贫困、走向现代化提供了可供借鉴的中国智慧与中国力量。

从 1949 年至今，当代中国的反贫困实践经历了六个不同的历史时期，大体上可分为改革开放之前以计划经济为主导的解决普遍生存问题的扶贫阶段、改革开放至新时代"以先富带动后富"为主的区域性开发扶贫、新时代以来的全面精准脱贫三大阶段。在这过程中也取得了一系列丰硕的成就，集中表现为总体解决绝对贫困、全面建成小康社会；脱贫人民生活水平提高、精神风貌改善；贫困地区基建服务提升、整体面貌换新；党群关系更加紧密、党的治理能力提升；创减贫史中国奇迹、加速世界减贫进程。事实证明，中国反贫困实践的道路选择、体制改革和社会建设本就符合客观存在的社会发展规律与自身基本国情。随着资本主义一统天下时代的过去，多极化发展成为当今世界不可逆转的趋势，中国以超全球同期减贫规模七成以上的贡献充分展现了社会主义制度与共产党领导下举国反贫的巨大潜力，伟大的成就既增强了中国的国际地位，也提升了马克思反贫困思想在世界的治贫话语权。

绝对贫困的消灭并不代表反贫困斗争的终止，相对贫困的凸显又将中国带到了新的治贫阶段。面对全体人民共同富裕的第二个百年目标的更高标准，必须在总结反思和继承发扬的基础上，对反贫困思想进行发展，以期实现理论对巩固脱贫成果和治理相对贫困的有效引领与持续推进。当代中国反贫实践对马克思反贫思想丰富与深化包含以下六个方面：一是拥护党的领导核心地位是对无产阶级专政理念的深化；二是完善社会主义公有制是对破除资本主导逻辑的发展；三是发展新质生产力是对生产力内涵构成的丰富；四是巩固脱贫成果推进乡村振兴是对分阶治贫方案的创新；五是提高发展内生力是对人主体性与创造性的彰显；六是建设反贫困命运共同体是对自由人联合体理想的践行。

结　语

　　人类的社会历史既是一部从野蛮走向文明、从落后走向繁荣的发展史，也是一部追求幸福与消灭贫困互为交织、相生相随的斗争史。反贫困不仅是各国人民的共同期待，还是当今世界的重大难题。在马克思之前，贫困仅被视作一个自然存在且无法避免的社会现象，无论是古典政治经济学、黑格尔哲学还是空想社会主义都因其阶级立场、时代背景和理论本身等局限均未提出彻底的反贫路径，而马克思则以唯物史观为视角，站在世界无产阶级的立场上，将贫困当作现代社会的制度性问题，深入资本主义社会的内在机体，探求现代社会贫困的本源性致因，从而为消除贫困提供了科学的解决方案。

　　马克思反贫困思想虽然始于物质利益难题的困惑和贫民悲惨生活的触动，但最终要寻求的是全人类的解放，这一在19世纪资本主义批判下形成的思想，于当代社会主义中国落地生根、开枝散叶、结出硕果，充分体现了中国共产党和人民将马克思主义理论本土化运用的智慧，也彰显了理论本身经得起实践考验的科学性。本书通过全面系统梳理马克思反贫困思想形成的时代背景、理论来源、思想本身的发展脉络、核心内容及其在当代中国的实践历程，凝练了马克思对反贫困思想史的独创性贡献及对中国的启示价值，并致力于探究该思想本身在当代中国贫困治理中实现了何种程度与何种方面的发展。基于此，本书阐发了以下要点：

一是交代了马克思反贫困思想诞生的时代背景与理论资源。马克思所处的时代正值资本主义上升期，周期性爆发的经济危机与日趋严峻的劳资矛盾加速了阶级对立，工人运动的不断爆发和各国工人的逐渐联合对科学的无产阶级行动纲领和革命理论的制定提出了较高要求。正是基于这样的资本主义社会现状，马克思开启了为贫苦工人消灭贫困和实现解放的毕生探索。与此同时，马克思在研究、批判和扬弃古典政治经济学、黑格尔哲学和空想社会主义这三大理论资源的过程中，形成了科学的劳动价值论和历史唯物主义新世界观，发现了生产与固化工人贫困的资本主义私有制根源，构建了彻底的反贫困学说，为无产阶级指明了终结贫困的共产主义美好愿景。

二是全面系统地梳理了马克思反贫困思想的发展脉络和基本内容。作为伟大的无产阶级革命导师，马克思站在为人类谋解放的价值高度来思考和解决无产阶级的贫困问题。从年少时树立崇高志向开始，马克思就坚定了为人类谋幸福的理想，在由"物质利益难题"的驱动下开始关注贫困，通过对黑格尔法和国家的全面批判转向政治经济学的探究。《德法年鉴》时期，马克思初探贫困原因和反贫路径并取得"异化劳动致贫"的初步结论。后来，在新世界观变革的基础之上，阐发了"自发分工致贫"的科学结论，并在确证无产阶级的反贫困主体地位后为其创立科学的反贫纲领《共产党宣言》，至此构成了他以唯物史观溯源贫困根源的前期探索历程。在全面深入批判政治经济学之后，马克思找到了生产与固化工人贫困的现实原因，即成为劳动力商品的工人被资产阶级无偿剥削了剩余价值，而这一切是在工资制的合法掩盖下实现的，要想真正摆脱贫困唯有进行制度革命。晚年时期的马克思仍旧在继续发展唯物史观的基础上，对工人摆脱贫困的共产主义可行路径进行了探索，提出了共产主义分"两步走"和后发国家"跨越卡夫丁峡谷"的思想。从马克思的思想发展脉络来看，其前期探索的成果在于以唯物史观提出了正确溯源贫困的分析思路，后期思考的任务在于通过全面的政治经济学批判来科学阐释贫困产生和固化的过程。

三是通过全景审视逐一梳理马克思反贫困思想的独创性贡献。马克思立足于唯物史观，从现实的贫困问题出发，不仅挖掘出了资本主义私有制的剥削秘密，而且在革命进程中将反贫斗争逐步上升至解放全人类的价值追求，描绘了共产主义的基本图景。这些都从根本上区别于资产阶级改良调和的折中方式，为人民摆脱贫困指明了现实路径。本书提出了马克思看待贫困的哲学与政治经济学双重视角，归纳了马克思在反贫内容上对前人思想的批判和超越之处，总结了解放与发展生产力、扬弃资本主义制度和实现无产阶级专政的具体反贫路径，梳理了马克思反贫困思想与马克思其他思想之间的关系。值得一提的是，这部分采取了内部横向和外部纵向的对比思路，清晰呈现了马克思反贫困思想的本质内涵、阶级立场、价值取向等独特之处，以及马克思反贫思想的适用语境转化、对社会主义治贫的现实借鉴意义等要点，成为本书的一个研究突破与创新之处。

四是深度分析了中国反贫困实践的突出成就及其对马克思反贫困思想的深化发展和后续展望。在党的领导和全国各族人民的共同努力下，当代中国反贫困实践已取得了一系列丰硕的实践经验与理论成果。首先是总体解决绝对贫困、全面建成小康社会；其次是脱贫人民生活水平提高、精神风貌改善；此外是贫困地区基建服务提升、整体面貌换新；再者是党群关系更加紧密、党的治理能力提升；最后是创减贫史中国奇迹、加速世界减贫进程。然而，中国脱贫的巨大成就并不代表反贫困实践的完全终止。一方面，贫困是一个动态变化的辩证存在，会随着历史条件的不同而呈现出不同的形式；另一方面，现阶段还存在诸多问题，如城乡二元发展的遗留问题导致城市相对贫困人口凸显，刚脱贫群体的御贫能力较弱和返贫风险极高，关于社会公平的政治制度和法治建设无法实现对贫困群体的完全覆盖，战争疫情和暗流涌动的国际形势时刻威胁着中国全面小康的和平环境等等，这些都说明了马克思反贫困思想在新的贫困治理阶段仍面临着现实与理论的双重维度考验，亟须在继承中往前延伸和创新。鉴于此，要推动马克思反贫困思想的丰富和发展，仍需回归生产力和生产关系这对范畴，首要推动新质生产力的进步，以创新驱动先进生产力的优质发展，为贫困治理奠定坚实物质基础。在此基础上，通过优化社会主义公有制下生产资料和生活资料的分配关系，进一步提升公平正义。同时，完善社会主义政治制度建设，协同推进巩固脱贫成果和乡村振兴战略，推动物质和精神的共同富裕。最为重要的是要在中国共产党的领导下，应对纷繁复杂的国际局势，以构建人类命运共同体为抓手，寻求反贫困的国际合作。

　　反贫困是当代中国的议题，也是长久以来的重任，随着小康社会的全面实现，共同富裕的理想又赋予了新阶段贫困治理史高的目标。中华民族自古就有"民亦劳止，汔可小康"的生活憧憬，也有摆脱贫困、"天下大同"的美好希冀，但千百年来只有在今天的中国才能取得消除绝对贫困、全面建成小康的伟大胜利。当代中国反贫困的成就证明，唯有坚持中国共产党的领导和执政为民的理念，才能将社会主义的反贫困事业持续向前推进；只有不断建设与完善社会主义公有制，才能发挥集中力量办大事的优势，让中华民族追求幸福生活的美好梦想，凝聚成人人当家作主、走向繁荣富强的共同体能量。进入新时代后，人民日益增长的美好生活需要和发展不平衡不充分之间的矛盾俨然突出，百年未有之大变局与中国特色社会主义建设之间的耦合互动深刻影响着当代的贫困治理。尤其在相对贫困治理和巩固脱贫成果的新阶段，涌现出了诸如区域发展不平衡、社会主义制度建设不完善、收入分配不均等问题，如何找到合适的治贫突破点和有效的应对方略，成为实现全体人民共同富裕、建成现代化强国的关键。

　　反贫困亦是世界挑战、各国关切，理论创新永无止境，实践探索永不停息。本书希冀通过马克思反贫困思想及其当代中国实践的研究抛砖引玉，促使国内外更多学者就反贫困思想与实践进行学术交流与对策探讨，在进一步深化和丰富反贫困思想史的同时，共同推动世界反贫困事业向着健康、可持续的方向发展。诚然，本书仅仅是马克思反贫困思想与当代中国反贫困实践的粗浅领会，尚不敢称为全面深入研究，在许多方面仍欠缺理论阐释、社会调研与实证研究的支撑。诸如解决我国城乡二元化遗留问题与一体化发展、巩固脱贫成果与乡村振兴协同推进、相对贫困人口的识别帮扶与保障、完善第三次分配与实现共同富裕、应对复杂国际局势与人类反贫共同体构建，以及当代资本主义贫困的新变化及其治理等议题，将成为笔者今后持续关注并加以研究的重点方向。

后 记

　　本书是在博士学位论文基础上经修改完善而成的，它既凝聚着我在中山大学攻读博士学位四年的思索与心血，也提出了未来我将持续深入研究的议题方向。时光荏苒，从刚入学时喜悦与惶恐并存，到如今本书反复打磨的最后定稿，科研之路的第一程也算有了完整的句号。这份答卷虽是对过去努力的一个总结，但也自知其只能勉强算是合格之作。

　　对反贫困议题的研究兴趣始于脱贫攻坚取得胜利之际，在导师的亲自指导下，考察马克思如何看待贫困、如何解决资本主义贫困及其思想对中国过去和未来贫困治理的关照，是我这几年来的探索点，也是写作此书的初衷所在。然而，本书并不能穷尽这一论题的所有方面，尤其是对马克思反贫困思想的全方位理解深度不足，影响马克思批判资本主义贫困及共产主义理论等思想形成的因素梳理不系统、人物间的思维交锋挖掘不深，后续仍需在对马克思及其同时代反贫困思想家著作的研读、东西方贫困差异的把握、马克思思想对实现共同富裕的指导原则及意义提炼等方面下功夫。该学术兴趣从攻博前开始，并会一直持续到未来的科研工作中，存在的诸多问题与不足也是我日后加倍努力、不断钻研的动力。

在本书付梓之际，我首先要感谢的，是我的恩师黄学胜教授。黄老师底蕴深厚、治学严谨、为人谦逊，是我求学和做人路上敬仰并追随的标杆。每当我在科研途中遇到困难而踌躇不前时，黄老师总会及时开导、解疑答惑并指引我通往正确的方向，惭愧的是，资质愚钝的我却无法达到老师的期待。感谢黄老师一直以来的包容、指导和勉励，也十分荣幸能师从于这样一位德才兼备、尽职尽责的好老师。高山不移，碧水长流；吾师恩泽，在心永留。自知无力偿还导师的馈赠，唯有将亏欠的化作不断攀爬学术之山的勤勉努力，以踏实的工作态度和喜人的科研成绩回报师恩。

我还要感谢中山大学马克思主义学院和哲学系吴育林教授、沈成飞教授、徐长福教授、徐俊忠教授等各位老师奉献的极具前瞻性和启发性的精彩授课，诸位先生坦诚热情、学术精湛，我的专业素养和科研能力才得以在此学术"沃土"下奠定与不断提升。与此同时，在修改定稿和评阅答辩过程中给予我启发和鞭策的校内外专家如北京师范大学周凡教授、中山大学胡莹教授、山东大学冯波教授等，以及为我的初稿提出框架修改意见和创新佐证资料的林钊教授，我深表感激和敬意！

本书的顺利出版离不开上海人民出版社各位老师的鼎力相助。编辑赵伟老师和罗泱慈老师在本书付梓过程中付出诸多辛劳，他们的细致与暖心让我十分感动。在漫长的审稿过程中，他们不仅展现了出色的专业性，也为初出茅庐、出版经验甚少的我解疑答惑、不厌其烦，感恩人生中遇到如此优秀的责编。

最后，我想感谢我的家人。求学近三十载，家人是我最坚强的后盾，一直给予我无私的支持与鼓励。尤其父母一直对我要求严格，没有他们的"耳提面命"，就没有学业的顺利完成。岁月流逝、青丝成雪，我心底倍感亏欠与愧疚。我亲爱的家人们，你们是我前行的不竭动力。

论义的出版虽经不断打磨与反复修改，但由于作者底蕴浅薄、学术不精，书中仍有许多不足和纰漏，恳请读者诸公不吝赐教，多多批评！如今的我虽未能习得马克思的思想精髓，却也算多了一些为人与生活的参悟。我深知，此书的付梓并不代表学习的结束，而恰恰是一段全新征程的开始，我将带着一贯的韧劲，心平气和地继续攀登学术这座"无顶之山"，相信总能收获那份坚持的幸福！

2024 年冬月于康乐园

图书在版编目(CIP)数据

马克思的反贫困思想及其当代中国实践 / 欧阳夏菲
著. -- 上海 : 上海人民出版社，2025. -- ISBN 978 - 7
- 208 - 19410 - 6

Ⅰ. A811.64; F126

中国国家版本馆 CIP 数据核字第 2025V6M433 号

责任编辑　赵　伟　罗决慈
封面设计　DarkSlayer

马克思的反贫困思想及其当代中国实践

欧阳夏菲　著

出　　版	上海人人出版社
	（201101　上海市闵行区号景路 159 弄 C 座）
发　　行	上海人民出版社发行中心
印　　刷	上海商务联西印刷有限公司
开　　本	635×965　1/16
印　　张	21
插　　页	2
字　　数	231,000
版　　次	2025 年 5 月第 1 版
印　　次	2025 年 5 月第 1 次印刷

ISBN 978 - 7 - 208 - 19410 - 6/A · 167

定　　价　96.00 元